中国书籍学术之光文库

服务外包的
开放式发展战略

陈春干 | 著

中国书籍出版社

图书在版编目（CIP）数据

服务外包的开放式发展战略/陈春干著.—北京：中国书籍出版社，2019.12

ISBN 978-7-5068-7489-2

Ⅰ.①服… Ⅱ.①陈… Ⅲ.①服务业—对外承包—产业发展—研究—中国 Ⅳ.①F726.9

中国版本图书馆 CIP 数据核字（2019）第 245115 号

服务外包的开放式发展战略

陈春干 著

责任编辑	牛　超
责任印制	孙马飞　马　芝
封面设计	中联华文
出版发行	中国书籍出版社
地　　址	北京市丰台区三路居路 97 号（邮编：100073）
电　　话	（010）52257143（总编室）　（010）52257140（发行部）
电子邮箱	eo@chinabp.com.cn
经　　销	全国新华书店
印　　刷	三河市华东印刷有限公司
开　　本	710 毫米×1000 毫米　1/16
字　　数	235 千字
印　　张	16.5
版　　次	2019 年 12 月第 1 版　2019 年 12 月第 1 次印刷
书　　号	ISBN 978-7-5068-7489-2
定　　价	95.00 元

版权所有　翻印必究

前　言

进入21世纪以来，服务外包已成为国际产业转移的重要形式。全球产业转移大趋势正从制造业转向现代服务业、从生产外包转向服务外包。服务外包具有信息技术承载度高、附加值大、吸纳就业能力强等特点，能节约资源、减少能源消耗和污染、降低碳排放、促进大学生就业。大力发展服务外包，有利于优化产业结构，转变外贸发展方式，提高引进外资质量与水平，拓宽对外经济技术合作渠道。加快发展服务外包，是产业转移的新趋势、科学发展的新机遇。

本书细致分析了目前国内经济大环境下的服务外包发展浪潮，以不同的视角研究了服务外包发展方向，探究了新形势下服务外包的新路径及在今后发展路程中可能遇到的一些问题，明确了今后中国服务外包市场的发展方向及趋势。本书在撰写过程中，吸收了很多行业领域专家、学者的先进思想及理念，在此对这些专家、学者表示感谢。由于编者水平有限，本书难免出现一些偏颇及不足之处，恳请广大读者及同行专家不吝赐教。

目　录
CONTENTS

第一章　外包浪潮 …………………………………………… 1
　第一节　走近外包　1
　第二节　外包的相关概念　5
　第三节　政府与企业的外包视角　15

第二章　服务外包发展路径与存在问题 ………………… 25
　第一节　中国转向服务经济的路径选择　25
　第二节　中国服务外包的现状　31
　第三节　中国服务外包存在的问题　33

第三章　中国服务外包的基础构建 ……………………… 37
　第一节　中国服务外包的发端　37
　第二节　中国服务外包示范城市的发展　40
　第三节　中国服务外包的扶持政策与措施　56
　第四节　中国服务外包人才培训　63

第四章　服务外包的开放式发展前奏 …………………… 78
　第一节　全球化、服务外包与国际分工方式演进　78
　第二节　服务外包与全球模式及其演化　98
　第三节　全球服务业外包的趋势、影响与启示　108

第五章　服务外包开放式发展的国际经验 …………………… 119
第一节　印度促进服务外包产业发展　119
第二节　爱尔兰促进服务外包产业发展　125
第三节　巴西促进服务外包产业发展　129
第四节　俄罗斯促进服务外包产业发展　132
第五节　菲律宾促进服务外包产业发展　134
第六节　埃及、墨西哥促进服务外包产业发展　135

第六章　中国服务外包的开放发展战略 …………………………… 137
第一节　中国软件与信息服务外包的发展战略　137
第二节　中国设计服务外包的发展战略　147
第三节　中国医药研发服务外包的发展战略　159
第四节　中国商务服务外包的发展战略　169
第五节　促进我国服务外包产业发展的政策选择　174

第七章　一带一路、精准扶贫与服务外包的开放式发展 ………… 186
第一节　一带一路与服务外包的开放式发展　186
第二节　精准扶贫战略思想与服务外包的开放式发展　203

第八章　中国服务外包开放发展的风险控制 …………………… 225
第一节　组织设计　225
第二节　信息沟通　233
第三节　监督与协调　242
第四节　文化整合　248

参考文献 ………………………………………………………… 254

第一章

外包浪潮

第一节　走近外包

一、体验外包

想订麦当劳吗？打个电话就解决。在美国，接听预订电话的人可能是加州的某个家庭妇女。麦当劳把电话预订的业务外包给了她们。

这里是印度的呼叫中心，它们提供的业务是替一些经纪人约见客户，并帮助他们安排好每天的会面时间。在洛杉矶，你打电话预约医生，实际上帮你录音、安排行程的是几千公里之外的印度人。为什么美国人自己不做？人工成本太贵，雇美国人电话预约、录音要支付几百美元，而印度人只需要100美元。

有的人会犹豫，也有的人会担心，但毫无疑问，当世界变成一个小村落，打破国家界线、在全球范围内寻找价格最低的劳动力以降低成本是所有企业都会追求的。从这个角度来说，服务外包是一股不可阻挡的全球浪潮。

美国人每天吃的药的研发被外包到印度，为药品买单的保险公司把理赔单外包到国外，诊所也很方便地把病人以为是私密的医疗记录管理外包到印度、俄罗斯或菲律宾。

二、无限的机会

弗里德曼在他的东行探索中如是说:"每次当我认为自己找到了最不可能外包到班加罗尔的工作时,我就会发现另一个更加不可能的工作。"的确,在服务外包的盛会中,你会有目不暇接的感觉。

(一)服务外包分布领域广

世界服务外包的主要领域是如此之广,以至于你总是觉得自己的思路跟不上时代的变化。而事实上,这个领域还在不断扩大。目前,服务外包广泛应用于IT服务、人力资源管理、金融、会计、客户服务、研发、产品设计等众多领域。主要归纳如下。

1. 影视和文化服务

影视和文化服务包括动画和录像带产品及其分销,动画设计,广播和电视传输,音像、娱乐、文化和运动服务以及新闻机构服务。出口这些服务的发展中国家和地区主要有阿根廷、巴西、中国香港、印度、墨西哥和委内瑞拉。

2. 商务服务

商务服务包括各种办公室支持流程,客户交易和技术支持。例如,制作摘要和目录、数据录入和加工、电子出版、法律翻译、诉讼支持、邮递名录管理、远程秘书服务、技术性写作、电子营销、电子支持和网站设计等。印度是迄今为止此类服务规模最大的发展中国家出口国。

3. 计算机及相关服务

计算机及相关服务是指计算机硬件和软件工具安装服务、数据加工、包括计算机在内的办公设备维护和维修以及其他计算机服务。爱尔兰、印度和以色列占据了这种服务出口市场的绝大多数份额。

4. 高等教育和培训服务

受益于新技术的发展,低成本传递影像和声讯制品成为可能,有时可直接通过互联网,促使跨境教育以电子方式蓬勃发展。一些发展中国家正在这个市场上确立自己的位置。

5. 金融服务

金融服务包括保险和与保险相关的服务、银行及金融信息服务等其他金融服务。许多发展中国家出口此类服务是通过合资企业或作为发达国家大型金融服务跨国公司的分支机构。外国分支机构不仅向其母公司和东道国提供服务，而且向第三国出口服务，包括向其他发展中国家市场提供服务。同样，印度在这个领域扮演着重要角色。在拉美，再保险企业正在与金融服务提供者及保险公司协作，提供一系列有竞争力的新的金融产品。

6. 医疗服务

医疗服务包括医疗、牙科、护士、医务辅助服务、医院、社会及其他人类健康服务。这些服务是世界经济各产业中增长最快的产业之一。相关服务的直接出口包括实验室标本的运输、诊断、鉴定和通过传统邮递方式或电子手段提供咨询。

7. 各类专业服务

各类专业服务包括法律服务、会计服务、审计服务、税务服务、建筑设计服务等，代表了服务外包的尖端领域。这些领域有很高的技能要求，并要求服务提供者在国外市场建立良好的信誉。通常的外包流程包括为顾客记账、文件管理、人员配备和IT服务。建筑设计和其他服务也是专业服务出口的内容之一，印度、新加坡和中东欧国家是此类服务的出口大国。

8. 互联网相关服务

互联网相关服务包括提供互联网本身、通信服务、互联网内容、混合商务服务、音像服务、计算机及相关服务。

以上只是对服务外包领域的一个简单概括，其中每一个领域都远比我们想象的深远，富于拓展性，服务层次不断提高，服务附加值明显增大。

(二) 扩张快

根据美国邓百氏公司的调查，全球企业外包领域中扩张最快速的是IT服务、人力资源管理、媒体公关管理、客户服务、市场营销。让我们管中窥豹，选取 IT 服务和商务服务两个点深入了解一下。

1. IT 服务

近几年来，网络诸"客"（博客、播客、拍客、闪客、拼客、维客、威客等）的兴起深刻变革着互联网交流模式和文化娱乐传播方式，也标志着互联网正在从商业化向社会化迈进。网民都意识到了这个潮流。公司同样也发现了与社会化的互联网相对应的 IT 社会化软件服务趋势。SaaS（Software as a Service）——软件服务化是当前国际软件产业转型和发展的主流趋势之一，备受业界关注。此时的软件程序员也就成了服务人员。近年来，中国软件企业也积极开展 SaaS 实践，探索 SaaS 的中国发展之路。让我们来看看以下 SaaS 软件公司的探索。

与传统供应链启用投入相比，SaaS 软件租赁服务方式的优势很多，

◇ 节约投资，投资节约额可达 30%～70%。

◇ 加快速度，平均节约时间为 1/3～1/2。

◇ 减少风险。企业实现供应链管理因投资、项目执行等因素面临大量的风险，租赁方式可将此风险降到最低并可控。

◇ 专注于核心竞争力，企业可以将稀缺的资源（资金、人员、时间）用于本企业的核心业务而非 IT 基础技术上，从而为企业创造更大的效益。SaaS 这种新的商业模式无论是对用户还是对供应商而言都具有强大的吸引力，更可实现客户、供应商甚至股东的多赢。

SaaS 将软件的"所有权"从客户转移至外部供应商，将技术基础设施和管理等方面（如硬件与专业服务）的责任从客户重新分配给供应商。同时，通过专业化和规模经济降低提供软件服务的成本。

在客户通过 SaaS 获得巨大收益的同时，对于软件厂商而言，一个巨大的潜在市场就产生了。因为以前那些无法承担软件许可费用或者是没有能力配置专业人员的用户（中小企业），都变成潜在的客户。同时，软件服务化模式还可以帮助厂商增强差异化的竞争优势，降低开发成本和维护成本，加快产品或服务进入市场的节奏，有效降低营销成本，改变自身的收入模式，改

善与顾客之间的关系。为了实现 SaaS 理念的优势，供应商（接包软件开发企业）与客户（发包公司）都应进行思维转型。

2. 商务服务

除了简单的办公室业务（如秘书服务）外，一些公司过去认为不可能也不愿意外包的"关键业务"也开始外包出去，并被认为相当有益。业务外包领域已从制造业渗透至服务业，从服务业的低端走向高端。通过各种专业人员（工程师、医生、统计师、精算师、软件程序员等）不断拓展服务范围，越来越多的专业服务供应商会对潜在客户进行探询，"可否将我们比你们更擅长的业务交给我们"。当然，这种核心业务的外包活动进展相当缓慢。从接触一个潜在客户到与之签订外包协议，需要 18 个月至两年的时间。Roddam 表示："核心业务外包的运作模式仍处于探索阶段。"许多金融公司正在把它们的人力资源管理外包，还有一些公司开始把营销的一些职能也外包了。

第二节　外包的相关概念

刚才通过一些例子和报道我们看到了生动的外包世界，体验到了外包强有力的脉搏。那么，外包究竟是什么？这样琳琅满目的外包是如何兴起的呢？这里将从历史的角度介绍外包的产生；同时，我们也可以理清几个关键概念，如 outsourcing 和 contracting 等等，并从发包和接包企业的角度（需求和供给两个方面）探究外包的核心驱动力。

一、外包活动的历史

（一）最广泛意义上的外包

最广泛意义也是最根本意义上的外包，指的是在外部完成一项任务，替代内部完成的方式。从这个意义上讲，外包也可称作资源外包、资源外取、外源化。实际上，外包并不像很多人认为的那样，是一个新的现象。可以说，人类发展的历史就是外包发展的历史，也是经济发展的历史。几千年前，我们的祖先就已经有了外包的需求。当小型的族群、社区（社会）形成以后，有特殊技能的人相互之间开始交易商品和服务，实质就是在把曾经自给自足的（或者自己无法完成的）一些活动外包给他人（外部资源、独立的另一方）。他们知道，由于知识、技能和精力的不足，他们自己是不可能满足自己所有的需要的，必须依赖别人（外部资源）来提供服务（当然还有物品）。提供服务和物品的"别人"拥有特殊的技能，可以更快、更好、更便宜和有效地完成工作。自从有了食物、工具和其他家庭用品的生产与销售就有了外包。专业化逐步发展成社会分工。所以，在自给自足的自然经济之后的社会里，每个男人都有一个职业：一个农民、商人、士兵或理发师。他既是一个客户，同时又是一个服务（商品）的提供者。那时的外包是个人对个人（或家庭对家庭）的外包，外包内容既包括有形产品，也包括无形服务。

（二）企业的外包：制造外包和服务外包

技术进步了，机械发明了，大规模生产成为可能，于是就有了企业。和个人、家庭一样，企业也是构成社会机体的细胞。个人、家庭向企业购买产品（个人对企业的制造外包）。供应链下游的企业向供应链上游的企业购买中间产品（企业对企业的制造外包）。然而，在工业社会初期，公司都倾向于自己完成所有的工作，几乎没有公司寻求销售、存储、运输、法律事务、税收等任何公司活动的外包，一切都由公司自己来完成。19—20世纪的公司都是（追求）纵向一体化的公司，它们自己制造、采矿、生产，从原材料开始到最终产成品，然后自己运输到自有的零售店里。工业革命初期的公司往往自我保险，自己处理税务，自己有律师，甚至自己设计建造办公楼。当然，不是所有的公司都这样，但在那时这种想法是比较普遍的。

1750年到1900年欧洲发生的工业革命推动了外包。产品的生产成倍增长，市场迅速扩大，利润不断提高。20世纪中叶，随着竞争的加剧，很多公司开始关注降低成本。它们开始外包一些运行一个公司必须要做的但是又与本公司特殊的业务没有必然关系的活动。外包的第一轮浪潮被推动了。

(三) 离岸外包

1. 离岸制造外包

国际之间的外包也是由来已久了，最原始的动机是对他国丰富而己国贫乏的自然资源的需要，这就是最初的简单贸易。即便是后来到工业革命时期，国际之间的外包（如果我们继续用这个词的话）还仅仅停留于原材料、粮食、初级加工品的贸易，当然这种外包（贸易）有时带有血腥的压榨色彩，因为国家之间的政治地位很不平衡。

20世纪中叶之后，全球经济与政治格局的变化，加之交通、通信的发展，使得距离不再重要。低科技含量的玩具、服装、鞋类等制造业被外包转移到低成本的发展中国家，随后一些价值相对高一点的制造业如电子产品、高科技零部件、电脑产品等也开始转移。

2. 离岸服务外包

虽然服务外包也由来已久，但过去规模较小并局限于少数传统行业。服务外包的快速发展始于20世纪80年代IT产业的软件服务，IT革命以及计算机技术的发展在外包的发展历史上扮演了重要角色。从20世纪70年代开始，美国的电脑公司开始把它们的工资册处理外包给外部的服务提供商。到20世纪80年代，文字处理、账单处理、会计处理等都成了外包工作。20世纪90年代，很多公司开始外包一些重要的活动（虽然不是核心活动），包括数据处理、人力资源以及更复杂的会计活动等。一家美国公司把它工厂车间的监控工作通过摄像机和互联网外包给印度的一家小公司。这些都给它们自己和客户带来了很大的好处，而它们自己则专注于核心业务活动。近几年，外包又转向信息技术、数据处理和呼叫中心。2012—2018年，中国离岸服务外包年均增长近20%。仅2018年1—4月，中国就新增服务外包企业951家，新增从业人员43.6万人，服务外包企业队伍持续壮大。

IT外包已经成为一个快速成长的行业，并且在2000年后持续快速成长。目前，已经有60%的美国企业借助专业的IT外包服务迅速扩展自身的业务。

IT外包服务是社会分工不断细化和IT技术发展相结合的产物。与硬件外包相比，软件外包起步较晚，但发展很快。众所周知，软件开发的成本中70%是人力资源成本，所以降低人力资源成本将有效地降低软件开发的成本。目前印度是软件外包的最大市场。除此之外，爱尔兰、以色列和中国也是软件外包的主要市场。

自此，外包的历史掀起了巨大的颠覆性的浪潮。在全球化的推动下，世界各国都加入了，所有的国家都在相互竞争，以期在国际经济中占有一席之地或扩大各自的份额。发展中国家的工会和政治家们的反对声完全被大浪的涛声淹没了。21世纪以来，服务业转移和服务外包更是构成新一轮世界产业结构调整的主要特征，成为一种不可阻挡的趋势。离岸服务外包的领域也从一开始的IT服务外包发展到其他领域。国际服务外包必将创造一个新的历史。

（四）外包的新历史——最近的趋势

近来，由于全球化趋势，外包越来越倾向于建立"战略伙伴关系"。这也说明大公司已经开始准备把它们的核心业务也外包给服务提供商，如果这样能继续提高利润的话。外包现在已经成为任何一个大公司不可或缺的部分。虽然关于外包还有很多争议，但是几乎所有的活动（客户服务、电话销售、物流、电脑硬件和软件、IT服务、财务和金融、医疗、研发、法律、人力资源、保安监控、交费等）都可以外包。美国著名管理学家彼得·德鲁克曾预言："在10~15年之内，任何企业中仅做后台支持而不创造营业额的工作都应该外包出去，任何不提供向高级发展机会的活动、业务也应该采用外包的形式。"

就拿英国金融企业来说，现在几乎什么都外包。它们不做IT业务，不做办公业务，也不做物流和广告，所有这些都是从外界买来的，所以能集中精力提供保险和金融业务。很多英国的金融机构只有15~20个人。如果不外包的话，公司可以大到两三千人。

据IDC统计，全球IT、BPO、R&D市场规模从2012年11 529.2亿美元，发展到2017年14 600.6亿美元，到2018年底15 238.8亿美元。当前世界服务外包产业的发展趋势可以总结为以下几点。

1. 服务外包的发展空间巨大

服务外包产业目前尚处于发展阶段，规模和程度还不充分，但在模式和地区特点方面基本成形，还有很大的发展空间。联合国贸发会报告显示，2018年上半年全球外国直接投资总额较2017年同期下降41%，相应地，服务外包产业发展空间更加巨大。

2. 服务外包市场规模迅速增长

据印度产业组织估计，2020年，全球服务外包总量将达到2.5万亿美元，仅美国，在未来15年内，就将有工资总值为1 360亿美元的330万个服务产业的工作机会转移到成本更低的国家和地区。

3. 服务外包正从低端向高端发展

服务外包正在从最基础的技术层面的外包，如呼叫中心、支付流程等服务，发展到高层次的服务流程外包和知识处理外包，如客户资源、财务流程以及数据的研究和管理等。数据显示，2017年，数据分析、电子商务平台、互联网营销推广和供应链管理等服务新业态新模式快速发展，执行额同比分别增长55.4%、44%、40.6%和17.8%。研发、设计、维修维护服务等生产性服务外包执行额2902.6亿元，同比增长24%。

4. 离岸外包业务方式有强化趋势

由于一些发展中国家教育水平较高，而工资水平较低，因而越来越多的外包将以离岸方式进行。如通用电气公司提出公司外包业务中的70%将采用离岸方式；而麦肯锡咨询公司则预测，今后5年，美国白领工作的离岸外包将增长30%。

5. 外包的对象范围不仅在地域上不断扩大，而且在类型上也在扩大，从企业组织到个人和家庭

过去，企业的战略性外包通常与大规模的业务调换相关。但研究表明：业界调换的规模正在日益缩小。据Evaluserve发表的一份报告称，外包已经

影响到小企业甚至家庭。这种外包的例子包括在线辅导、Web 和软件开发、写作和编译服务。这些服务的客户可能是小型企业，甚至是消费者个人。Evaluserve 表示，在 2006 年 4 月至 2007 年 3 月之间，公司对个人外包服务的收入超过 2.5 亿美元。到 2015 年，公司对个人外包服务市场的规模已经超过 20 亿美元。此外，个人（或家庭）的也可以通过互联网在更广泛的范围内寻找到提供服务者。

二、外包定义的发展

以上我们探讨的是本质意义上的外包是如何发生和发展的。从词源上讲，外包这个词真正被广泛认可和使用是从 20 世纪中叶开始的，也就是专业的服务公司出现和制造业的离岸外包开始以后，人们才开始研究关注外包。从这个层面上讲，outsourcing 这个词指的是企业外包。所以，我们看到的大部分关于外包的定义中主体是企业。这里，我们将围绕目前广泛被接受的以企业为主体的外包来讨论其定义、分类和驱动力（为企业带来的利益）。

（一）外包的定义

以下是一些比较典型的定义描述。

中国外包网：外包，即"外部寻求资源"，指企业在充分发挥自身核心竞争力的基础上，整合、利用其外部优秀的专业化资源，从而达到降低成本、提高效率、增强企业对环境的迅速应变能力的一种管理模式。通俗点说，外包就是企业做自己最擅长的事情（扬己所长），把其他自己做不了或做不好或别人做得更好、更便宜的工作交给能做好这些事情的专业组织做（避己之短）。企业将某项任务或服务的执行或管理责任转由第三方来完成，即可称为外包。公司或企业可通过外包策略，解决内部非核心工作、临时性项目及短期需求的事务。

《哈佛商业评论》：外包是一个战略管理模型。所谓外包，在讲究专业分工的 20 世纪末，是指企业为维持组织核心竞争能力，克服组织人力不足的困境，将组织的非核心业务委托给外部的专业公司，以降低营运成本，提高品质，集中人力资源，提高顾客满意度。外包业是新近兴起的一个行业，它给企业带来了新的活力。

(二) 外包的分类

通过对外包活动历史的回顾我们了解到，广泛意义上的外包按照发包和接包的主体不同可以分为个人/家庭对个人/家庭、个人/家庭对公司组织、公司/组织对个人/家庭等。但是，在对外包进行定义时，我们把前两者分离出去了，仅探讨后两者的关系，也就是以企业、组织为发包方的外包。

虽然目前大部分人谈到的外包只是公司/组织对公司/组织的外包，但是我们也要看到现代外包的一个趋势是企业把一些业务外包给个人、家庭，弗里德曼的书中就描述了很多这样活生生的故事（如：住在犹他州的一个叫多利的家庭妇女在家里为 Jet Blue 的顾客提供机票预订服务）。外包的定义也没有把公司组织对个人/家庭外包的关系隔离出去，只要外包是有利于企业发挥核心竞争力的，对象是公司/组织还是个人/家庭并不重要。

即便是以企业组织为发包主体的外包也依旧是一个集合概念名词，它实际上包括许多不同的内容和途径。

根据外包活动可将外包分为生产外包、销售外包、人力资源外包、物流外包、客户服务外包等。从根本上来讲，按照工作性质不同可分为"蓝领外包"和"白领外包"。"蓝领外包"指产品制造过程外包，"白领外包"亦称"服务外包"。

服务外包是指作为生产经营者（发包商）将服务流程以商业形式发包给本企业以外的服务提供者（承接商）的经济活动。大规模的企业服务外包是当前外包的一个重要表现。服务外包又分为三种形式：ITO (information technology outsourcing, 信息技术外包)、BPO (business process outsourcing, 业务处理流程外包)、KPO (knowledge process outsourcing, 知识流程外包)。

世界服务外包市场约有 60% 为 ITO，40% 为 BPO。相对于传统的 ITO，BPO 的附加值更高、增速更快、潜力更大，将成为服务外包市场发展的主要力量。近年来，KPO 的服务外包模式正逐步兴起。

根据接包和发包方的地理关系可将外包分为境内外包和离岸外包。境内外包指发包商与服务提供商来自同一个国家，因而外包工作在国内完成。离岸外包指发包商与服务提供商来自不同国家，外包工作跨地域完成。通常，境外某些地区在人力、信息等方面的相对成本更低，所以服务外包中70%～80%都是离岸外包。

近来，随着墨西哥等国加入国际服务外包市场的瓜分，离岸外包（实质上的境外外包）又分为近岸外包（nearshore）和离岸外包（offshore）。从字面上很容易理解，近岸外包其实指的就是把业务外包给邻国企业去做。近岸和离岸都是境外的外包，只不过距离远近有差异而已。近岸外包的优势在于地缘优势、较低的沟通成本等。例如，对于欧美的企业而言，东欧和拉美这些与它们接壤的新兴市场在某种程度上更具有吸引力，地缘优势、完善的基础设施、较低的沟通成本、相对廉价却高质量的人才都吸引着这些企业转向所谓"近岸"外包。根据外包转包层数可将外包分为单级外包和多级外包。根据外包承包商数量可将服务外包分为一对一外包和一对多外包。

了解了外包的多角度分类，我们就很容易理解当前对外包的各种形形色色的诠释和定义，无非侧重点不同而已。让我们来看看以下这个定义的例子。

不难看出，该定义的侧重点是跨国公司离岸的服务外包，也固然是一种合同（contracting）外包。这个定义显然是受到经济发展方向的影响。作为重要的接包国家——中国的一个重要经济地区，江苏省当前密切关注的外包就是这种，本书的重点也将是这种离岸服务外包。

（三）外包驱动力

外包的根本驱动力实际上还是来自企业追逐利润的原动力。许许多多的管理专家（其中包括营销专家、财务专家等）为此做出了贡献。当买方市场出现以后，企业为了提高利润，必须关注自己的竞争能力。在外包早期，降低成本或减少雇员是外包最普遍的原因。当普拉哈拉德和加里·哈默尔提出

"企业的核心竞争力"这个概念以后,一个重要的管理思想产生了(或者说得到了明确),那就是企业必须专注于自己的核心能力。今天,外包的动机变得更富有战略意义(自己完成增加核心价值的活动,最大化利用核心能力)。

从以上对外包的一些流行定义中我们看到,外包并非仅为廉价,关键词是"更擅长"。外包将企业解放出来以更专注于核心业务。外包合作伙伴为企业带来知识,增加了后备管理时间,在执行者专注于其特长业务时为其改善产品的整体质量。外包协会进行的一项研究显示,外包协议使企事业节省了9%的成本,而能力与质量则上升了15%。公司需要获得其内部所不具备的达到国际水准的知识与技术。外包解放了公司的财务资本,使之用于可取得最大利润回报的活动。所以,总的来说,外包让企业变得更有效率、更灵活,当然通常成本也更低。以下是企业进行外包的一些常见的理由:降低运营成本:由于接受的是专业化服务,服务的效率会得到较大提高,服务的成本也会得到一定的节约;控制运营成本;可以预见的花费;关注重点;把内部资源解放出来,资源在商业战略和企业部门中被重新分配,核心业务的投资得到加强,有利于强化企业核心竞争力,获得对市场做出有效反应的能力;弥补内部并非足够的资源;加快项目完成和加速进入市场;可以得到最好的服务;可以获得富有经验的问题解决专家的创造性和灵活性支持;有利于辅助技术(如信息技术、服务技术、管理技术)等人才不足的企业获取最好、最新的技术,与技术退化有关的难题得到解决。

如果要在以上理由中找到一个核心驱动力的话,我们可以总结为:外包的核心驱动力是分工。关于分工,经济学家研究得很多。关于分工的理论有市场视角的国际分工理论、国家视角的国际分工理论、企业视角的国际分工理论、个人视角的国际分工理论、产品内分工(价值链细分)。实际上,产品内分工是核心,因为分工总是指生产的分工,无论是个人还是企业组织,都面临以下选择问题:自己生产还是"外包"。对这个问题的回答取决于自身的资源和优势与外部可获取的资源和优势之比较(市场视角、企业视角的分工理论研究的是企业的选择，而个人视角的分工理论研究的是个人的选择）。因为各个国家和地区与个人以及企业组织一样，有着自身特有的禀赋（先天的和后天的），所以自然在地区之间会形成一个比较稳定的离岸外包（offshore sourcing）的潮流（一个个独立的个人和企业独立决策的共性总和）。这就是国家视角的国际分工理论研究的问题。

另外，从宏观角度来看，外包影响了全球经济、政治和社会。至少，外包促进了产业结构的变化，使一些新的经营业务得以实现，一些小公司和刚起步的公司也可因外包而获得全球性的飞速增长。这有利于形成外包业务产业，有利于促进服务提供商形成分行业的解决方案，有利于一批专业服务提供商的成长。

（四）外包的流程和方法

以上讨论的各种外包类型中，相对来说，战略性服务外包流程是最复杂的。典型的战略性服务外包流程一般包括四个步骤，即项目发起、服务执行、最终成交和项目关闭。

1. 项目发起

在任何外包项目的开始阶段，会有很多关于外包项目的目标和范围的观点与意见。外包项目如何执行？最终会是什么样子？在项目发起阶段关注这些讨论，在此基础上起草提案。

2. 服务执行

服务执行阶段包括能够把发起阶段形成的想法和意图付诸实施的所有活动，并形成一个正式的、有计划的外包项目，把服务逐步从内部过渡到外部。这些活动包括：定义过渡；转移员工；定义服务水平协议（Service Level Agreement, SLA）；定义服务报告；转移（实施）服务；实施服务管理程序。

在过渡阶段，企业中的服务必须是连续的、不能中断的。企业提供的质量也不可以有任何降低，所以时间表和最终期限不能成为妥协的理由。

3. 最终成交

项目发起阶段起草的合同草案通过谈判不断修改。谈判结束后签订最终合同。

4. 项目关闭

为了最大化利益，项目关闭必须经过一个正式的阶段。一旦做出决策，就没有必要再讨论失去了什么（有得必有失）。员工和公司一样，要接受新形势并继续前行。当然，在项目执行过程中，会有很多新的情况和信息，这些信息通过正式或非正式的方式在团队中储存起来，它们需要被总结提炼，形成正式文件，为将来提供参考。

第三节　政府与企业的外包视角

由于劳动力成本差异，发包商通常来自劳动力成本较高的国家，如美国、西欧和日本，其中美国是全球最大的服务外包发包国家，占全球市场的一半份额，而西欧和日本则分别占30%和10%。与之相对应，服务提供商则来自劳动力成本较低的国家，世界主要服务外包承接国家有亚洲的中国、印度、菲律宾、马来西亚、新加坡和以色列，欧洲的爱尔兰、捷克和俄罗斯，以及美洲的加拿大、墨西哥和巴西等。印度由于历史原因，具有与西方相近的文化背景和语言优势，并有着先进的教育体制、大量的熟练劳动力和高水平管理人才以及政府的大力支持，目前已成为全球最大的外包服务提供国家，但占据的是中低端服务外包市场。爱尔兰、捷克、以色列、加拿大等国则凭借接近的地理位置、先进的基础设施和教育系统以及与欧美发包国家文化上的兼容性，也成为适合离岸外包的国家，并占据着高中端服务外包市场。当前迅速发展的服务外包，是跨国公司从"多元化"向"归核化"战略调整的新兴产物，同时也为那些寻求服务业发展机会的国家提供了不可多得的机遇。外包给我们的世界带来了巨大变化，影响着全球经济、政治和社会。本节将站在世界各地发达国家、发展中国家的不同视角上，观察了解它们不同的思考以及企业、家庭、政府、学者等不同角色关心的问题。

一、发包国政府关心的问题

（一）社会的担心：业务外包可能造成工人失业

有很多数据和研究都指出，发达国家会有相当一部分人因为业务被外包到海外而失业。例如，根据 Forrester 的研究，到 2015 年美国大约有 330 万个工作机会和 1 360 亿美元工资会转移到印度、中国、俄罗斯、巴基斯坦、越南等国家。网上频频出现的被解雇的公司雇员的亲身经历以及新闻媒体的报道也反复强调了这种社会印象。

只是，如果我们再来看看由于外包或经济增长带来新的就业机会的话，这个结论就相当有争议了。因此，目前很难找到一种权威性的说法。

有经济学家认为服务业外包无非是为了降低成本。他们认为这是暂时性的，并且能够自行调控。出口型国家汇率（剔除通胀因素）的上升将使其成本优势消失殆尽，这同样也会增加发达国家对印度和中国等地区的出口。新创造的工作将会填补目前正在流失的就业机会。

持相反观点的人士认为，不能忽略的一点是，获得业务流程外包权的第三方供应商将把这些业务从一个发展中国家转至另一个发展中国家。发达国家的企业可以收回丰厚的利润，但就业岗位不会回流至发达国家，在很长一段时间内都不会。

剑桥大学的 Mary Amiti 在 2004 年 10 月在阿姆斯特丹举行的经济政策会议上发表的一篇会议论文研究了这个问题：发达国家的人们正由于外包而失业吗？答案是否定的。理由有两个：在美国和其他发达国家中，离岸外包虽然在稳定增长，但只是外包的一部分，另外更大的一部分外包在境内。对英国的实证研究也发现，就业的增长和外包的增长没有负相关性。还有一些经济学家看到的不是那些失业的群体而是整体增长的经济。他们更像达尔文，相信自然淘汰是必需的，没有必要为落后者哀号。他们的视角更宏观，更具有历史性。例如，普林斯顿大学经济教授阿兰·布林德表示，自己被那些认为服务业外包只会给美国工人带来痛苦的经济学家"视为一个异类"。布林德先生的观点是，服务业的自由贸易将会带来益处，尽管受益者不是为此而丢掉饭碗的失业群体。

不过，无论业务外包是否可能造成工人失业，事实是，一旦行业中有一家公司因为外包降低了价格，其他公司想要避免竞争落败就必须跟进。所以，外包是不可逆转的潮流。

（二）政府的政治目的：公共外交

除了经济方面的考虑（提升经济实力、转移低级产业）外，世界各国政府也充分了解到服务外包新浪潮带来的通过提高国家软实力改变（保护）本国国际政治地位的机遇。服务外包成了公共外交的一个重要组成部分。从发达国家的政府来讲，服务外包还是文化渗透的一个重要手段。例如，美国通过服务外包进行了文化渗透，但本国拥有的著名品牌不变，体现了国家的软实力。

二、接包国政府关心的问题

（一）经济方面的考虑

与传统制造业来料加工相比，服务外包对经济增长的贡献成倍增长。论增加值，同样的出口额，服务外包对中国经济的贡献是制造业来料加工的20倍，而能源消耗仅为制造业的20%。

对于已经搭上全球经济一体化列车的发展中国家来说，扩大服务领域的对外开放，是调整进出口结构、提高利用外资质量的必然选择，对提升国内服务业发展水平、推进国际服务业合作具有十分重要的作用。所以，需不需要服务接包，需不需要大力发展服务接包，已经不再具有讨论的意义了。当前，发展中国家需要探讨的是政府应当在服务外包中扮演什么样的角色。例如，政府需要判断民众需要什么样的新技能以适应外包潮流，并明确指导民众学习。例如，在印度，大约有24.5万人在从事呼叫中心接线员的工作。这与他们的语言优势是分不开的，但即便如此，印度人还要不断学习英语。他们要矫正口音，以使他们听起来就像是在从曼哈顿的写字楼中往外打电话。

17

其他非英语国家要发展呼叫中心业务的话,对于语言培训力度的加大,没有政府的支持,仅仅靠民间组织,其范围和速度是远远不够的。

(二)政治方面的考虑:国家软实力

同样的,发展中国家政府谈到服务外包,也有政治战略层面的考虑,服务外包业务的争夺同时也是政治战略上的争夺。

三、发包公司关心的问题

在前面介绍服务外包的发展起源和概念分类时,我们已经了解到:服务外包不仅是发展中国家先进公司对发达国家公司的外包(这只是外包的一个表象),根源的外包是公司将自己的非核心业务外包出去,并且可以向其他公司提供自己的优势核心业务服务。从这个意义上说,公司可以既是接包公司(优势业务上),也可以是发包公司(非核心优势业务上)。即便是全球领先企业也是如此。所以,这里,我们将不再用国家界限来划分公司,而是从发包和接包两个视角研究公司关心的问题。

(一)如何改变思维模式

在介绍外包历史的时候,我们已经了解到,公司的原动力是一心一意要增加竞争力以提高市场份额和利润。只是在不同时期,由于环境的变化,表现出不同的模式。20世纪大部分公司的模式是一个大型的整合型公司,它们可以"拥有、管理和控制"一切资产。20世纪五六十年代,比较盛行的是多样化、扩大公司业务,获取规模经济的好处。公司希望多样化能保护它们的利润,但是扩张需要多样的管理技能和层次。接着,到了20世纪七八十年代,发达国家的企业开始国际化竞争,但是公司的灵活性受到膨胀的管理结构的严重制约。为了提高灵活性和创新性,很多大公司发展了一种新的战略:集中于核心业务。这就需要公司能够认清哪些是核心的、关键的流程,哪些是可以外包的。

公司的这种行为转变与思维方式的转变是紧密相连的。柯达公司在1989年做出的IT系统外包决策被认为是革命性的,因为当时的IT系统是公司业务的重要基础设施。但实际上,这个决策是对公司业务再思考的结果。很快,许多大型企业都跟着这样做了,因为它们的管理者发现,获取它们需要的信息并不一定要亲自拥有信息技术。今天,它们关注的焦点不再是所有权,而是能带来更好结果的战略合作。公司选择外包时更多的是基于谁能提供更好的职能,而不是对这项职能是关键或非关键的考虑。当前,发包公司必须清楚地认识并统一思想:公司对资产的所有权已经不是最重要的,重要的是对关键能力的控制力,无论这个关键资产是否在公司自己的账面上,重要的是能不能让其发挥最大的作用。

对于一个传统的公司而言,进行这种思维方式的转变是痛苦而漫长的历程,会面对许多质疑、困惑和阻力。

(二) 如何逐步外包

现在,对于发包企业的问题不再是需不需要外包,而是如何外包、何时外包、外包什么。这是一个值得研究的课题。因为没有一个简单的指标体系可以放之四海而皆准地评价究竟哪项活动已经达到需要外包的标准了。企业需要把所有职能都评价一遍并回答以下问题:该职能目前应不应该外包(外包该职能是否能提高效率)?应该以何种方式外包(需要和供应商建立什么样的关系)?

7-Eleven 探索出一条成功的道路。

1991年,7-Eleven 在市场份额和利润方面都在走下坡路。当很多大的石油公司在它们的加油站里加设小型商店以后,便利店产业变得越来越艰难了。为了吸引更多的顾客,7-Eleven 必须大力削减成本,扩大产品和服务范围,增加食品的新鲜度。7-Eleven 发起了一场付费业务的重新省视,希望能重建竞争优势,提高运营效率,或许剥离某些非核心的业务,当 Jim Kevea 和他的团队在这个问题上研究得越来越深入时,他们越来越清楚地看到 7-Eleven 试图做太多的事情,然而在很多事情上又做得不够好。Keyes 研究发现公司日本分部的成功得益于和供应商的紧密联系。当他把所有可能的选择都筛选过以后,得出的结论是:拯救美国公司的方法就在于学习日本的模式，他设定的目标是："外包一切对完成使命不是致命的活动。"这标志着和公司一体化的过去决裂所有的活动都放到桌面上，哪怕是产品分销、广告、采购等战略职能也都一一重新评价，希望找到更有专长和规模的外部伙伴。只要一个伙伴能提供一种比7-Eleven更有效的能力，这种能力就成为外包的候选。逐步的，7-Eleven把很多业务活动的所有权都转移出去。

7-Eleven和外包伙伴的关系取决于该业务活动对公司的竞争独特性有多重要。对于日常的活动，如福利、应付账款的管理，7-Eleven选择那些能持续实现成本和质量要求的伙伴。

而更战略性的职能则需要更复杂的安排。例如，汽油零售，是7-Eleven的一个重要收入来源，也是顾客来7-Eleven的一个重要理由，所以，当7-Eleven把汽油分销外包给Citgo时，它还是拥有对汽油的价格、促销等活动的控制。因为这些活动能让它的店铺实现与竞争对手的差异化。

同样的，7-Eleven对与Frito-Lay的伙伴关系也密切关注，因为零食对于便利店来说也是重要的产品线之一。通过允许Frito-Lay直接把产品配送到店铺，7-Eleven享受到了这个薯片生产商大规模仓储和运输系统的好处。与其他便利店不同的是，7-Eleven不会让Frito-Lay决定（或影响）订货数量或货架摆放。相反的，这个零售企业在海量销售数据中挖掘消费者的购买习惯，根据每个店铺的不同做出相应的（订货数量或货架摆放）决策。

7-Eleven维持对产品选择和库存的控制表明了在战略外包伙伴关系中的一个关键问题：什么时候对重要数据保密，何时可以和合作伙伴分享。同样，7-Eleven找到IRI——一个外部伙伴——来维护和整理很琐碎的消费者购买行为数据，但坚持拥有对这些数据的所有权。这种活动提供给7-Eleven一个顾客在不同地区需要的产品组合的全貌。7-Eleven不需要依赖像Frito-Lay那样的外部决策人来提供这些信息。通过这种方式，7-Eleven可以建构它的供应商关系来获得一种能力，而不需要牺牲对业务重要决策的控制权。

对于个别的目标产品细分市场，7-Eleven甚至进入更深一层的伙伴合作关系。例如，公司发现它们的零售自有品牌食品使公司严重疏远了那些规模庞大、资源丰富并富有创新能力的食品供应商,所以,它们开始有选择地和一些食品制造商分享信息,允许它们为 7-Eleven 定制消费产品。例如,7-Eleven 与 Hershey 合作,开发了一种类似 Hershey 公司热销糖果（扭扭糖果）的可食用的手杖。作为回报,Hershey 授予 7-Eleven 在这种产品上市前 90 天的独家销售权。为了进一步推广这种独一无二的产品,7-Eleven 还和饮料供应商可口可乐公司合作,为自己专有的 Slurpee 饮料系列研制出一种新的 Twizzler 口味。这种独家合作,既减少了共享客户信息带来的战略风险,又极大地扩大了 7-Eleven 所能提供的独家产品的范围。

同样,当 7-Eleven 从啤酒销售数据中发现某类包装的产品卖得更好时,便与安海斯－布希公司建立了紧密合作关系,扩大此类产品的销售。安海斯－布希公司还协助 7-Eleven 开发了一个产品类别,并为一种新式货品陈列确立了商品规划标准。这个啤酒巨头还答应让 7-Eleven 最先参观它的新产品。作为回报,7-Eleven 将自己的客户信息与之分享,两家公司可以据此共同制定有创意的营销方案,如与全美赛车联合会共同冠名举办针对 7-Eleven 核心客户的促销活动,以及在美国职业棒球联赛中举办促销活动。安海斯－布希公司也使用 IRI 资源信息公司每天提供的有关 7-Eleven 便利店的库存数据,来测试新的订购预测系统,这个系统把零售商的订购与啤酒批发商的发货更紧密地联系在一起。

除了重构和加强现有的活动外,7-Eleven 还利用创新性的外包合作。例如,它意识到如果能让顾客在 7-Eleven 便利店一站式采购到多种产品和服务,它就能比那些经营范围更窄的对手领先一步。为此,它组建了一个联盟,在店内设立了一些多功能的自助信息亭（Kiosk）：由美国运通提供自动柜员机服务,西联公司（Western Clnion）管理电汇,Cash Works 提供支票兑现服务,而电子数据公司则负责整合信息亭的技术功能。这一次,7-Eleven 依然保留了对数据的控制权,即独家掌握消费者如何使用信息亭的数据,因为它认为这是保持自己竞争优势的关键。

（三）如何发展管理技能

为了正确外包,发展正确的外包关系,管理者需要学会一系列新技能。

1. 学习外包决策的战略思维

（1）成本底线思维：要正确核算内部经营成本，确定成本底线。包括设施、设备和交通工具等方面的支出以及雇员的福利支出等隐性成本，还有合同招标成本和合同监督成本。

（2）效率思维：制定合同时要考虑尽可能各项事项，使合同细则具有可操作性，合同效率的高低取决于合同细则是否明确、合同是否具有可操作性，合同约定要明确，不能有理解分歧。

（3）合同订立中的规范思维：服务外包外包的目的使为了选择最有实力的竞标者来承担某项服务职能，所以最好采用招标形式，招办过程严格按照规范程序进行，做到公正、公平、公开。（4）监督思维：合同执行过程中，要注意监督，防止监督缺失。防止接包商通过通过降低服务质量、提高服务价格来降低成本，追求最利润。

2. 学会选择恰当的合作伙伴

（1）首先列出可能的候选企业，简要告诉它们公司的期望（必须是现实的和可实现的），让它们评判自己是否能达到要求。

（2）给潜在的服务提供者提供足够的信息（关系领域、时间区间、你愿意支付的价格）。

（3）任何你认为模糊的问题都要从服务提供商那里寻求澄清。

（4）要求潜在服务提供商提供它们服务的客户名单，联系这些客户并询问他们的意见。

（5）随时牢记你需要的是技术知识和专长，经验也是需要考虑的因素。

（6）虽然价格或成本因素在很大程度上决定了外包是否成功，然而不能单纯用低价格来衡量和选择供应商，服务的质量同样重要。

（7）服务提供商所在地区的政治、法律、税收等政策也是需要考虑的。

3. 建立管理组织架构进行外包监管（选定服务提供商以后，需要有一个专门的组织机构来处理外包，这个机构负责和服务提供商的沟通）

4. 需要不时地评价运营流程

会议和讨论的重心应该是：哪些目标实现了，哪些目标还有待实现。有必要的话，需要制定新的战略来实现特定目标。当服务提供商的服务超过企业的预期时，它应当得到回报。相反，如果服务提供商没有能实现诺言，它就要受到惩罚。

5. 其他

了解外包合同（外包合同的条款必须至少是双方同意的，并写下来，避免任何疑惑或模糊）。了解系统经济，而不是仅仅知道如何压榨供应商。学习更强的沟通技巧，以维护和供应商的关系。对外包正确的评价等等。

（四）如何衡量外包效益和评估外包成败

Bain公司的一项调查表明：欧洲、亚洲和北美82%的大公司都或多或少外包了某些业务，其中51%是离岸外包。但是，几乎有一半的企业说它们的外包项目并不像预期的那样成功，只有10%的企业对成本的节约非常满意，6%的企业对外包的整体评价非常满意。

在战略性外包中，发包方和供应商之间的关系是长期的，必须是互惠互利的。影响外包成功的因素有：公司目标和使命明确；有一个战略性的计划；选择了合适的外部供应商；对外包关系的持续管理；一个完善的外包合同。

在离岸外包中，正视文化差异，相互理解和尊重，并通过一些沟通活动拉近双方的距离。在正式外包服务之前，如果能够先试行一个小的项目将会降低风险，并且可以知道这个服务提供商将能提供什么水平的服务。

四、接包公司关心的问题

（一）大多数发包公司需要什么样的业务服务，需求趋势是什么

是跟随潮流，还是坚持创新，创造新的外包服务，这是接包企业首先需要结合企业自身资源和能力予以明确的定位问题。

如果能认清大多数公司变革的方向，把握机会，就可能把一项公司职能

转变成一个全新的行业。例如，做物流管理的 United Parcel Service 公司，做人力资源管理的 Hewitt Associate 公司，就通过集中精力在一项职能上而成就了全新的商业模式。

（二）如何提供高附加值的服务

提供外包服务的企业，其价值体现在独特性和高效性上。如果为一家保险公司代理理赔业务，该如何审核理赔申请并当场识破保险欺诈行为呢？接包企业提供的是专业化的服务。为保持竞争力，需要不断培训公司员工的专业技能，如果能让客户公司参与到培训中来，则更能体现独特服务，也能给客户公司提供安全感。

（三）如何把本公司的专长转变成可以提供给其他公司的服务

在这方面做得很好的有 Nike 和 Virgino Virgin 成功地把自己的品牌管理能力从飞机扩展到音乐、手机、个人理财甚至结婚礼服上。你或许还认为 Nike 是做运动鞋的，但是它已经把品牌和零售专长拓展到一系列产品上：从高尔夫练习场到 MP3 到眼镜。Nike 正在成为向其他公司提供营销服务的供应商。

（四）如何应对兼并

由于提供商的数量有了大幅度增长，IT 领域对外包合同的争夺前所未有地残酷，因此市场上很快会出现一些大规模的兼并交易。有关 Infosys Technologies 和 Capgemini Group 兼并的传言表明：IT 业界将发生大规模的兼并交易。作为接包企业，如何应对即将到来的兼并浪潮，在市场洗牌中生存发展，也是值得注意的问题。

（五）小型接包企业如何联合起来接包

小型接包企业由于规模的限制，比较难接到大的外包单子，如何创新，或者联合，是影响到其生存和发展的问题。通过以上对发包公司和接包公司角色的了解，服务外包带来的一定是全世界各地许许多多公司的共赢，无论是亚洲还是西方国家公司，都通过越来越紧密的合作（相互提供高效率的服务）获得更低的成本，为最终消费者提供更好的产品和服务。

第二章

服务外包发展路径与存在问题

第一节 中国转向服务经济的路径选择

一、中国产业结构悖论的历史

（一）服务业增加值占 GDP 的比重一直偏低，直到近年有所提高

1. 中国的服务业比重滞后于工业化进程

改革开放以后，中国服务业占 GDP（国内生产总值）的比重逐步上升，从 1980 年的 21.6% 上升到 2002 年的 41.5%，但是随后服务业增加值占 GDP 的比重出现下降，2005 年下降到 40.5%，之后又开始回升，2010 年服务业增加值达到 43.1%，直到 2013 年服务业增加值的比重才超过工业的比重。国家统计局公布数据显示，2016 年，中国服务业增加值 384 221 亿元，比上年实际增长 7.8%，在三次产业中继续领跑，增速比第二产业高出 1.7 个百分点。服务业占 GDP 比重已上升为 51.6%，比 2015 年继续提高 1.4 个百分点，比第二产业高出 11.8 个百分点。服务业对国民经济增长的贡献率为 58.2%，比 2015 年提高 5.3 个百分点，比第二产业高出 20.8 个百分点。2017 年，服务业增加值 427 032 亿元，占全国 GDP 比重为 51.6%；服务业增加值比上年增长 8.0%，比国内生产总值和第二产业增加值增速分别高出 1.1

和1.9个百分点,已连续5年在三次产业中领跑;服务业增长对国民经济增长的贡献率为58.8%,比第二产业高出22.5个百分点;拉动全国GDP增长4.0个百分点,比第二产业高出1.5个百分点。2018年,第三产业增加值469 575亿元,全年服务业生产指数比上年增长7.7%。

2. 中国的服务业比重曾经滞后于钱纳里标准结构

2013年我国人均GDP为6 920美元,但是第三产业占GDP的比重为46.1%、第三产业就业比重为36.1%(2012年),远远低于钱纳里标准的50.0%和43.2%,中国的服务业发展明显滞后。直到2016年,服务业占GDP比重才上升到51.6%。

3. 中国的服务业比重曾经滞后于同等发展水平国家

拿2010年来说,按照WDI统计数据,2010年中国按照购买力平价计算的人均GDP为7 589美元;稍高于中国发展水平的牙买加人均GDP为7 673美元,2010年第三产业的比重达44.46%;比我国发展水平低的安哥拉、约旦的第三产业比重也达到66.5%、60.34%,都高于我国2018年的水平。

(二)历史上服务业对GDP的贡献较低

1990年以来,中国第三产业对GDP增长的贡献率不断增长,从1990年的17.3%上升到2013年的46.8%,但是均小于第二产业对GDP增长的贡献率,直到2016年中国经济才逐渐进入服务经济主导的阶段。

(三)长期以来服务业就业比重较低

我国服务业从业人员逐年上升,1978年服务业从业人员占总就业人口的比重仅为12.2%,到2014年上升到36.1%,上升了23.9个百分点。但与其他国家相比,我国服务业就业比重仍然很低,到2008年,全球服务业就业比重占到43.1%,而高收入国家达到71.1%。2012年,法国、英国服务业就业占总就业的比重超过70%,分别达到74.1%、78.6%;巴西这样的发展中国家也占到60%以上。

二、中国服务化悖论的历史原因

(一) 服务外部化不足

我国制造业服务内部化严重。"麻雀虽小，五脏俱全"，许多制造业保留了研发、物流等生产性服务部门。以物流为例，像海尔这样的大型家电企业都保留自己的物流系统。不仅生产性服务业内置化严重，部分企业生活性服务业的内置化也同样存在。目前，部分企业还保留自己的医院、幼儿园等。从工业服务部门的外包度就可以看出，大部分工业服务中间投入的比重占10%左右。

(二) 以制造为主的代工模式

改革开放以来，我国大量引进外资，主要集中在制造行业，2008年我国成为第三大货物贸易国。2013年我国成为第一大货物贸易国以制造业为主的代工模式，导致我国服务业发展不足。在制造业为主的代工模式下，跨国企业将研发、营销、品牌管理等放在国外，而将制造环节放在我国，这势必导致制造业、服务业比例失衡。而印度采取了以服务为主的代工模式，尽管印度的人均GDP远远低于我国，但服务业占GDP的比重历史上很多时期高于我国。

(三) 传统观念对于服务业的偏见

传统观念认为，服务不创造价值，而且在制造代工模式的驱使下，出台了许多有利于制造业发展的政策，在土地、水、电等各个方面对于服务业都存在歧视，致使国内服务业发展环境不够宽松。这一点可以从国际资本流动看出端倪。截至2010年，我国实际利用外资10 389亿美元，其中制造业为5 755亿美元，占55.40%，而服务业中的1/3在房地产业。我们再来看对外投资情况，截至2008年，我国对外投资规模达到1 840亿美元，其中服务业达到1 454亿美元，占79.06%，而制造业仅占5.25%。商务部发布数据显示，2017年，我国共对全球174个国家和地区的6 236家境外企业新增非金融类直接投资，累计实现投资 1 200.8 亿美元，同比下降 29.4%。再拿 2018 年来说，据商务部数据 2018 年 1-12 月，全国新设立企业 60 533 家，同比增长 69.8%，实际利用外资 1 349.7 亿美元。制造业新设立外商投资企业 6 152 家，同比增长 23.4%，实际利用外资 411.7 亿美元，同比增长 22.9%；服务业新设立外商投资企业 53 696 家，同比增长 78.6%，实际利用外资 918.5 亿美元，同比下降 3.8%。

比较利用外商直接投资和对外直接投资的结构，我们不难发现，在利用外商直接投资中，制造业占主体；在对外直接投资中，服务业占主体；在国际贸易中，制造业为顺差，而服务业为逆差。我们可以认为，传统观念对于服务业的偏见一度影响了我国服务业的发展。

三、产业转型的国际经验

（一）服务业与制造业的分离

从 20 世纪 50 年代开始，发达国家开始向服务经济迈进，其中重要的原因是生产性服务从制造业中分离出来，即所谓的在岸服务外包。这一现象可以从两个方面得到验证：一是以商务服务、金融服务为代表的生产性服务占 GDP 的比重不断上升。以美国为例，1947—2012 年，生产性服务业的比重由 28.97% 上升到 45.64%，上升了 16.67 个百分点。二是制造业的服务投入比重不断上升。以英国为例，21 世纪头 10 年中期制造业对生产性服务业的依赖程度为 18.79%，比 20 世纪 80 年代早期的 3.04% 提高了 5 倍。

（二）制造业服务化

制造业服务化，即企业从以生产物品为中心向以提供服务为中心的转变（Reiskin et al., 2000）。制造业服务化的典型案例是 IBM，IBM 从 1993 年开始转型，1996 年建立全球服务部，服务（包括战略外包、业务咨询服务、集成技术服务和维修、软件、金融等）收入由 1996 年的 51.8% 增长到 2012 年的 82.2%，目前 IBM 已经成为全球最大的 IT 服务提供商、外包提供商、咨询提供商和产品支持服务公司。

(三) 制造环节离岸外包

随着劳动力成本上升，跨国公司开始在全球范围内配置资源，将容易标准化的制造环节逐步转移到劳动力成本较低的发展中国家。而发达国家也出台了一系列"鼓励"企业制造外包的政策。如美国在20世纪60年代实行了离岸组装条款（Offshore Assembly Provision，OAP），准许美国国内制造的半成品或中间件在另一个国家加工处理后免税进口美国，仅对增值部分征收关税，这一政策降低了美国公司组装业务的离岸成本，促进了制造环节的离岸外包；同样在欧盟也有类似的规定，外部加工豁免安排（Outward Processing Relief Arrangements），即部件经组装加工重新进口后可以豁免全部或部分关税。进入20世纪80年代后，制造被大量外包到中国、墨西哥等地。制造环节的外包，加快了发达国家服务化的进程。

(四) 离岸外包成为发展中国家的新引擎

改革开放以来，我国大量引用外资，大力发展外向型制造，抓住了制造业全球转移的机遇，加快了中国的工业化进程，中国改革开放的30年就是中国承接国际生产转移的30年。随着人力成本的上升、产业结构的调整，全球产业转移已经转移到服务业。

印度是承接离岸外包的典范。20世纪70年代，印度和中国一样，通过开放承接国际产业转移，中国选择了承接制造产业的转移，而印度选择了服务产业的转移，同样对经济的发展起到了非常重要的作用。但是过去的30多年，全球服务外包的规模远远小于制造外包，随着信息技术的发展、交通能力的不断提升，许多服务变为可贸易品，服务外包的规模将会不断增长、范围将会不断扩大。

印度在承接服务外包的过程中，至少在以下几方面促进了印度经济的增长：一是拉动GDP增长。2014年，印度IT-BPO产业的收入达到717亿美元，软件产业已经具有很强的国际竞争力，对印度GDP的贡献达到5.8%。二是带动就业。承接服务外包为印度创造了大量的就业岗位，2014年，IT-BPO产业直接就业人数为223万人，创造间接就业岗位800万个以上。通过发展服务外包，印度不仅培育了一批国际知名的软件公司，并且形成了班加罗尔、孟买、马德拉斯、德里和海得拉巴等一批产业集聚带，而且通过服务外包的发展，带动金融、咨询等服务产业的发展，逐步形成了以软件产业为主导的服务经济结构。

四、服务外包是转向服务经济的重要路径

转向服务经济，需要从全球化的视角出发。推动我国经济向服务经济转型的主要路径有：一是大力发展服务外包；二是推进制造业服务化；三是推动制造环节向海外转移。

（一）大力发展服务外包

根据发达国家经验，服务环节从制造业中分离是转向服务经济的根本途径。中国拥有庞大的制造业规模，随着制造业发展水平的提升、专业化程度的提高，客观上存在生产性服务业和制造业分离的要求，制定相应政策，创造有利环境，使制造企业有动力、有渠道将生产性服务分离，是转向服务经济的关键。因此，我国在转向服务经济中，必须以在岸服务外包为基础。同时，以服务业全球转移为特征的新一轮国际化序幕已经拉开，离岸服务外包的规模不断扩大，发展离岸服务外包可以在某种程度上和制造业代工进行平衡。另外，国内目前承接商能力不能满足需要，这是制造业分离发展服务的重要障碍，承接离岸服务外包，可以培养国内企业的承接能力，也有利于在岸外包的发展。因此，承接离岸服务外包是转向服务经济的突破口。

在制定政策时，要将在岸外包与离岸外包统一协调，在构建在岸外包或内生服务化政策环境的基础上，对离岸外包给予适当的优惠，通过发展离岸外包提升在岸外包的承接能力，通过发展在岸外包为离岸外包提供市场支持，进而实现规模效应，降低成本，提高国际竞争力。

（二）推进制造业服务化

制造业的服务化经营主要是指制造业企业业务收入中的服务所带来的收入比重上升，即产业服务化。从产业结构演进的规律看，生产性服务业最早是从制造业中分化出来的。从世界产业转移的趋势看,高技术制造业的跨国公司逐渐将企业的制造部门转移到发展中国家,而将研发、产品设计等产前策划放在母国。我们可以看到,产业发展似乎有这样一个规律,即"高技术制造业——高技术制造业服务化经营——生产性服务企业(将制造部门剥离出去)",我国发展高技术制造业应认识到这样的规律,引导高技术制造企业逐步扩大服务收入,为企业创造条件,逐步将制造部门分离出去,演化为高技术生产性服务企业。

(三)推动制造环节向海外转移

我国产生"服务经济悖论"一个很重要的原因是制造业代工,因此,将制造环节向海外转移是推动三次产业协调发展的路径。目前,由于劳动力成本的变化,一些外资企业的生产环节逐渐向周边国家转移。但是,我国面临的就业压力很大,制造环节大规模向海外转移目前不太适用。

第二节 中国服务外包的现状

一、在岸服务外包发展现状

在岸外包有狭义和广义之分,狭义的在岸服务外包主要指企业将特定的服务通过合约外包给接包公司,而广义的在岸服务外包则包括分离、外置、外包服务功能和业务。

(一)在岸外包规模不断增长

商务部公布 2016 年 1—12 月,我国企业签订服务外包合同金额为1 472.3 亿美元,执行额 1 064.6 亿美元,分别增长 12.45% 和 10.11%。其中离岸服务外包合同额 952.6 亿美元,执行额 704.1 亿美元,同比分别增长9.14% 和 8.94%;在岸服务外包合同额 519.7 亿美元,执行额 360.5 亿美元,同比分别增长 19.07% 和 12.46%,增速均超过同期全国外贸增速,成为对外贸易及服务贸易中的一大亮点。医药和生物技术研发、动漫及网游设计研发、工业设计和工程设计等知识流程外包业务快速发展，带动服务外包业务结构逐步优化。

（二）中间需求带动服务业快速发展

中间需求是带动服务业发展的主要动力，以交通运输及仓储业为例，第二产业中间需求占总产出的比重达到60.90%，第三产业中间需求达到26.21%，总中间需求占到87.11%。

（三）生产性服务业规模不断扩大

广义服务外包发展的最终结果是生产性服务业的扩大和比重的上升。而我国主要生产性服务业，尤其是金融业占GDP的比重较低。

二、离岸服务外包现状

（一）总体状况

我国离岸服务外包规模，发展非常迅速。截至2016年底，全国服务外包从业人员536.1万人，其中大学以上学历355.9万人，占66.4%；服务外包企业为24 818家。我国主要承接美国、欧盟、日本等国家和地区的离岸外包，2015年我国承接美国、欧盟和日本的国际服务外包执行金额分别为117.5亿美元、71.4亿美元、54.0亿美元和51.8亿美元，分别占执行总额的25.9%、15.7%、11.9%和11.4%。从结构来看，根据中国国际投资促进会对237家企业的调查结果显示，中国服务外包企业主承接来自服务业、金融服务、卫生健康、制造业、政府与教育五大行业的业务，分别占营业额的32.5%、6.1%、12.0%、10.8%、5.0%，运输、能源与零售业各占1.2%。

（二）外包基地城市的发展现状

2006年，中国推出服务外包"千百十工程"，开始选择服务外包产业发展基础好的城市设立"服务外包基地城市"和"示范园区"，确定服务外包基地城市16个：大连、西安、成都、上海、深圳、北京、杭州、天津、南京、武汉、济南、合肥、长沙、广州、哈尔滨、重庆；确定示范园区4个：苏州、无锡、大庆、南昌。2009年，国务院批准北京、天津、上海、重庆、大连、深圳、广州、武汉、哈尔滨、成都、南京、西安、济南、杭州、合肥、南昌、长沙、大庆、苏州、无锡20个城市为中国服务外包示范城市。2010年，批准厦门为示范城市。2013年示范城市合同执行金额为294.4亿美元，同比增长59.4%，占全国总额的90.9%。服务外包企业12 471家，从业人员达到242万。经过近几年的发展，我国服务外包示范基地城市形成了不同的竞争优势，如天津围绕优势支柱产业，与制造业联动发展，重点发展科技研发、共享服务中心、信息服务等服务外包；上海围绕"四个中心"的重要发展战略，重点发展金融服务外包、供应链管理服务外包、人力资源服务外包、医药研发外包以及创意设计外包等。

（三）园区发展现状

目前，全球服务外包产业呈现出"城市——园区——企业"三层构架，园区既是产业发展的载体，也是企业形成产业集群的平台，更是促进服务外包产业发展的关键动力。中国服务外包产业发展迅速，目前已形成"示范城市+示范园区"的两级支持体系，在21个示范城市中，商务部认定的服务外包示范园区约150家，各类服务外包园区贡献了全国服务外包产业产值的80%。

第三节　中国服务外包存在的问题

一、在岸外包存在的问题

（一）总体规模较小

以IT服务业为例，2015年我国IT服务业的规模为1 020.8亿元，到2016年增长到1 477.3亿元，同比增长20.9%。虽然增长速度较快，但是在信息经济如此发达的知识经济体系中,这个规模仍然偏小。

(二)发包意愿不强烈

企业生产性服务外包意愿并不强,在对山东100多家工业企业进行调研时发现,大部分企业选择了生产性服务内部提供的方式;研发设计、会计等业务,90%以上的企业选择自我提供。

(三)生产性服务业比重偏低

我国的生产性服务业比重偏低,2015年,我国房地产业占GDP的比重为5.28%,房地产业为5.66%,租赁和商务服务业为1.99%,三项总计为12.93%,而美国2005年这三个产业占GDP的比重达到32.2%,日本达到27.5%,大大高于我国的水平。

二、离岸外包存在的问题

(一)从离岸外包发展的情况来看

从离岸外包发展的情况来看,主要存在三个方面的问题。

1. 离岸服务外包的规模有待扩大

举例来说,2015年我国离岸服务外包规模为454.1亿美元,而印度为1 180亿美元,说明当年我国离岸服务外包的规模和印度比起来还偏小。

2. 产业集中度不高

较高产业集中度能够产生规模效应,服务外包很讲究规模效应,但目前我国服务外包发展布局比较分散,企业规模小,缺少龙头企业和知名品牌,承接与开发大型服务外包项目能力不足。《中国软件出口杂志》的数据显示,2015年中国软件服务外包企业20强,外包总额仅为11亿美元,平均每个企业外包额为5 491万美元,而以外包为主要业务的印度最大的软件公司Tata在2016年的收入达到55.7亿美元;另外一个接包企业Infosys在2016年的营业收入为47.76亿美元,年末员工为91 187人。从产业集中度看,前20强企业的收入规模占总收入规模的比重约为30%,行业集中度较低。

3. 承接的外包属于产业链的低端

BPO按照简繁程度不同，从低端到高端分为五个层次：一是后勤办公，如数据输入、转化和文件管理等；二是顾客服务，如呼叫中心、在线顾客服务、远程营销等；三是普通公司业务，如金融、会计、人力资源、采购、信息技术服务等；四是知识服务和决策分析，如研究咨询、顾客分析、证券分析、保险索赔、风险管理等；五是研究开发，如软件开发、建立数据中心、医药检测与分析、技术系统设计、工程设计、建筑设计、新产品和新工艺设计等。随后还出现了BTO（业务转型外包）、KPO（知识流程外包）等高端的外包形式。然而，我国目前承接的服务还处在第一、第二层面，即价值链的低端。

（二）从影响离岸外包的因素来看

从影响离岸外包的因素来看，主要存在三个方面的问题。

1. 人才不足

据统计，全球85%以上外包项目都以英语作为沟通桥梁，软件外包中英文软件占80%以上，英语语言能力成为跨国公司选择外包合作伙伴时仅次于成本的第二大因素。但是我国缺乏大量以英语为母语的专业技术人才以及有国际视野、经验丰富的高级项目经理人才。此外，外包对管理人员提出了更高的要求。外包服务管理人员不仅需要技术技能，还需要谈判技能、沟通技能、商业技能以及财务技能等。

2. 市场不够规范

我国服务外包市场还存在许多不规范的现象，如外包服务质量的监控不到位、服务外包合同不是很规范、履行合同也不是很严格，缺乏行业标准以及市场不正当竞争等现象仍较多。

3. 公共服务平台建设不足

目前尽管很多园区建立了公共服务平台、公共技术平台，但这些平台在后续的运营方面存在大量的问题，导致这些公共服务平台不能发挥其应有的功能。

(三) 从服务外包基地城市发展来看

从服务外包基地城市发展来看，主要存在两个方面的问题。

1. 缺少差异化

中国目前有 20 多个服务外包基地城市，但服务外包总规模赶不上印度班加罗尔一个城市，2016 年 21 个服务外包基地城市服务外包合同执行金额为 294.4 亿美元，出口规模和基地城市规模不协调，这势必会带来基地之间的过度竞争。尽管这种竞争会在一定程度上激励地方政府出台更加有利于服务外包发展的政策，但是也出现了一批为享受优惠政策而不断搬迁的企业，这样不利于外包基地持续竞争力的培育，其主要是由外包基地发展定位不明确、功能定位雷同导致的。

2. 外包城市载体建设不足

多数外包园区建设和规划思路仍停留在硬件建设上，而忽略对技术、管理人才的培养和对相关产业政策的制定，其企业和产品却大致趋同，没有形成一个分工明确、体系完整、实力雄厚的产业链条，造成人力、物力、资源的浪费。

第三章

中国服务外包的基础构建

第一节 中国服务外包的发端

一、中国服务外包的发端——大连

大连服务外包产业发展在国内可以说是起步最早的,大体经历了三个发展阶段:第一阶段始于20世纪80年代末90年代初,以华信为代表的本地软件企业起步发展;第二阶段是20世纪90年代末至2004年,以东软和GE落户大连为标志,外包业务迅速发展;第三阶段是2004年之后,以海辉、华信等公司引入国际风险投资为标志,产业发展进入扩张阶段。

自1998年大连软件园成立以来,大连软件和服务外包产业凭借政府的大力推动与地缘、区位、历史文化等优势,取得了长足的发展。进入21世纪后,大连市提出了"大连,中国TT外包中心"的发展目标,利用地缘优势积极开拓日本市场和韩国市场,使一批日本和韩国企业相继落户大连,日韩外包业务也源源不断地转移到大连,对日软件出口和外包业务成为大连服务外包的特色。产业规模由1998年的2亿元扩张到2008年的306亿元,软件与服务外包出口从2000年的0.4亿美元增长到2008年的10.5亿美元,成为国内最大的对日软件出口城市。大连软件园开创的"官助民办"办园模式最大限度地发挥了社会资本的力量，极大地增强了产业发展的内生动力，推动了大连软件产业多年来持续快速增长。随着"一带一路"倡议的实施，"一带一路"市场在软件外包产业的发展中重要性显著提升。相关数据显示，我国在2015年承接的"一带一路"沿线国家发包的服务外包业务的合同金额已经达到178.3亿美元，同时，执行金额已超过120亿美元，同比增长率分别达到42.6%和23.4%。大连市软件外包企业应充分利用此机遇，加强与"一带一路"沿线国家的合作以扩大亚非地区市场份额，优化市场体系的同时加快产业的发展。

二、大连服务外包产业的发展特色

通过10年的积累，大连软件和服务外包产业在促进与带动全市经济社会发展中发挥着越来越重要的作用，促进了全市产业结构和出口结构的调整，推动了西部城区的改造，带动了金融、酒店、航空、房地产等相关产业的发展，优化了城市的人口结构和文化构成。2015年，全市软件和服务外包产业增加值占全市GDP的比重超过4%，显现出支柱产业的雏形。经过10年努力，大连形成了具有自身特色的服务外包产业基础和发展环境，在全国起着"领头羊和辐射源"的作用。

一是形成了软件和服务外包业的国际化特色。在全国率先提出要建设IT外包中心，以开拓日本市场为重点，使大批日本外包业务转移到大连，并以对日业务为基础，提高承接欧美业务的能力。目前，全球前十大ITO和BPO服务提供商中，已有6家在大连开展外包业务，东软、华信、海辉3家本地企业连续几年排名中国软件出口前三位。经过几年努力，大连已经形成比较完整的外包业务产业链，业务内容也从一些初级软件开发和业务流程管理，逐步扩展到技术含量高、管理含量高和附加值高的外包业务，具备了承接更广泛和更高端软件出口及外包业务的能力，成为国际外包中心的基础已经夯实。

二是独具特色的管理模式。自20世纪90年代后期，大连先后建成了高新技术园区七贤岭产业基地、大连软件园、双 D 港（Digital & DNA）等产业园区，为信息服务业的发展创造了良好环境，成为承接国内外信息软件企业的主要载体。大连软件园是全国唯一采取"官助民办"机制运营的软件园区，也是国内软件出口额最大、外资企业比例最高的园区。这里汇聚了大连 90% 以上的外包企业，是大连最大的服务外包集聚区。如今大连软件园已成为以对日 IT 外包业务为核心的国内最具特色的软件专业园区和新型社区。"官助民办"的办园模式支持了大连软件园的建设和发展。先后被国家有关部委认定为"国家火炬计划软件产业基地"、"软件产业国际化示范城市"核心基地、"中国软件欧美出口工程试点基地"、"国家软件产业基地"、"国家软件出口基地"。大连市政府规划了 133 平方千米的旅顺南路软件产业带。大连在全国率先倡导"社区化"建设理念，提出建设"集工作、生活、商务、休闲为一体的软件社区"，委托知名专业公司进行管理，为企业和员工提供优质的综合配套服务。

三是确立人才优先的发展战略。大连市政府在软件产业发展初期就对人才培养工作做出了长远的规划，启动了国家信息技术紧缺人才培养工程中的游戏人才培训项目，实施了国家信息专业技术人才知识更新的"653"工程，启动和推进大连软件与服务外包人才实训基地建设项目。开展了 IT 职业教育专业等级评定，建立多种方式并举的立体化人才培养体系和人力资源生产体系，形成了巡回招聘、校企联合、订单式培养、社会办学等多种人才培养和引进模式。软件人才培训的规模化、品牌化工作进展顺利，引进印度、日本、美国等著名人才培训机构在大连合作办学。吸引国家信息技术星火人才培训工程项目等中外培训项目落户大连，实施培训机构异地办学等新措施。

第二节 中国服务外包示范城市的发展

一、全国服务外包示范城市的演变

根据《国民经济与社会发展第十一个五年规划纲要》关于"加快转变对外贸易增长方式……建设若干服务业外包基地，有序承接国际服务业转移"的要求，为促进服务外包产业快速发展，优化出口结构，扩大服务产品出口。为加快我国承接离岸服务外包业务，提高我国服务外包企业的国际竞争力，商务部、信息产业部和科技部选择一批中心城市作为开展承接离岸服务外包业务的基地城市，在宏观政策、规划设计、招商引资、综合协调等方面给予支持。先后将北京、天津、上海、重庆、大连、深圳、广州、武汉、哈尔滨、成都、南京、西安、济南、杭州、合肥、南昌、长沙、大庆、苏州、无锡等20个城市确定为我国服务外包示范城市，深入开展承接国际服务外包业务、促进服务外包产业发展试点。

以这20个城市为中心，形成了我国主要的服务外包承接地，汇集了大量优质企业、专业人才，集聚效应开始显现，对我国服务外包产业发展起到了积极的示范和带动作用。20个示范城市共有服务外包企业2 598家，占全国总量的78.7%；取得各类认证的服务外包企业达到985家，占全国通过认证企业总数的82.6%；从业人员43.7万，占全国从业人员的82.9%。

二、中国服务外包示范城市的基本情况

经过近年增加，目前中国服务外包示范城市已增至31个，分别是：北京、天津、上海、重庆、大连、深圳、广州、武汉、哈尔滨、成都、南京、西安、济南、杭州、合肥、南昌、长沙、大庆、苏州、无锡、厦门、沈阳、长春、南通、镇江、宁波、福州、青岛、郑州、南宁、乌鲁木齐。本节介绍

其中一部分示范城市。

(一) 北京

商务部、信息产业部与科技部联合举行了"中国服务外包基地城市"授牌仪式暨服务外包基地共建协议签字仪式，北京和杭州、天津、南京、济南、武汉一起成为我国第二批"中国服务外包基地城市"。

北京的服务外包产业起步较早，20世纪90年代，跨国公司在我国实现软件本地化时就建立了第一批服务外包企业。目前北京市服务外包企业有400多家，从业人员超过10万，行业发展水平全国领先，年出口额超过1 000万美元的服务外包龙头企业达20家。2006年北京服务外包产业规模3.6亿美元，服务外包执行额最高为3 000万美元，出口国别及地区55个。据商务部公共商务信息平台，到2017年，北京服务外包产业规模达到了45.7亿美元，规模是2006年的14倍多，年均复合增长率达到26%，有9家企业服务外包执行金额达到1亿美元以上，出口国别及地区增加到61个，2006年企业员工最大规模500人，2017年最大规模企业员工已经达到4万人以上。

北京作为我国的首都，经济发达，基础设施优良，具有发展金融服务外包产业的区位优势、资本优势、技术优势、人力优势和市场优势。目前，北京是全国服务外包出口额最大的城市之一，其中金融服务外包约占40%，业务涉及银行、保险、证券、财务公司等各类金融机构的ITO和BPO业务。

北京服务外包产业的发展以信息技术外包为基础，逐渐向业务流程外包市场拓展。北京软件外包企业是北京服务外包产业的代表，是北京服务外包产业在国际竞争中的先锋。北京软件外包企业在市场开拓之初，凭借人才成本优势和通畅的国际交流渠道等在对日软件外包中抢占了先机，这种先发优势目前仍在延续。

据商务部网站公布，2018年北京市离岸服务外包合同执行金额48.7亿美元，同比增长6.71%。

(二) 天津

天津有着丰富的科技、人才等资源，劳动力成本相对欧美而言，比较优势相当明显。天津凭借着自身的地理优势、自然资源优势、开放优势、市场优势，以及丰富的人力资源优势，逐步形成了诸如天津经济技术开发区服务外包示范园区、天津高新区服务外包示范园区、天津空港服务外包示范园区等高新技术产业园区。①天津经济技术开发区服务外包示范园区充分利用各方面的优势吸引了华信、炎兴、博彦、渣打、联盟计算机、思捷思电脑、中软赛博、天津强芯、日本 ROHM（罗姆株式会社）、韩国 LG CNS 海外研发中心、联微技术、易泰达、津滨数字电子、国际计算机病毒应急处理中心等为代表的 BPO 和 ITO 服务外包企业。②天津有扶持自主创新的政策、吸引人才的政策和扶优扶强政策等众多政策优先向软件与服务外包产业倾斜，对在园区创新创业的软件与服务外包领域领军人才，给予最高 500 万元的项目启动资金；根据项目投资需求，由园区创业投资平台予以最高 1000 万元的风险投资支持，并提供最多 500 平方米的研发办公场所，领军人才获得国家、天津市科技和产业计划资助的项目，予以配套支持。③天津空港服务外包示范园区，目前已有软通动力等一批现代化服务外包企业落户，医药研究外包、软件开发外包等现代服务外包产业在空港加工区已呈现出明显的聚集态势，初步形成了以开发区和新技术产业园区为核心的离岸服务外包产业集群。

据中国统计信息网公布的数据，2018 年天津市服务业增加值增长 5.9%，快于该市生产总值 2.3 个百分点，占该市生产总值比重为 58.6%。

（三）上海

商务部、信息产业部、科技部在北京联合授予上海、西安、深圳和成都为"中国服务外包基地城市"，这 4 个城市和大连一起成为国内首批"中国服务外包基地城市"。

上海发展服务外包的优势十分明显，具有优越的地理区位并依托全球最大的潜在市场；拥有很高的国际声誉；传统的亲商、开放的文化取向，有利于国际现代服务业的发展；多语种教育资源和较高的劳动力素质，也能提供有力的人力资本的支持。据科尔尼公司最新发布的外包目的地吸引力指数，印度和中国是吸引力最高的国家，而上海在中国高居榜首。

上海形成了一批外包产业集聚、经济效益显著的国际服务外包产业园区，而且随着吸引的高科技外企数目不断增多，集聚效应日益显现。①金桥出口加工区。金桥出口加工区是1990年9月批准设立的国家经济技术开发区，主要区域分为研发基地、工业基地、智能商业基地和国际社区，是集科技研发、工业生产、加工贸易、商业服务、生活居住等功能于一体，按国际规范建立的高水准的多功能综合型开发区。迄今为止，金桥出口加工区已吸引749家跨国公司投资，聚集了包括阿尔卡特、康宁、柯达、惠普等承接外包业务的研发中心、技术中心、物流中心、财务中心等功能性地区总部。②"浦江智谷"商务园。"浦江智谷"商务园是由上海鹏晨联合实业有限公司为适应上海发展现代服务业和外包服务基地的战略，以建设节能、健康、舒适的生态环境为特色的商务园区。③上海市银行卡产业园。上海市银行卡产业园设立于2003年3月，是上海市政府为推进上海国际金融中心建设而精心搭建的浦东金融后援大舞台；是与陆家嘴金融商务中心前台相互呼应的金融后台集聚高地；是以金融及相关业务流程外包为核心，以技术密集和资本密集为特征的高科技金融信息服务产业基地。

上海服务外包产业发展非常注重加强服务外包上下游之间的关系，大力发展总部经济，吸引国际发包商将地区总部和研发中心设立在上海，积极拓展新兴市场，加大对欧美服务外包市场的开拓力度。上海市2013年9月已累计批准设立跨国公司地区总部178家，外资研发中心215家，在全球六大专业服务外包公司中，IBM、惠普、EDS、埃森哲都已落户上海。上海的总部经济发展策略已初见成效。

上海市在把握服务外包产业上游的同时，重点发展软件开发外包、研发设计外包、物流外包和金融后台服务外包等领域，现阶段信息技术外包仍占据服务外包市场的主导地位。上海目前已初步形成"软件产品出口、来料加工、系统集成、整体方案和软件服务并举"的软件外包产业链。上海服务外包产业以软件出口为特色，是国家首批认定的国家级软件出口基地之一，日本是上海软件外包业务的主要来源国，对日出口占上海软件出口总额的

60%。随着跨国公司及研发中心的大规模进入上海,来自欧美等地的外包订单亦呈现较快的增长趋势。

据商务部公共商务信息平台,2016年上海服务外包合同执行额92.1亿美元,同比增长17.4%,接包合同执行额67.3亿美元,同比增长11.9%。具有服务外包企业1 876家,吸纳就业人员39.5万。

(四)重庆

2008年7月,重庆市被商务部、工业和信息化部、科技部三部委认定为"中国服务外包基地城市",标志着重庆市软件及信息服务外包产业发展进入新的发展阶段。

据重庆政府网站,2018年重庆服务外包离岸执行额21.32亿美元,比上年增长13.1%。

(五)深圳

深圳于1979年建市,1980年设立经济特区,是改革开放的最前沿阵地。深圳经济特区是中国最早也是发展最快的经济特区,被誉为中国改革开放的"窗口"和"实验田"。2006年10月23日,深圳成为"中国服务外包基地城市"。

深圳与港、澳和东南亚毗邻,具有得天独厚的区位优势,人才、物资、信息流动旺盛,为深圳市服务外包业务的发展提供了极大的便利。目前,深圳正加速产业结构的转型和升级,以高新技术产业和资金密集型产业为主,逐渐形成以通信、IT、生物药业等为主导的高新技术产业集群。深圳市服务外包企业已具备外包基础。深圳市主打"深港合作",借助深港地缘优势,力争打造成为全国重要的软件外包基地。

深圳有庞大的制造业基础,以外向型为主的电子信息产业、高新技术产业、现代物流业、金融业发达,尤其是高度发达的软件产业成为深圳市软件和信息服务外包的坚实产业基础。深圳IT服务外包业务中有90%以上来自欧美和我国香港地区,一些技术力量雄厚的企业已参与客户需要设计、解决方案论证等高端服务。深圳软件园位于深圳高新区中区,形成了IT外包、业务流程外包、嵌入式软件出口、集成电路设计和动漫设计五类特色鲜明的产业。在嵌入式软件出口方面，已涌现出华为、中兴等一大批软件开发企业，以产品为载体，实现了走出国门、走向世界。

据中国外包网，2018年深圳服务贸易进出口总额达708.45亿美元，占对外贸易比重13.51%，同比增长23.93%。其中信息技术外包、业务流程外包和知识流程外包执行额分别为33.24亿美元、13.75亿美元和1.93亿美元。

（六）广州

2007年12月27日，商务部、信息产业部、科技部三部委认定广州为"中国服务外包基地城市"。广州成为全国第13个服务外包基地城市。

广州发展国际服务外包产业具有独特的区位、产业和人才优势，已经形成了较强的核心竞争力。一是广州地处珠三角的中心，毗邻港澳，区域中心的集聚效应和辐射功能非常适合发展现代服务业。二是广州制造业规模庞大，已形成了门类齐全、综合配套能力、科研技术能力和产品开发能力较强的现代工业体系。制造业对信息技术服务、设计策划等服务外包的需求巨大。制造业和服务业两大产业的庞大需求将直接拉动服务外包产业快速发展。三是广州集中了全省63%的普通高校、97%的国家级重点学科、77%的自然科学与技术开发机构和全部国家级重点实验室，从事软件开发和系统集成的信息技术开发、服务人员有3万多人，可提供大批各类专业技术人才和外语人才，满足服务外包产业发展对技术、语言等各类人才的需求。广州已经形成一批以承接系统软件设计、数据处理、系统应用和基础技术服务、企业内部管理、供应链管理等为主要业务的服务外包企业群体。在带动广州服务外包迅速发展的这些龙头企业中，汇丰、东亚、新华、电讯盈科等港资企业的作用十分明显。广州服务业和服务外包的发展，也受益于外资的进入。目前世界500强跨国公司在广州投资累计已达160家，投资项目达348个，这是服务外包一个极大的客户群，提供了巨大的市场空间。

经过多年的培育，广州打造了一批服务外包集聚发展的特色园区。广州经济技术开发区初步形成了以信息服务、科技研发与服务、商品检验检测、文化创意、金融保险和中介等为主的知识和技术密集型生产性服务外包发展聚集区。南沙经济技术开发区发展了数字生活、无线通信、应用基因研究、纳米材料、复合材料等工业领域应用研究开发外包业务。广州天河软件园是国家软件产业基地和网络游戏动漫产业基地,培育了一批以国际化软件外包为核心业务的企业。黄花岗科技信息园培育了以现代信息服务业为主导的通信内容提供商、服务提供商、网络运营商、技术开发商等企业群,动漫创意、数字内容和网络增值服务产业发展迅速。同时,广州初步具备了拓展服务外包国际市场的能力。2013年,广州有4家软件企业分别在日本和英国等设立了境外软件机构。同时,广州在香港地区设立了广州软件(香港)合作中心,并与香港软件外包联盟签订了穗港软件合作协议,穗港联手共同开拓国际市场。

2015年,广州服务外包合同协议金额达到75亿美元,其中离岸服务外包执行额达到40亿美元,全市服务外包企业数达到1 000家。

(七)武汉

2006年12月,武汉成为"中国服务外包基地城市"。

武汉,是我国中部最早发展服务外包产业的城市之一。目前,武汉东湖新技术开发区和武汉光谷软件园是武汉市两个比较成型的服务外包示范园区。武汉东湖新技术开发区创立于1988年,是国家级高新技术产业开发区和APEC科技工业园区,是我国唯一的国家光电子产业基地——"武汉中国光谷"和国家软件产业基地,2013年高新区企业总收入突破1 300亿元,同比增长30%,工业总产值达1 150亿元,首次突破千亿元。其中,光通信、移动通信、能源环保、现代装备制造是开发区的四大产业。武汉光谷软件园是武汉服务外包产业的核心园区。园区投资7 000余万元建立了技术中心,可以为企业提供软件开发与测试所需要的软硬件设备租用、技术咨询与培训、信息发布与通信服务和外包项目协作与人才服务。

据武汉市人民政府网站,2018年前三季度、武汉实现服务外包合同执行额 9.85 亿美元，同比增长 7.66%。

（八）哈尔滨

2008 年 7 月 7 日，哈尔滨成为"中国服务外包基地城市"。

作为新兴的服务外包示范城市，哈尔滨在服务外包产业的发展上，加速产业集聚，加快哈尔滨开发区、平房服务外包园等园区和示范区的建设步伐，重点培育龙头企业和品牌，辐射带动全市服务外包产业发展。目前哈尔滨正加大推进服务外包核心园区的建设力度，从而在哈尔滨市形成 1 个核心园区（哈尔滨经济技术开发区服务外包产业园）、3 个专业园区（黑龙江地理信息园、平房动漫产业园、中国联通哈尔滨呼叫中心产业园）和 4 个大学园区（哈尔滨工业大学科技园、哈尔滨工程大学科技园、哈尔滨理工大学科技园、黑龙江大学软件园）各具特色、总体规模在 100 万平方米以上的发展服务外包产业的空间布局。同时，在人才的培养上，完善人才教育培训体系，鼓励全市普通高校、职业院校继续扩大各类人才的教育培养规模，支持社会力量办学机构从事服务外包人才培养，倡导有条件的企业开展各种形式的人才培训，鼓励校企联合，推广"订单式"培训，大力兴办"实训基地"，形成规模化的中高级人才本地培养模式。

（九）成都

2006 年 10 月 23 日，成都成为"中国服务外包基地城市"。

作为我国西南地区服务外包发展的中心，成都不仅具有成熟的交通、通信及网络等现代基础设施，还拥有丰富的具有比较优势的人力资源储备。成都市明确了以软件外包为突破口，实施 ITO、BPO 等服务外包模式并重的战略思路，在战略定位上组织实施大企业发展战略，重点发展 IT、金融、物流、医药领域的离岸服务外包。

目前，成都服务外包已形成以高新区为核心的武侯区和都江堰两个增长极。区域内从事软件开发、研制、销售、维护和服务的软件企业及兼营软件业务的企业达到 3 000 多家，其中规模以上企业近 300 家，以聚龙、启明为代表的对日服务外包集群和以颠峰软件、国腾资源、杰华科技等为代表的对欧美外包集群已初步成型。IBM全球外包服务中心、海辉软件、伟创力、中国平安保险呼叫中心、凡安德等重点项目已落户成都高新区；EMC在成都成立了中国解决方案中心；赛门铁克和华为在成都联合组建了投资数亿美元的新公司；国家级通信枢纽工程——万国数据成都数据中心也已动工，并于2010年投入使用。

在规模不断扩大的同时，成都服务外包业的集聚效应日渐增强。目前，成都市"双软"认证的企业已超过500家，通过和正在进行CMMI3级以上认证的企业有35家，7家银行和保险业后台服务中心已建成使用。此外，成都市还建立了包括国家软件产业基地、国家软件出口创新基地、国家863软件专业孵化器、国家集成电路设计产业化基地、国家数字媒体产业化基地、国家信息安全成果产业化基地等在内的多个国家级产业基地，一个分领域、成体系、立体化的发展格局在成都已初步显现。成都正在以市场为导向，以人才为支撑，以软件外包为突破口，IT外包、业务流程外包并重，大力发展软件研发类的外包服务，积极培育呼叫中心、客户交易支持、数据加工处理、金融后台服务、人力资源等领域的业务流程外包。

（十）南京

2006年12月25日，南京成为"中国服务外包基地城市"。

突出的科教人才资源优势为南京服务外包产业的快速成长提供了强有力的支撑，广阔的载体平台助推南京服务外包产业快速发展。南京设有鼓楼区、玄武门、雨花台区、国家级南京高新技术产业开发区、江宁经济开发区5个服务外包基地城市示范区，有江苏软件园、南京软件园2个国家级产业基地，3个国家大学科技园，13个省级以上开发区。南京共有从事服务外包相关业务的企业150余家，其中从事软件类服务外包企业110家，外包规模超100万美元的企业13家，2家企业进入中国软件外包20强，8家为国家规划布局重点软件企业，7家为中国软件百强企业。接包业务类型主要有软件设计、测试、软件分包、数据加工、后台服务、客户交易支持和办公室支持等。

据南京市人民政府网站，2018年南京服务外包执行额6 328万美元，其中离岸执行额4 938万美元。

（十一）西安

2006年10月23日，西安成为"中国服务外包基地城市"。

西安和其他城市相比，不仅具备承接离岸服务外包业务的坚实基础和良好条件，而且具有显著的比较优势：丰富的人力资源、明显的成本优势、雄厚的科技实力，最重要的是西安具有发展服务外包业的行业成熟度优势。

西安的主要服务外包园区——高新区创业研发园是西安的"科学园"，是科技企业孵化器、研发机构、创新型企业以及大学科技产业基地的聚集地，是促进科技成果转化、培育地方特色产业的功能园区。创业研发园重点发展生物医药、先进制造、能源技术、光电子、集成电路等专业孵化器，吸引和聚集技术创新活跃的研发机构、大学科技产业基地，造就特色鲜明、创新能力强大的科技企业，成为西安的技术创新源和产业发动机。

在坚持对日服务外包产业发展优势的基础上，广泛挖掘欧美服务外包的业务，拓展离岸外包市场，融入全球服务外包市场竞争之中。在放眼国际市场的同时，时刻关注国内外包市场，西安希望成为国内服务外包企业投资与业务转移的首选城市之一。

（十二）济南

2006年12月25日，济南成为"中国服务外包基地城市"。

济南市服务外包产业已粗具规模。济南市目前的服务外包主要以软件外包为主。济南市最大的服务外包示范园区——齐鲁软件园已成为发展服务外包的良好载体。齐鲁软件园位于济南市高新技术产业开发区内，建设规模居全国11个国家级软件产业基地之首。2013年齐鲁软件园入园企业达到550家，从业人员达到3.47万。有自主知识产权的软件产品1 100多个。完成规模以上企业收入123亿元，技工贸总收入突破300亿元。出口创汇1.938 4亿美元。实现服务外包收入1.635 6亿美元。

（十三）杭州

2006年12月25日，杭州市被认定为"中国服务外包基地城市"。

杭州市服务外包产业以产品创新为突破口，依靠自主研发带动产业快速发展。在杭州，半数以上的软件企业都设立了研发机构，大企业有企业博士流动站和省、市级研发中心，小企业有自己的研发部。正是凭借自身优良的软件产业投资环境和研发优势，杭州市吸引了众多国际著名跨国公司，如三星、诺基亚、微软、摩托罗拉、英特尔等在杭州设立了软件研发中心。截至2013年底，杭州市经认定的软件企业有1 201家，其中有41家企业通过了CMM/CMMI/双模认证。

杭州服务外包产业在多元化发展的基础上，呈现通信网络研发和金融服务外包两大特色。据中国统计信息网，2018年杭州离岸服务外包合同执行额69.2亿美元，增长7.0%。

（十四）合肥

2007年12月10日，合肥被认定为"中国服务外包基地城市"，成为我国第12个服务外包基地城市。

合肥市发展外包产业具备一定的基础，发展速度较快，一是具有一批实力较强的服务外包提供商，二是积极引入一批世界500强的服务外包发包商，三是建成一批服务外包配套工程。

目前，合肥市主要的服务外包产业园区：①合肥高新技术开发区。该区拥有众多世界500强企业和跨国公司，重点是业务流程外包。②合肥服务外包产业园。园区现已与世界500强企业，包括IBM、惠普、微软等企业达成入园意向。

据商务部服务外包业务统计系统，2018年，合肥承接服务外包执行额24.2亿美元，增长30.6%，承接离岸服务外包执行额4.4亿美元，增长39%。

（十五）南昌

2008年1月14日，南昌高新技术产业开发区被商务部、信息产业部、科技部认定为"中国服务外包示范区"。

清华科技园（江西）、南昌大学科技园、江西省留学生创业园和南昌国家高新技术开发区已成为各类人才进行科技研究和创业的乐园。南昌目前已有金鼎、远景、利德丰等一批国家认定的软件外包出口企业，以及先锋、泰豪、思创等一批国家认定的软件外包试点企业，已具备打造服务外包基地的基础。

（十六）长沙

2008年1月10日，长沙市被商务部、信息产业部、科技部认定为"中国服务外包基地城市"，成为我国第14个服务外包基地城市。

长沙市是中部地区唯一的国家级软件产业基地，服务外包产业发展较快，形成了以信息技术外包为主的企业集群，服务外包集聚效应已经形成。长沙发展服务外包优势明显。长沙有50多家企业承接服务外包业务，从业人员3 000多人，服务市场主要是日本、欧美，服务外包出口价值超过6 000万美元。目前长沙从事承接服务外包业务规模较大的企业有50多家，企业主体主要由跨国公司、中外合资公司和留学生背景公司等组成，与国内外知名企业建立了初步的合作关系。长沙服务外包业主要为信息技术外包和商业流程外包。在卡通动漫外包方面，湖南三辰卡通公司制作的《蓝猫淘气3000问》创下世界最长的动画片吉尼斯纪录，已与美国、日本等20多个国家和地区签订了版权合同，现正在建立统一的"卡通外包基地"承接平台。

（十七）大庆

2008年2月1日，商务部、信息产业部、科技部认定大庆为"中国服务外包示范区"。这标志着黑龙江省服务外包产业发展进入二个新阶段。

大庆市是在沼泽和草原上建立的以石油和石油化工为主的新兴工矿城市，无明显的城市中心，城市与园区无明显区别。市区西部为文教卫生、科研发展区，有一些研究院和大专院校。作为我国最大的石油生产基地和石化工业基地，大庆具有诸多发展服务外包产业的优势。该市基本确立了高技术低成本的核心赢利模式。以大庆华拓数码科技有限公司为代表的服务外包企业达104家。

（十八）苏州

2007年5月12日，苏州工业园区被正式认定为"中国服务外包示范基地"，标志着苏州工业园区正在致力于从"世界工厂"变为"世界办公室"。

苏州的国际资本高度集聚，国际外包需求十分巨大，地理位置优越，服务外包辐射地域信息产业高速发展，信息通信日益完善，载体建设如火如荼。苏州工业园区内服务外包企业能享受优惠政策，政府扶持力度加大，知识产权重点保护，外包人才培训加快。

苏州工业园区作为我国改革开放的重要窗口，率先建成3个服务外包园区，即苏州国际科技园、苏州工业园区服务外包产业园和苏州工业园综合保税区。

苏州国际科技园，发展定位是积极扶持软件、数码娱乐和集成电路设计企业发展，是数码娱乐和集成电路设计产业高度聚集的特色科技创业园，是苏州工业园区实现科技创新、知识创新、国际企业化孵化的主要载体。

苏州工业园区服务外包产业园，是园区承接服务外包的重要载体，主要吸引了国内外大型、中高端服务外包企业；重点承接世界500强离岸外包业务，致力于信息技术外包和业务流程外包共同发展。

苏州工业园综合保税区，综合保税区是在苏州工业园区现在的陆路口岸、出口加工区、保税物流中心（B）型基础上进行功能整合和政策叠加而形成的，区内可综合开展保税加工、保税物流、进出口贸易、采购分销、金融服务和展示展览等业务。

苏州ITO起步早、发展快，主要以发展软件外包、研发外包、动漫外包为主。20世纪90年代末，新电信息、高达计算机技术入驻苏州工业园区，园区信息技术外包产业开始进入起步阶段。

据商务部公共商务信息平台，2018年1—10月苏州市完成接包合同额100.52亿美元，离岸执行额40.55亿美元。

（十九）无锡

2007年10月7日，商务部、信息产业部、科学技术部、教育部联合认定无锡太湖保护区为"中国服务外包示范区"。这是继认定11个服务外包基地城市、1个示范基地后，首次由四部委联合认定的国家服务外包示范区。

无锡区位优势明显，生产性服务企业高度集聚，对外开放，并已形成良好的人文法治环境和宜居环境。除此之外，全市上下发展服务外包产业的决心和态度，对于无锡发展服务外包产业起到了至关重要的作用。全市发展服务外包产业的基本定位是加快"两基地一中心"建设，即加快建设"中国服务外包基地""对日软件外包基地"和"上海服务外包承接中心"。进一步接轨上海、融入上海、借助上海，充分利用紧靠上海的区位优势，依照外贸企业的接单经验，在直接承接境外服务外包业务的同时，努力成为上海服务外包的承接地，实现优势互补。

三、服务外包示范城市的重点产业与战略定位

在综合分析服务外包产业国内外发展趋势及其自身比较优势的基础上，各示范城市提出了其在全国乃至全球服务外包产业格局中的战略位置，将其作为未来努力的远景目标。

示范城市在制订规划过程中，都提出了未来发展的重点产业，作为制定产业政策和招商引资的指导方向。总体上，大部分示范城市的重点产业细分程度较高，但特色尚不鲜明；产业涵盖领域宽，但城市之间产业划分口径的标准仍不统一，这在一定程度上也反映了服务外包行业在我国处于起步和动态发展的阶段性特征。

北京：以软件与信息服务外包、金融服务外包、技术研发外包、商务服务外包、物流服务外包、生物医药外包、设计创意外包、财务管理外包、人力资源外包等领域为主要发展方向。

天津：重点发展面向航运、物流、金融、保险、教育、医疗卫生、旅游、公共事业等方面的应用软件外包以及人力资源、研发设计和动漫等。

上海：上海服务外包产业以软件出口为特色，是国家首批认定的国家级软件出口基地之一，重点发展软件开发外包、研发设计外包、物流外包和金融后台服务外包等领域。

重庆：积极开展信息管理、数据处理、财会核算、技术研发、工业设计等业务流程外包；重点发展信息技术、动漫设计、生物医药、物流和金融、机械设计等领域的服务外包业务。

大连：ITO方面，包括各行业与企业应用软件的开发与服务，嵌入式软件开发与服务等；BPO方面，吸引知名公司，拓展国际金融、保险、通信、人力资源服务、后台支持服务、制造领域的外包业务。

深圳：ITO方面，大力开展嵌入式软件开发，以及集成电路设计服务外包业务，重点支持制造业、金融业等行业的离岸外包业务；BPO方面，关注金融、制造、物流等外包业务。

广州：重点发展软件开发、数字内容、研发设计、客户服务、金融后台服务等领域，支持第三方物流、人力资源、商务中介、后勤服务等领域做大做强。

武汉：重点发展软件开发、嵌入式软件、研发设计、数字内容等。

哈尔滨：在大力发展ITO和BPO的同时，发挥在装备制造、医药、食品和高新技术等产业的优势，积极承接国内外相关产品的研发、设计、测试、解决方案等方面的外包业务。

成都：重点发展信息技术、数字内容和金融后台服务三大领域的服务外包。

南京：重点发展ITO产业，加快发展金融、物流、工程设计、动漫制作、研发服务、人力资源管理、知识产权、律师及医疗服务、远程教育等BPO产业。

西安：重点发展嵌入式软件、行业应用软件、数字内容软件等为主的产业领域，鼓励软件企业积极开展业务流程外包、软件人才教育培训等服务。

济南：重点发展行业应用软件开发、研发设计、数字内容等领域。

杭州：构建以软件设计、网络与数字增值业务服务和电信等具有传统优势的产业为核心的 ITO；培育人力资源培训和金融服务等具有一定特色的产业为 BPO 的发展方向。

合肥：主要是软件开发、信息技术服务、相关工业咨询服务及销售服务领域。

南昌：大力开展软件开发外包，重点发展工业、医疗、通信等领域的嵌入式软件开发与服务，同时重点发展呼叫服务、后台支持、客户服务、人力资源服务。

长沙：以软件外包业务、呼叫中心业务和金融后台及数据处理业务为主。

大庆：确立石油工程技术服务、软件开发与信息处理服务三大领域作为服务外包发展重点，逐步培育发展石油石化类工程咨询、会计、审计、法律、人力资源、评估及产权交易、市场调查等专业服务外包。

苏州：构建以操作服务、应用服务和基础信息技术服务等为核心的信息技术外包服务体系，培育研发设计、后台数据运营管理等为核心的技术性业务流程外包服务体系。

无锡：坚持国际化、特色化、品牌化发展方向，重点发展信息技术外包、业务流程外包、动漫创意外包，加快发展商贸物流、金融服务、专业服务、科技咨询等现代服务外包。

四、示范城市建设再上新台阶

2016 年，国务院印发《关于新增中国服务外包示范城市的通知》，将沈阳等 10 个城市确定为中国服务外包示范城市，示范城市数量从 21 个增加到 31 个，引导市场资源继续向示范城市集聚发展。2016 年，31 个服务外包示范城市承接离岸服务外包执行额 657.88 亿美元，增长 8.58%，占全国总额的 93.4%。其中，新晋示范城市完成服务外包合同执行额 102.1 亿美元，占 31 个示范城市执行额总规模的 5.1%。

第一批示范城市中的领军城市如南京、无锡、苏州、上海、广州等在业务规模、创新能力等方面继续保持领先地位，新晋示范城市中的部分城市如青岛、宁波在产业规模等方面已超过一些示范城市，申请城市中东莞和佛山与其他城市差距较为明显。不同区域间服务外包发展差距加大，长江经济带服务外包集聚能力与产业辐射示范效应更加明显，2016年1—12月，长江经济带11省承接服务外包合同金额和执行金额分别为921.4亿美元和673.1亿美元，分别约占全国总规模的62.6%和63.2%。

第三节　中国服务外包的扶持政策与措施

一、服务外包扶持政策的演进过程

自我国提倡发展服务外包产业以来，先后有《国务院关于加快发展服务业的若干意见》《国务院关于印发鼓励软件产业和集成电路产业发展若干政策的通知》出台了，国务院办公厅下发了《振兴软件产业行动纲要》，商务部等相关部委下发了《商务部关于实施服务外包"千百十工程"的通知》《财政部　国家税务总局　商务部　科技部关于在苏州工业园区进行鼓励技术先进型服务企业开展试点工作有关政策问题的通知》等一系列文件。

商务部实施的服务外包"千百十工程"，对服务外包人才培训、企业做强做大、信息公共服务平台和基地城市建设等方面出台了鼓励政策，给予政策、资金支持。明确支持服务外包企业做强做大：一是鼓励服务外包企业取得国际认证。对符合条件且取得行业国际认证的服务外包企业给予一定的奖励，并采取有效措施支持其国际认证的维护和升级，力争5年内促进700家企业取得CMM/CMMI3级认证，300家企业取得CMM/CMMI5级认证。国际认证包括开发能力成熟度模型集成（CMMI）认证、开发能力成熟度模型（CMM）认证、人力资源成熟度模型（PCMM）认证、信息安全管理标准

（ISO 27001/BS7799）认证、IT服务管理认证（ISO 20000）、服务提供商环境安全性认证（SAS70）。二是为服务外包企业发展提供政策性贷款和相关服务。国家开发银行与商务部合作，为符合条件的服务外包企业采购设备、建设办公设施、开展服务外包业务、开拓国际市场扩大出口等提供政策性贷款。中国出口信用保险公司与商务部合作，为符合条件的服务外包企业提供信用保险及相关担保服务，并协助服务外包企业建立信用风险管理机制。三是支持服务外包企业大力开拓国际市场承接国际（离岸）服务外包业务。对符合条件的服务外包企业进行国际市场开拓活动可根据《中小企业国际市场开拓资金管理办法》的相关规定给予资金支持。

2006年财政部、国家税务总局、商务部、科技部联合下发了《关于在苏州工业园区进行鼓励技术先进型服务企业开展试点工作有关政策问题的通知》，通知明确，扩大苏州工业园区高新技术企业的认定范围，对园区内符合规定条件的从事软件研发及服务、产品技术研发及工业设计服务、信息技术研发服务、信息技术外包服务以及技术性业务流程外包的技术先进型服务企业，可认定为高新技术企业，并享受相关的税收优惠。

《国务院办公厅关于促进服务外包产业发展问题的复函》（国办函〔2009〕9号）的下发，标志着国家对服务外包的扶持政策进入新的阶段。经国务院批准，同意将北京、天津、上海、重庆、大连、深圳、广州、武汉、哈尔滨、成都、南京、西安、济南、杭州、合肥、南昌、长沙、大庆、苏州、无锡20个城市确定为中国服务外包示范城市，深入开展承接国际服务外包业务、促进服务外包产业发展试点。

二、商务部"千百十工程"的主要内容

为促进服务外包产业快速发展，商务部实施的"千百十工程"，工作目标是：推动100家世界著名跨国公司将其服务外包业务转移到中国，培育1 000家取得国际资质的大中型服务外包企业创造有利条件。

主要政策措施是：

（一）实施服务外包"千百十工程"人才培训计划

在商务领域人才培训资金中，安排服务外包公共培训专项资金，实施"千百十工程"人才培训计划。服务外包培训内容包括服务外包企业人才定制培训、从业人才资质培训、国际认证培训、行业标准及相关知识产权培训、大学生实习项目及勤工俭学培训、企业新入职人员岗前业务技能培训、服务外包产业储备人才培训等。

（二）支持服务外包企业做强做大

鼓励服务外包企业取得国际认证，为服务外包企业发展提供政策性贷款和相关服务，支持服务外包企业大力开拓国际市场承接国际（离岸）服务外包业务。

（三）大力开展"中国服务外包基地城市"建设

商务部、信息产业部将选定一批具有服务外包发展基础和增长潜力的中心城市为"中国服务外包基地城市"（以下简称"基地城市"），在宏观政策、规划设计、人才培训、招商引资、综合协调等方面给予支持，并设立专项资金，支持基地城市的建设。

（四）创建中国服务外包信息公共服务平台

由商务部牵头，以各基地城市、跨国公司、服务外包企业和服务外包知名机构、相关研究部门为支持单位，建立我国服务外包信息公共服务网站，为服务外包企业、国内外服务外包发包企业、相关政府部门和研究机构，以及高等院校、大学/大专毕业生等提供与服务外包相关的各类信息，建立服务外包业务交易平台，为服务外包企业人才招聘和大学/大专毕业生在服务外包行业就业提供公共服务，并加大对外宣传力度，打造"中国服务"良好形象。

（五）鼓励和支持中西部地区发展服务外包业务

充分发挥中西部地区、东北等老工业基地人才资源优势，在认定基地城市的工作中，优先考虑高等院校科研院所相对集中的中西部城市，适当降低认定条件；采取有效措施，鼓励东部基地城市与中西部基地城市进行战略合作；对中西部地区国家级经济技术开发区为承接服务外包进行基础设施和完善投资环境建设予以贷款贴息支持。

（六）完善服务外包知识产权保护体系

在基地城市建立知识产权投诉中心，严厉打击各类侵权行为，加大对知识产权保护的力度；各基地城市应根据服务外包产业的特殊需求进一步完善保护知识产权法规体系，制定服务外包数据保密相关规则，建立服务外包产业知识产权保护综合评价体系，并在全社会营造诚信为本的良好氛围。

（七）积极有效地开展服务外包投资促进工作

认真研究全球服务外包发展的最新趋势，借鉴其他国家的成功经验，拟定符合我国国情的投资促进政策，提高我国承接服务外包的国际竞争力；在商务部指导下，统筹规划，形成合力，积极有序开展服务外包投资促进工作；充分发挥中国国际投资促进会、商务部投资促进局、各地投资促进机构等中介组织的作用，针对跨国公司外包服务战略和具体意向，制定专项工作方案，通过多元化定制服务，积极有效开展投资促进工作，大力推进跨国公司将其具有一定规模的服务外包业务转移到中国。

三、对 20 个服务外包示范城市的扶持政策

根据 2009 年 1 月 15 日国办函〔2009〕9 号文，国务院批准在北京、天津、上海、重庆、大连、广州、武汉、哈尔滨、成都、南京、西安、济南、杭州、合肥、南昌、长沙、大庆、苏州、无锡 20 个城市实行以下服务外包产业促进政策措施。

（1）在苏州工业园区技术先进型服务企业有关税收试点政策继续执行的基础上，自 2009 年 1 月 1 日起至 2013 年 12 月 31 日，对符合条件的技术先进型服务企业，减按 15% 的税率征收企业所得税；技术先进型服务企业职工教育经费按不超过企业工资总额 8% 的比例据实在企业所得税税前扣除；对技术先进型服务企业离岸服务外包业务收入免征营业税。

（2）对符合条件且劳动用工管理规范的技术先进型服务外包企业，确因生产特点无法实行标准工时工作制的部分岗位，经所在地省级人力资源社会保障部门批准，可以实行特殊工时工作制。

（3）对符合条件的技术先进型服务外包企业，每新录用 1 名大专以上学历员工从事服务外包工作并签订 1 年以上劳动合同的，中央财政给予企业不超过每人 4 500 元的培训支持；对符合条件的培训机构培训的从事服务外包业务人才（大专以上学历），通过服务外包专业知识和技能培训考核，并与服务外包企业签订 1 年以上劳动合同的，中央财政给予培训机构每人不超过 500 元的培训支持。

（4）中央财政对服务外包示范城市公共服务平台设备购置及运营费用和服务外包企业创建品牌、知识产权保护、参加境内外各类相关展览、国际推介会、取得国际资质认证等给予必要的资金支持。落实《国务院办公厅转发发展改革委等部门关于创业投资引导基金规范设立与运作指导意见的通知》（国办发〔2008〕116 号）的有关要求，鼓励创业投资投向服务外包企业。中西部地区国家级经济技术开发区内的服务外包基础设施建设项目贷款，可按规定享受中央财政贴息政策。

（5）鼓励政府和企业通过购买服务等方式，将数据处理等不涉及秘密的业务外包给专业企业。电信企业经营者为服务外包企业网络接入、国际线路租赁提供便利，做好服务外包园区直达国际通信出入口的国际专用通道的调配和相关通信服务工作。建立和完善与服务外包产业特点相适应的通关监管模式，提供相应的通关便利。

（6）制定符合服务外包企业特点和需要的信贷产品和保险险种。支持符合条件的服务外包企业境内外上市，拓宽服务外包企业融资渠道，扩大融资能力。对服务外包企业对外支付一定金额以下的服务贸易、收益和经常转移外汇资金，免缴税务证明；采取多种方式对符合条件的服务外包企业发展离岸外包业务给予账户开立、资金汇总等方面的政策便利。

四、中国服务外包发展的重点方向

（一）从转变经济增长方式的战略高度提高认识

有数据显示，相较于制造业2%～5%最高不超过15%的增值幅度来说，服务外包的增值幅度高达100%。从收益来看，服务外包对经济增长的贡献是来料加工制造业的20倍，能耗却只有制造业的20%。服务外包产业被人们形象地称为经济发展的"绿色引擎"。利用服务外包这个"绿色引擎"促进以制造业为主的工业经济向服务经济升级，从转变经济增长方式的战略高度，增强对发展服务外包重要性的认识。加强对服务外包产业推进工作的组织领导，强化对发展服务外包的指导和支持，集资金、土地、人才等多方面的政策资源，加快推进服务外包产业尽快取得突破。

（二）统筹规划布局

各地应根据自身比较优势确定重点发展领域、重点承接国家和地区，实行错位发展，打造城市服务外包品牌。服务外包示范城市要抓紧组织编制服务外包发展规划，明确服务外包发展的目标、重点领域和区域，立足于吸引跨国公司地区总部以及研发中心、设计中心、物流采购中心、管理营运中心等，发展高端服务外包产业，发挥示范城市的带动作用。服务外包示范城市要重点规划建设服务外包集聚区，充分发挥聚集效应和带动作用，打造集研发、生产、服务应用为一体，特色鲜明的产业体系，逐步形成规模优势、成果优势、技术优势，示范引导辐射带动周边地区甚至更大范围的产业发展。

（三）发挥产业政策的促进作用

为促进尚处于起步阶段的服务外包产业快速成长，应根据国家产业发展的需要，扩大优惠政策在现代服务外包行业的覆盖面，针对行业特点制定分类优惠政策。建立支持服务外包产业发展专项资金，支持鼓励外包企业开拓国际市场、参加国际软件认证、人才教育培养以及公共技术服务设施建设和集聚区建设。大力改善服务外包企业投融资条件，鼓励银行向软件出口企业发放流动资金贷款，鼓励外资和民间资本以多种形式进入软件和信息服务领域；服务外包企业在税收、外汇、海关、工商等方面享受软件企业同等待遇，软件和信息服务出口免征关税，国家重点软件出口企业免征所得税；外包企业实行网上报关，经核准，凭海关手续办理结汇和退免税手续；将服务外包纳入外贸出口和利用外资考核奖励体系。

（四）加大招商引资力度

加大招商引资力度，大力引进国外先进的服务外包提供商，重点吸引欧、美、日等国家来我国设立服务外包企业，带动提高地区服务外包层次。完善招商引资机制，创新招商方式，推进集聚区招商、网上招商、代理招商，举办形式多样的服务外包专题招商会、研讨会。积极培育服务外包企业及品牌，通过发展信用担保机构、支持服务外包企业直接融资，扶持其做大做强。积极为企业创造与跨国公司接触的机会，树立良好的中国服务外包形象。

（五）加强人才培训和引进

服务外包示范城市要制定吸引服务外包高级人才集聚的政策措施，在居住和其他生活方面给予更大便利；设立专门人才引进资金，加大对高级人才的引进力度；对经培训签订工作合同的人员，要给予培训费补贴。引导和推进各类研究院、设计院转型升级，引导各类院校和社会培训机构增加有关服务外包的课程设置，加强日语、英语教育，培养实用人才，开展多层次、多类型的服务外包专业教育。支持建立校企结合的服务外包人才综合培训和实验基地，对大学毕业生开展实训，大力培养适合外包企业发展需要的实用技能型和创业型人才，建立创新型公共培训服务平台，充分利用和提升现有公共实训基地，加大对服务外包领域急需的新职业开发，每年推出若干个服务外包领域的职业培训项目。

第四节 中国服务外包人才培训

一、服务外包人才培养的发展历程

服务外包产业是典型的"两脑"（人脑+电脑）经济，最关键的因素就是人才。

为了尽快培养一大批高素质、复合型、具有国际竞争力的实用型软件工程人才，促进我国软件产业的跨越式发展，教育部和原国家计委批准北京大学等35所高校试办示范性软件学院。截至2013年，示范性软件学院已经培养了3万多软件产业急需的软件人才。软件外包人才作为示范软件学院培养的重要方面也得到了加强，缓解了外包企业对软件外包人才的需求，促进了区域外包服务业的发展。示范性软件学院以市场为导向，大力加强与企业合作。例如，大连理工大学以面向市场需求的培训模式和内容为导向，以严格的项目管理流程为规范，不断完善优秀软件外包人才的培养机制，打造完整的软件外包人才的供给链，提升我国软件外包服务产业的竞争能力。浙江大学软件学院与浙大网新和美国道富合作，开发了一系列金融软件实训项目案例，与阿里巴巴公司合作建立了电子商务实训基地，为大学生创造了良好的企业模拟环境和流程训练，为服务外包中高端人才培养打下了良好的基础。目前，示范性软件学院分别与美国、加拿大、印度、英国、以色列、爱尔兰、日本、韩国等软件强国的245所大学开展了81个中外办学合作项目和76个校际联合培养项目，与国外软件公司合作建立了47个实习基地，共派出1 276人到境外实习，为培养具有国际竞争力的外包人才奠定了基础。

2013年教育部批准建立了36个示范性软件职业技术学院。软件职业技术学院紧随市场动态，及时调整培养方案，为外包企业提供量身定制的高技能人才。例如，东北大学东软信息学院与英特尔、惠普、东芝等国际知名IT

企业紧密合作，共同开发中外文课件和项目资源库，搭建校企教学资源的共享平台；将企业项目融入课堂教学内容，通过教学与产业的联动，实现人才培养与企业需求的良好对接；同时，学院建立校企师资互动机制，从东软集团、思科、SAP等IT企业聘请有企业实践经验和授课能力的教师，建立了一支"双师型"（教师、工程师）、"双岗位"（教学岗位、研发岗位）的师资队伍。

教育部与IBM签订5年谅解备忘录，将服务科学学科建设正式提上日程。教育部与IBM正式签署《开展"现代服务科学方向"研究合作项目备忘录》，全面启动"现代服务科学方向"的研究和建设。现代服务科学学科建设的目标是以现有的经济、管理、计算机等院系为基础，通过不同学科交叉，培养复合型服务业人才。IBM与清华大学、北京大学等数十所高校在"服务科学"的课程设置、教材编写、人才培养、联合科研、师资培训和学术交流等方面开展了全面合作，通过高校、企业、政府多方合作培养适应服务经济发展需求的现代服务业人才。例如，清华大学以现有信息学科为基础进行了服务科学学科的教学尝试，开设面向全校研究生的选修课"信息服务"，IBM中国研究院院长率信息服务方面专家为学生授课，清华以自身师资力量参与教学。哈尔滨工业大学软件学院结合已有的服务工程课程设置，聘请IBM专家进行服务科学与管理的授课。北京师范大学也面向经济学和管理学学生，由IBM专家进行服务科学、管理和工程人才的系列讲座。

为支持外包人才的培养，教育部在"质量工程"中加大了对信息类专业的支持力度。教育部将软件工程专业列入第二类特色专业建设项目，共评出60个软件工程方向的特色专业建设点，其中北京大学、清华大学、浙江大学等10所大学的服务外包专业方向得到了支持。此外，在已评出的219个国家级实验教学示范中心中，信息类实验中心有42个；在规划建设的4 000门国家精品课程中，信息类课程有300门。

从商务部开始实施服务外包"千百十工程"人才培训计划。其主要内容包括：一是在商务领域人才培训资金中，安排服务外包公共培训专项资金，实施"千百十工程"人才培训计划。二是服务外包公共培训专项资金主要用于支持大学生（含大专，下同）增加服务外包专业知识和技能，鼓励服务外包企业新增大学生就业岗位的各类人才培训项目，重点培训大学应届毕业生和尚未就业的大学毕业生，以及服务外包企业新入职员工，力争在5年内培训30万~40万承接服务外包所需的实用人才，吸纳20万~30万大学生就业，有效解决服务外包产业人才短缺和大学生就业问题。三是服务外包培训内容，包括服务外包企业人才定制培训、从业人才资质培训、国际认证培训、行业标准及相关知识产权培训、大学生实习项目及勤工俭学培训、企业新入职人员岗前业务技能培训、服务外包产业储备人才培训等。

国务院【国发〔2014〕67号】文《国务院关于促进服务外包产业加快发展的意见》提出：培养一批中高端人才、复合型人才和国际型人才，培育一批具有国际先进水平的服务外包知名企业，建设一批主导产业突出、创新能力强、体制机制先行先试的服务外包产业集聚区；人才队伍规模和素质进一步提高，吸纳大学生就业的数量大幅增长；服务外包产业规模持续快速增长，国际服务外包业务规模年均增长25%以上；产业结构进一步优化，高技术含量、高附加值的服务外包业务占比不断提高；区域布局明显改善，特色鲜明、优势互补、协调有序的良性发展格局初步形成；服务外包企业的专业服务能力和水平显著提高，中国服务外包示范城市的辐射带动作用进一步增强；服务外包产业政策体系和服务保障体系进一步完善。到2020年，服务外包产业国际国内市场协调发展，规模显著扩大，结构显著优化，企业国际竞争力显著提高，成为我国参与全球产业分工、提升产业价值链的重要途径。

二、服务外包人才培养的发展目标与工作举措

根据服务外包产业快速发展的需要，调整服务外包人才培养结构，扩大服务外包人才培养规模，着力提高人才培养质量。服务外包产业涉及软件研发、产品技术研发、工业设计、信息技术研发、信息技术外包服务、技术性业务流程外包等领域，各类高校要在相关专业开展服务外包人才培养工作，

在高职高专、本科、研究生等层次培养高质量的服务外包人才，力争在5年内培养和培训120万服务外包人才，新增100万高校毕业生就业，实现到2020年，我国企业承接离岸服务外包合同执行金额超过1000亿美元。

一是建立服务外包人才培养培训体系。商务部和教育部负责联合认定我国服务外包示范城市设立的"服务外包人才培训中心"，并制定"服务外包人才培训中心"、社会培训机构、从业人员等标准。"服务外包人才培训中心"负责组织协调当地高校、社会培训机构、服务外包企业开展服务外包人才培养、培训和实训、实习工作。加强对"服务外包人才培训中心"、高校和社会培训机构的政策支持，采取有效措施提升培养培训质量，满足服务外包企业用人要求。高校和社会培训机构按照相关标准开展服务外包人才培养、培训工作。鼓励服务外包企业组织和接纳高校学生实习和社会实践。商务部和教育部定期公布服务外包企业录用各个高校和经社会培训机构培训的高校学生数量。商务部、教育部会同有关部门建立服务外包人才库，加强服务外包人才储备。

二是调整专业结构适应服务外包产业需要。地方所属高校的计算机科学与技术专业要以造就应用型人才为主要目标，大力培养服务外包人才。示范性软件学院和示范性职业技术软件学院要把培养服务外包人才作为一项十分重要的任务，其中，示范性软件学院以培养高端服务外包人才为主，促进我国服务外包产业的总体创新能力和竞争实力的提升。做好37所示范性软件学院建设工作，从"人才培养模式创新实验区"建设项目中继续给予支持。在全国高校的计算机类专业推广示范性软件学院建设经验，深入进行产学合作，注重软件开发及软件项目管理人才等国际化软件人才培养，更好地满足企业对服务外包人才需求。推进高职人才培养模式的改革，加快培养软件外包高技能人才。以就业为导向，将优秀的技能培训资源、主流技术及其应用引入职业院校教学体系中，加强专业及课程设置与课程结构体系的改革与建设，培养高技能软件外包人才。

三是采取灵活措施培养服务外包人才。在教育部—IBM服务科学学科建设项目的基础上，完善服务科学人才培养的课程体系，推进学科建设，探索高层次服务业人才培养的有效途径。高校要根据服务外包产业所涉及专业的特点，采取灵活措施，按照国际先进技术和全球化的理念，探索多种模式培养服务外包人才。可在原有专业内开设服务外包专业方向，增设服务外包课程。"中国服务外包示范城市"的各类高校应在服务外包产业所涉及的专业增设服务外包专业方向，并可引入社会培训机构开设服务外包课程。可将服务外包企业的岗位培训前移至校内完成，帮助高校毕业生能够直接上岗工作。通过"质量工程"项目，如特色专业、人才培养模式创新实验区、实践教学示范中心建设等，加大对服务外包人才培养支持力度，提高服务外包人才培养质量。

四是加强高校学生实习实训工作。"中国服务外包示范城市"设立的"服务外包人才培训中心"，要按照商务部和教育部联合制定并发布的有关标准，认定符合条件的服务外包企业、社会培训机构和高校为"服务外包大学生实训实习基地"，实习实训质量需得到参加实习实训高校和企业的认可。高校要积极改革原有的实习模式，与服务外包企业共同制订实习方案，共同指导学生实习。要签订学校、企业和学生的三方实习实训协议，保护学生的合法权益，不能加重实习实训学生的经济负担。服务外包企业要积极接收高校学生实习和勤工俭学。商务部、教育部将服务外包企业接收高校学生实习实训工作情况作为服务外包示范城市评价的重要指标之一。

五是深化高校与服务外包企业的合作。教育部和商务部将邀请"中国服务外包示范城市"人民政府、服务外包企业和高校，成立服务外包校企合作联盟，推进企业和高校的战略合作。参加合作联盟的有关企业和高校，在人才培养、产品和技术研发、高校毕业生就业等方面积极开展多边和双边合作。各地要加强对合作联盟的政策支持。合作联盟要促进人才交流，根据校企达成的共识，鼓励企业派遣工作经验丰富的专家到学校兼职，高校派遣教师到服务外包企业挂职。教育部将建立服务外包课程教师培训网络平台，充分利用合作联盟企业和高校的优质资源，大力培训服务外包课程教师。高校要将教师参加培训和到企业挂职计入教师工作量。加强与产业界合作，探索服务科学专门化人才培养的有效途径。

六是努力做好服务外包人才就业工作。要把推动服务外包产业发展促进高校毕业生就业放在突出重要的位置。商务部门要切实落实有关优惠政策，加强引导和服务、积极鼓励服务外包企业吸纳高校毕业生。教育行政部门要指导高校广泛联系并吸引服务外包企业到校园开展招聘活动；加强对毕业生的就业指导和宣传引导，积极鼓励高校毕业生到服务外包企业就业。服务外包企业和高校要充分利用全国大学生就业公共服务立体化平台、中国服务外包网等信息发布平台，及时发布高校服务外包相关专业及毕业生情况、服务外包企业招聘信息和接收高校学生实习的信息，增加高校毕业生到服务外包企业的就业机会。

七是加大对服务外包人才培养的财政支持力度。鼓励高校与服务外包企业合作培养服务外包人才。教育部商务部关于加强服务外包人才培养促进高校毕业生就业工作提出若干意见。

为贯彻落实《国务院办公厅关于促进服务业外包产业发展问题的复函》和《教育部　国家发展改革委　财政部　人事部　科技部国资委关于进一步加强国家重点领域紧缺人才培养工作的意见》的精神，现就加快培养服务外包人才，提升我国服务外包产业人员素质，促进高校毕业生就业，提出如下意见。

服务外包产业是智力人才密集型现代服务业，具有信息技术承载高、附加值大、资源消耗低、环境污染小、国际化水平高等特点。大力培养服务外包人才，提高高校毕业生就业能力，有利于加快经济发展方式的转变，促进区域经济协调发展，优化外贸结构，提高利用外资水平，对全面贯彻落实科学发展观，实现"保增长、扩内需、调结构"的目标具有重要意义。

地方所属高校的计算机科学与技术专业要以造就应用型人才为主要目标。示范性软件学院和示范性职业技术软件学院要把培养服务外包人才作为一项十分重要的任务来完成，促进中国服务外包产业的总体创新能力和竞争实力的提升。"中国服务外包示范城市"的各类高校应在服务外包产业所涉及的专业增设服务外包专业方向。

各地教育、商务部门要结合当地服务外包产业人才需求情况，研究出台支持本地区高校培养服务外包产业人才的政策，促进本地区承接国际服务外包业务持续、协调、有序发展。

三、案例与分析

（一）杭师大国际服务工程学院

杭师大国际服务工程学院作为全国首个服务外包本科学院，学院坚持走国际化、校企合作之路，推进高标准办学，以"多元化合作、多模式并存"，为指导方针，积极推进学校与企业、专业培训机构"三位一体"的办学进程。学院作为教育体制改革特区，作为浙江省、杭州市服务外包产业兴起与发展的实验室、孵化器和助推器，以科学发展观为统领，充分抓住"先发优势"，敢为人先，争创一流，提出"深化改革、强化特色，努力建设国家级服务外包示范学院"的发展目标。

1. 全面开展校企合作办学，培养四年制本科服务外包专门人才

学院先后与IBM、微软、瑞萨、晨欧、思科5家企业签订学历教育合作协议；与IBM、微软、瑞萨、晨欧、达内、联合实训、日立等12家企业签订非学历教育合作协议；与大连软件园、信雅达、新加坡科技园、杭州国家软件产业基地、北部软件园等10余家单位签订合作框架协议。与凯捷咨询（中国）有限公司达成金融服务外包方向的学历教育和非学历教育方面的合作意向。

校企合作形式方面，在原"企业整体接管、分段接管、嵌入课程"等形式的基础上进一步细化为"以学校为主导，企业全程参与、分段参与、嵌入课程"等多种定制培养形式的合作模式，量身定制举办"瑞萨班""晨欧班"等。从共同制定培养方案，到全面实施培养方案；从教师聘任，到教学质量监控；从学生始业教育，到学生日常管理等方面，全面实现了校企合作

的"零距离"对接。其中,"IBM班"采用"企业全程参与"合作模式,即IBM企业全程参与4年的教学与管理工作;"瑞萨班"采用"企业分段参与"合作模式,即4年的教学与管理以学院为主,瑞萨在大三、大四进行全面参与,大一、大二采取部分嵌入课程。微软(中国)有限公司与杭师大国际服务工程学院共建学院,从2010年起计划每年招收并培养300名服务外包本科人才。

2. 努力提高教育质量和层次,培养高、中、低各级服务外包人才

(1)积极申报省部级项目,攀登服务外包教学改革制高点。《创新型服务外包人才培养模式的研究与实践》成功申报2009年浙江省新世纪高等教育教学改革项目;积极申报国内首个"金融服务"专业。

(2)学院共立项建设院级教改项目15项、主要课程建设3项,申报内容涉及双语教学、校企合作的人才培养模式、校园合作下的教学管理和教学质量评估体系等方向。

(3)学院已成立集科学研究、工程开发以及人才培养于一体的杭州师范大学服务工程研究中心。该中心将联合研究部门、大专院校和国内外高水平企业,以推动学科建设和提高人才素质为主线,以科学研究为主要手段,以增强科技创新为核心,以重大项目和产学研结合为纽带,引导学院和产业的发展。研究中心的主要目标是研究和开发与服务外包相关的课题和应用,鼓励在当前国际热门的计算机科学前沿领域进行开拓性研究。

(4)接轨服务外包,努力提升国际化办学水平。积极采纳和借鉴国际先进管理理念和方法,与跨国企业、海外大学联合办学,联合授予学士、硕士学位,并合作共建学院(专业)和实验室。采用全景式国际化外语教学,推动学生国际化。校企合作制订的教学计划重点增加外语课时,学生从入学开始同时学习英语和日语,做到"四年英语和日语不断线"。实训课采用全景式外语教学,注重听、说、读、写能力的培养,要求学生毕业时,对欧美外包学生的英语水平达到六级、对日外包学生的日语水平达到二级。

(5)建设一支国际化、双师型的高学历、高水平师资队伍。学院聘请中

国科学院院士何积丰担任学院院长,同时高度重视师资引进的国际背景、师资国际交流动态。学院已通过校内招聘、全球招聘等方式引进专业课教师27名,其中具有国际教育背景14人,占51.8%;外籍教师5名,占18.5%。学院同时聘任企业教师40余名,并选聘服务外包相关专业课程外籍专家、客座教授等,优化师资队伍结构,形成外籍教师引进、使用、评价良性循环的管理体系,力争率先实现国际化、双师型的高学历、高水平师资队伍的构建目标。

(6)办学及管理国际化。搭建与国际性高等院校合作平台,推动办学及管理国际化。学院与美国杜克大学离岸外包研究中心、美国琼斯大学、日本静冈大学等国际性高等院校通过学术交流、引进新教师、交换留学生等形式,大力推动专业建设国际化,旨在培养具有国际化眼光的高技术性应用型人才,力争使学院办学思路不断和国际接轨,提升国际化办学水平,抢占服务外包人才培养先机,提升学院品牌价值。

(二)杭州市服务外包人才培训联盟

杭州市服务外包人才培训联盟,是与服务外包行业相关的培训机构、高等院校、服务外包企业自愿组成的联合性、地方性的非营利性管理组织,杭师大国际服务教育有限公司进行日常管理。培训联盟拥有6家理事单位、50余家会员。联盟自筹建以来,与杭州市服务外包行业协会合作,联合IBM、微软、瑞萨、达内、晨欧5家单位,对300名在杭高校大四学生开展了第一期软件外包工程师培训。

联盟整合服务外包资源,力争成为杭州乃至全国优秀的服务外包人才支撑平台。联盟以促进服务外包行业的发展,为会员提供服务;维护行业、会员的合法权益和共同的经济利益;通过联盟的管理努力使杭州服务外包人才培训工作更系统化、标准化、规范化,以努力把杭州建设成为我国重要的服务外包示范城市为宗旨。主要开展以下业务活动。

(1)参与杭州市服务外包产业的发展规划、人才培训政策以及企业人员需求计划的调研和制定。

(2) 促进杭州市各类服务外包人才培训机构、服务外包企业与高校在人才培训模式、培训数量、培训质量、人才需求等方面的对接,通过联盟发挥政府的主导作用,统一规范杭州市服务外包人才的培养和使用。

(3) 建立杭州市服务外包人员短、中、长期需求结构和规模的数据库。

(4) 建立杭州市服务外包人才培训机构规模和类别、专业方向、内容建设、课程设置和师资力量的数据库。

(5) 研究服务外包人力资源开发目标与现行高校若干专业培养方向的区别以及设计互补的建议。

(6) 研究和探索服务外包人才培训机构的评价体系,规范培训机构的招生、收费等。

(7) 逐步建立服务外包人才基本知识结构、核心技能,培训机构执业资质以及培训和实训质量考核等行业标准和规范。

(8) 开发和确定服务外包人才培训的课程大纲、多媒体教材、多媒体远程教育公共平台。

(9) 开展服务外包人力资源开发的科学研究,提出符合杭州、浙江乃至中国服务外包产业特点、智力资源结构的开发模型和方法。

(三) 东忠科技服务外包人才培训的发展

东忠科技是由创始人丁伟儒先生设立的IT产业集团公司。公司致力于通过IT技术的发展,造就舒适的社会环境,立志成为世界一流的IT跨国企业。集团拥有员工1 000名,主要从事对日服务外包ITO、BPO业务。业务范围覆盖金融、保险、证券、流通、物流、通信等行业。

自1900年2月于日本设立株式会社以来,东忠科技充分利用所拥有的国际市场、信息优势,凭借高效的企业管理和先进的成本控制模式,构筑完成了良好的市场推进和系统支援体系;吸收并融合发达国家大规模软件开发的先进技能和质量管理经验,在经济快速发展的上海、杭州、济南等地,结合我国境内高科技软件出口开发企业所处的有利地位,依托我国企业的优秀技术人才、创新精神和国内领先的东忠特色的质量控制标准,成功设立了具备高品质开发能力的大规模开发基地，真正实现了高效、低成本、高品质的IT开发服务模式。

东忠科技为快速推进与国际一流企业合作的步伐，投资建设了东忠科技园，邀请了多家世界一流的大型IT企业设立合资公司。业务领域随之拓展到包含金融、物流、百货业、公用事业、汽车制造、嵌入式开发等多种业务形态。园区设计面积达5万平方米，年产值1.5亿美元。东忠科技园是杭州市首批服务外包示范园区。

东忠科技在持续快速并稳定发展的同时，始终以促进所在区域经济发展为己任。自设立大型人才培育基地以来，已为我国华东地区培养了一大批多层次、实用化、开放式的国际化软件开发专业人才，不仅为东忠科技的自身发展提供了坚实的高质量人才保证，同时也为促进我国华东地区软件服务外包事业做出了贡献。

"东忠人才"位于东忠科技园区内，是以东忠科技为背景的社会性职业培训机构。东忠科技内部进行员工教育培训工作，从此走上社会性职业培训道路。截至2013年，已经培养了2 800多名学员，为东忠科技以及其他数十家对日软件外包企业提供了适职人才。2013年，招生19个班，共488名学员，实现就业405名，就业率为82.9%。由于受金融危机的影响，就业率略有下降，但毕业的学员基本能够满足企业的要求，保持了东忠科技一贯秉承的"简约、实用、高效"的办学原则。

"东忠人才"近几年来的工作，可以概括成三句话：坚持就业上岗一个前提；抓住课程设置和教师队伍建设这两个关键点；协调好学员、高校、企业三方面的关系。这就是职业培训"东忠123模式"。

1. 坚持一个前提

"东忠人才"始终坚持培训的目的就是就业上岗这一个前提。"东忠人才"对学员承诺，经培训合格以后100%进入对日软件外包企业就业，包括东忠集团。首先，这是一个意识观念上的突破。作为社会性职业培训机构，不应该只注重招生人数的多少，也不应该停留在具有如何如何先进的课程内容,如何如何有名的国际品牌方面。否则,充其量也只是院校教育的延伸,是达不到职业培训的真正目的的。其次,一定要以企业为依托,把职业培训当成企业的员工培训业务外包来做。一个职业培训机构,俨然就是企业的员工教育部门,承担向企业输送员工的职责,实现员工培训上岗的功能。

2. 抓住两个关键点

为了实现就业上岗的目标,"东忠人才"在建设实训体系时,抓住了课程设置和教师队伍建设这两个关键。"东忠人才"借助得天独厚的企业背景,根据开发现场的作业规范和质量保证体系,自主开发了以项目实训为基础的,有职业素养、日语能力、操作技能三大板块的30多个模块的实训课程。实际上,这些实训课程都是从前身的"东忠软件教育中心"带过来的,只是在其后做了一定的补充和改善。而且在补充和改善过程中,始终坚持了那些不会因为技术更新或潮流而改变的部分。那就是,"职业素养"和"软件开发规范和标准"。东忠集团的对日软件外包质量保证体系荣获中国质量协会颁发的质量技术奖一等奖。所以,"东忠人才"的实训课程不仅是对东忠集团,而且对整个软件外包行业都具有广泛的适用性。"东忠人才"的IT教师都是从开发现场项目主管以上的技术人员中选拔出来的。在任教期间,不仅担当讲师,还参与制定更新培训教材,改进和优化教学方法,使培训内容始终与开发现场的岗位要求保持同步。同时,"东忠人才"还积极录用日本员工担任各个课程的讲师,努力为每一位学员营造近距离接触日本员工的环境,引导学员加深对日本社会文化、企业文化的理解和体会。

3. 协调好三方关系

"东忠人才"作为社会性职业培训机构,特别注重协调学员、高校、企业用人单位三方面的关系,以此保证职业培训能够始终沿着软件外包产业需求的方向,良性健康地持续发展。

"东忠人才"提出的保证就业的承诺,不仅仅是为了解决大学生的就业问题,更是进一步提高大学生的就业质量,尤其是职业素养教育,为个人今后漫长的职业生涯无疑是打下了坚实的基础。

"东忠人才"已经与杭州本地十几所大专院校建立了合作关系,东忠经营层与浙江工业大学、杭州电子科技大学、杭州师范大学、浙江科技学院等十几所高校领导就校企合作做了广泛深入的交流,并达成了多项共识,为杭州市的校企交流积累了很多宝贵经验。为此,"东忠人才"根据各个学校所能提供的条件,相应地做出培训计划,使学校的合作既力所能及、又卓有成效。有了学校的积极支持,"东忠人才"的职业培训不仅实现了学校培养和企业需求的"无缝对接",同时实现了毕业即上岗的时间上的"无缝对接"。

目前,有70多家企业与"东忠人才"建立了长期而稳定的培训就业的业务关系。其中,包括日本第一大系统集成公司NTT DATA、NEC系统技术公司、VJC、理光、东芝、日立等国际著名跨国集团公司。"东忠人才"的一个重要特点是根据企业需求来招生,定向实训,最终企业直接录用,所以"东忠人才"从企业的需求出发,制定的实训课程从根本上满足了企业时新进员工的基本要求。同时,与相关企业一起参与新员工的招聘面试,培训课程的设计定制,并且建立了与企业HR部门共同监控培训质量的机制。因此,"东忠人才"的培训模式得到了企业的认可和欢迎。

(四)杭州达内开展服务外包人才培训的做法

1. 公司基本情况

达内IT培训集团致力于培养Java等方面的中高端软件人才,倡导"高薪就业、高品质就业",而非追求简单的就业率,已累计为IBM、微软、摩托罗拉、华为、中软、用友、Yahoo、阿里巴巴、TOM、新浪、百度、联想、神州数码、大唐电信、亚信等知名IT企业培养输送了3万多名中高级软件人才。该集团由美国国际数据集团(IDG)和集富亚洲(JAFCO ASIA)投资,是Sun公司在中国境内最大的Java培训合作伙伴、中关村科技园区管委会指定的"软件人才培养示范基地",是我国"先就业后付款"IT培训模式的创始者。

杭州达内科技有限公司是达内集团在全国设立的25家分公司之一,于2007年成立,成立之初虽然有40名员工,面积200多平方米,当年就培训

700多名学员就业，专业就业率达到95%。为了解决更多大学生的就业问题，杭州达内先后与浙江林学院（现为浙江农林大学）、浙大城市学院、浙大宁波理工学院、浙江工业大学之江学院等高校建立校内实训基地。实训基地的建立，一方面解决了大学生高校的就业问题，另一方面加强了高校与企业的结合，同时对高校的教学模式进行了创新。

2008—2009年杭州达内被正式授牌"国家电子信息产业基地实训中心""2008年度杭州市服务外包人才实训先进单位""2008年度杭州市万名大学生创业实训工程十佳实训机构"。在招生规模、就业人数、高校评价等多方面评比中，杭州达内在达内集团全国25家分中心中位居第四，在杭州众多IT培训机构中也名列前茅。

2. 主要做法

杭州达内的商业模式创新：

创新之一："暖冬工程"计划。

"暖冬工程"一直伴随达内集团走过了7年的时间，它分为"零首付，低押金，先就业后付款"和"零首付，零押金，先就业后付款"两种模式。

"零首付，低押金，先就业后付款"改变了长期以来要培训先付款的概念，推出了我国首家IT信贷培训的概念，这在我国IT培训历史上是先例。

"零首付，低押金，先就业后付款"，即参加培训的人只需要在培训前支付低额押金，就可以参加高端软件技术培训，培训结束以后，达内承诺成绩合格100%推荐就业，正式就业以后再分月交付学费。达内推出这个政策，一方面是给想参加培训的学员吃一颗"定心丸"，公司有实力将他们培养成为合格的高级软件工程师；另一方面通过这种贷款服务，能让那些被高额的培训费用拒之门外的学员实现他们的软件工程师梦。

"零首付，零押金，先就业后付款"是培训集团在经济危机形势下，面向理工科类大学生提供的包括培训与就业的"一站式"解决方案。引入国际权威技术厂商——Sun中国区培训部、微软中国区培训部技术资源，同时获得美国国际数据集团（IOG）与集富亚洲（JAFCO ASIA）国际风险投资的资金协助。中关村科技园区管委会更是大力支持。全国300多家高等院校的计算机相关专业与200多家IT企业也将加入计划当中。达内计划2019－2021，通过IT实训，帮助1万名大学生实现就职，接受援助的大学生将享受"零首付，低押金或免押金，就业后分期付款"的优惠学习条件。即参加培训的学员，在正式培训前只要符合学历要求，通过达内内部的招生考试，便可以免押金在达内参加技术培训。同时成绩合格的学员，提供保底薪就业。对于家庭困难的学生可以免押金或免全部学费。

创新之二：远程教育模式。

"先就业后付款"的大学生IT培训模式，降低了学生的心理和经济门槛，扩大了学员规模；"远程教育"从技术层面上解决了达内规模经营中教师资源的瓶颈。目前国内各个培训机构实现规模增长的主要方式是特许经营和加盟连锁。然而培训机构不像麦当劳，可以将产品标准化，这种规模化方式无法保证各加盟点的师资质量，会影响培训质量。而对于达内这种相对高端的IT培训课程来说，这个瓶颈问题更为突出。达内的专家教师都是拥有8年以上项目实战经验的高端人才，在他们中间有部分老师都是从国外聘请回来授课。达内为了让全国各分中心的学员都享受到专家教学，通过网络将达内的课堂引进各个分校区，将已有的教师资源通过远程在线的方式共享，同时各分中心每个班都配有1名通过达内上岗认证培训的项目经理全程辅导。从目前整个行业师资配备情况来看，远程教学受到质疑。对此，达内每月推出免费试听课程，让学生在体验过程中就能感受到达内老师的专业教育方法，以解除学生的后顾之忧。

第四章

服务外包的开放式发展前奏

第一节 全球化、服务外包与国际分工方式演进

20世纪90年代以来,在信息技术革命和市场经济的共同推动下,全球化的触角逐步伸向世界经济和社会生活的各个领域。在不断加速的全球化进程中,"服务外包"作为一种新兴商业模式,既是技术变革和全球化的产物,反过来,也被视为使得整个世界"变平"的最强大的动力之一。目前,服务外包带动的服务革命浪潮席卷了越来越多的国家和地区。服务全球化不仅改变了服务领域要素配置的方式,而且对相关国家和地区的经济增长、产业结构跃迁、国际分工方式演进以及国际竞争格局产生了深远的影响,服务外包已成为全球新一轮技术革命和产业转移的重要趋势,也为后起国家产业转型升级提供了新的路径选择。尤其值得关注的是,随着全球化进程加快和知识经济的发展,世界范围内正经历着一场生产和研发组织方式的重大变革。以跨国公司为主导的要素全球配置带动了生产与研发国际化,催生了模块化生产、合同制造、服务外包等生产方式和商务模式的创新,促使产业价值链在各国(地区)之间不断延展细化,基于全球价值链的新型国际分工体系逐步形成。在新型国际分工体系下,"全球化红利"的释放创造了新的财富,而这些"全球化红利"被更多的分工主体分享,从而在一定程度上改变了全球

财富分配和国际竞争格局。本章着重梳理服务外包与产业融合的互动关系，分析基于全球价值链的国际分工机理及演进态势，探讨全球化条件下后起国家产业升级的新路径。

一、服务外包与产业融合趋势

随着知识经济不断发展，世界范围内制造业的价值链正向产业的上游和下游延展，当今制造业的价值链环节包括市场调查、产品开发或改进、生产制造、销售、售后服务直到产品的报废、解体或回收的全过程，涉及产品的整个生命周期。同时，在网络技术应用和要素跨国流动的共同支撑下，价值链各个环节的可分解性、中间品（服务）的可贸易性和要素配置的分散程度不断提高。为适应这一发展趋势，越来越多的制造业企业特别是高技术企业参与了各种"技术支持"和"信息服务"，使其业务发展呈现出服务化的趋势，服务在价值链中的地位进一步凸显。这一趋势主要表现在以下几个方面。

首先，网络技术成为制造业和服务业的共同技术平台。在一些新兴的高技术领域，产业边界模糊，产业之间的重叠性强，一些产业本身就跨越制造业和服务业两大部门，使这些领域高技术企业的经营范围必然涉及制造和服务两大类业务，特别是在软件、网络、新能源等高技术产业中，制造和服务业务逐渐融为一体，其相互关联的程度很高。制造与服务共用网络技术带动了"柔性制造"的发展。"柔性制造"采用的主要是计算机辅助设计与制造技术、模糊控制技术、人工智能、专家系统及智能传感技术、人工神经网络技术等技术以及数控机床、计算机、仓储物流等主要设备，这些技术和设备都离不开信息、自动化、软件、电子商务等先进制造业和生产性服务业的支持。作为企业计算机集成制造系统（CIMS）的重要组成部分，"柔性制造"已成为汽车、服装、钢铁等传统制造业信息化改造和生产方式变革的发展方向。众所周知，大规模、流水线的生产方式曾经极大地促进了现代大工业的发展，而且至今仍是被广泛采用的生产方式，这种生产方式所产生的规模经济也是制造业获利的基础和扩张的动力。"柔性制造"虽然在制造技术及生产组织布局等方面有别于刚性的流水线生产方式，但它绝不是低效率的倒退。相反，"柔性制造"通过对制造技术和服务技术的集成，增强了制造业服务化的趋势，不仅大大降低了人工和存货成本，而且有助于企业实行市场细分化策略，确立合理的产品和市场定位。在"柔性制造"的理念和模式下，第三次工业革命赋予了制造业新的生产方式，大规模生产开始转向"大规模定制"（mass customization），以往企业依靠规模经济降低成本的经营策略正在被颠覆，工厂化生产将代之以社会化生产，从而为制造业和服务业融合发展营造更广阔的空间。

其次，由于技术更新步伐加快、产品生命周期缩短、产品标准化程度提高。目前，新产品从构思、设计、试制到商业性投产的周期已由20世纪60年代的20年左右缩短至2~3年。对于很多行业来说，"快速交货"已超乎质量与价格之上，能否对客户需求做出快速响应，已成为决定企业经营成败的关键因素。在这种情况下，越来越多的企业开展了与产品相关的全寿命周期服务，积极推进网络订货、网络销售、网络售后服务等新型服务环节，并通过外包方式，把部分业务分解转包给专业公司。随着制造业服务化趋势的发展，许多企业的销售额中服务的比重不断提高，服务对公司盈利水平的影响显著增强。

最后，随着工业自动化水平的提高，一些技术复杂的大型成套设备的安置、调试、检修、保养等技术支持的工作量大大增加，对设备供应商技术服务的需求随之增加。同时，客户需求进入"多样化"阶段以后，也要求企业"硬件"（生产）为中心向以"软件"（服务）为中心的、具有综合工程能力（产品+服务）的经营方式转变。因而，目前，专业和兼业的工程服务企业几乎涉及装备制造业的各个行业，不仅形成了制造业服务产业群，而且通过专业服务，与客户密切接触，深入了解用户提出的各项要求，主动、有针对性地开发用户所需要的新工艺、新产品、新装备。另外，企业不仅提供与产品有关的各种技术服务，而且企业的服务还向金融、网络等领域渗透，对产业链上游有市场潜力研发项目以及产业链终端的销售提供信贷支持。这类服务已被发达国家的大汽车厂商广泛应用。

目前,制造业服务化已经成为发达国家制造业发展的重要特征,而且这一趋势逐步进入较稳定的状态,特别是高技术领域的大跨国公司把服务视为创造新价值的主要来源,其服务的内涵和外延不断变化。在产品价格竞争激烈、利润空间迅速缩小的形势下,强大的服务功能成为企业扩大增值空间的重要手段。

制造业服务化和服务全球化共同促使世界产业结构出现融合化的新趋势。产业融合化是指在知识分解和融合基础上,建立在新技术的知识产业群以及由新技术实施改造的传统产业,由于技术趋同性增强,因此这些产业的边界趋于模糊,产业之间的技术和市场重叠程度增强。产业结构的融合化趋势是高技术产业发展及其向传统领域扩散的必然结果,而外包则在这一趋势中扮演着催化剂和载体的角色。一方面,高技术产业的兴起使产业结构加速分化,形成了核心技术趋同的新兴产业群。现代高科技具有较强的渗透性和衍生性,这就为高技术产业的延展、分解打下了基础。如随着生物工程技术的创新及其产业化发展,原有的生物产业分离出生物农业、生物化工、生物材料、生物信息等10余个新兴的产业部门,这些部门的核心知识与核心技术都以生物工程技术为基础,它们彼此之间的产业界限不像传统产业那么明晰,一旦在其中的关键领域实现突破,就有可能掌握整个产业群的发展脉络。同时,掌握某一共性技术或专利的企业可以承接来自不同行业的外包业务,服务于多个相关行业或整个产业群。另一方面,产业技术的融合化导致产业重叠加深,使原有的以单一知识及其技术作为产业的划分标准受到了挑战,而且技术创新虽然刺激了产业群外延的扩大,但也使产业群内部一些产业的生命周期缩短。为了应对快速变化的产业发展氛围,企业更加专注于核心业务,并通过外包网络与相关产业保持动态的联系,从而提高战略资源的掌控能力。

同时,在服务全球化和产业融合趋势下,信息技术等共性技术以及服务外包等业务模式逐步渗透到教育、医疗、文化等原本较为独立的社会服务领域，使这些领域的部分产品和服务的可交易性增强，业务细分化程度提高，进而使这些领域中一些可产业化、市场化提供的服务以及能够在线、远程提供的服务获得了更大的发展空间，推动了世界范围内社会服务业的开放发展。

二、服务全球化对国际分工的影响

服务全球化本身就是国际分工深化的结果。同时，服务全球化进程也为国际分工的延伸和扩展创造了有利条件，对国际分工的方式提出了更高的要求。

（一）服务全球化促进了国际分工的扩大与深化

服务全球化是建立在信息技术的创新发展以及各国服务领域扩大开放基础上的，而信息技术的创新及其普及很大程度上拓展了世界经济的自然资源基础。一方面，先进的技术手段和新型的服务业商务模式使世界资源分布形式更为丰富，促使以自然资源为基础的传统国际分工更加深化；另一方面，高技术和新型商务模式在服务领域的应用扩展了全球资源的边界，不仅开辟了新的资源领域，而且发现了许多既有资源的新用途，一定程度上改变了各国的资源禀赋条件及其国际分工地位。同时，服务外包等新型分工模式还为传统产业的发展和世界范围内产业结构调整营造了更广阔的空间，突破了要素和产品的传统界限，增加了价值链的分工环节，从而使国际分工不断深化。另外，研究与开发（R&D）业务的离岸外包大大提高了产业研发的国际化程度，加深了世界范围内技术专业化分工。在全球化条件下，不论是以传统的垂直型分工方式，还是凭借质优价廉的智力资本，发展中国家企业通过服务全球化都有可能获得更多参与全球创新的机会。

（二）以商品交易为核心的国与国之间的分工转向企业（或产品）内部分工

在科技革命和经济全球化的共同作用下，跨国公司通过直接投资和业务发包实现全球布点。传统意义上以商品贸易为基础的国际分工格局正被打破，国际分工逐步深入企业内部或产品内部。国际分工的方式由产业间分工向产业内部产品分工和要素分工延伸，呈现出产业间分工、产业内产品分工、产品内部分工、要素分工并存的新模式。其中，产业间分工与产业内产品分工都是建立在要素同质且在地区之间不流动基础上的分工方式，而产品内分工和要素分工则是在资本等要素可流动条件下，基于价值链各环节的分工。在产品内部分工和要素分工方式下，价值链中的每个环节都配置到最有利于获得竞争优势的区位，国际分工的接点由产品转变为工序、业务流程或生产要素。

基于全球价值链的企业或产品内部分工使企业组织方式发生了重大变化。"过去几十年国际分工发展的显著特征，在于分工基本层面从行业间、产品间深入到产品内部不同工序、区段、环节和流程，由此带来的国际分工可能的革命性拓展构成当代经济全球化的重要微观基础"。从目前价值链分工的地位来看，全球价值链的推动者主要是行业中处于领导地位的大跨国公司，因而，在国际分工新模式中，跨国公司扮演着全球生产和交换的"组织者"的角色。大跨国公司的全球化生产与服务带动了公司内部贸易的发展，而且跨国公司的内部贸易并不仅仅是为了争夺某一市场，而是要服从其全球竞争的需要，进而提高公司内部分工的整体效率。

在社会服务领域，服务全球化使这些领域的分工同样开始细分到业务流程。如对医疗服务而言，一些传统医院不再承担全部医疗服务，而是出于降低成本和提高诊疗效率的考虑，利用网络技术，也将病例抄写、病案管理、医学影像处理等业务外包给院外的专业机构，这些院外机构很可能设在印度、中国、菲律宾等发展中国家；在文化娱乐业，动漫游戏开发、演出分包等业务也更多地采用外包方式；而远程教育、在线学习、网上考试也成为现代教育的重要组成部分。

（三）发包商与接包企业的战略分工不断强化

20世纪90年代中后期以来，为应对日益加剧的国际竞争，跨国公司加快了业务整合和组织结构调整。大跨国公司在建立全球一体化生产体系的过程中，纷纷对传统制造业务实行剥离，并将一些特定的服务环节转包给专业公司，以进一步强化自身的核心竞争力，从而牢牢控制高技术领域的关键技术和创新环节，占据高技术产业国际竞争的制高点。通过构建跨国外包网络，作为发包企业的大跨国公司与各种类型的供应商之间形成了新型的战略分工关系。这些供应商与传统的贴牌生产商相比，可同时为不同的客户服务，因而具有较高的设备利用率和专业化水平，承接外包业务使这些供应商不仅可以充分发挥规模经济优势，而且具备一定的技术和产品创新能力，可以为客户开发新产品，或对产品进行性能和制造工艺改进，并承担与其相关的金融、物流以及技术支持等售后服务等业务。

随着全球一体化生产体系向纵深发展，拥有低成本、大规模制造或服务能力的接包企业也可以在全球价值链中占据一席之地，而提供单一服务的外包商也逐步成长转变为能够提供包括风险管理、金融分析、研究开发等的高科技含量、高附加值服务外包业务的大型服务运营商。同时，自身生产组织、产品设计、创新水平以及服务能力的提高，使外包供应商的谈判地位将进一步改善，进而在外包的发包商与承包企业之间确立新型的战略关系，包括长期合同、战略联盟等。这表明在全球竞争日趋激烈、国际分工不断深化的今天，跨国公司除了掌握传统意义上的核心能力，还需要建立广泛的伙伴关系，只有将拥有不同竞争优势的合作者组合在一起，构建核心能力共享的合作企业网络，才能长期维持、提升企业的竞争地位和领先优势。

（四）一国（地区）的要素禀赋对其国际分工地位仍起决定性作用

从目前离岸外包的发展格局来看，发包方主要集中在发达国家，而发展中国家的企业则是接包方。由于发达国家拥有的技术等要素在世界范围内更具相对稀缺性，因而，随着离岸外包的发展以及要素分工的深化，发达国家凭借着先进的技术以及完善的创新体系等优势，在国际分工格局中掌握着主动，而发展中国家主要以劳动要素参与国际分工，致使其对外资本和技术有较强的依附性。

当然，要素禀赋的这种决定作用有别于传统的比较优势原则。在经济全球化使资本和技术的流动性大大提高的情况下，一国的要素总量和结构不再是静态的，而是处于持续变动之中。发展中国家在承接服务外包过程中，可以获得一定的资本支持和技术外溢效应，从而在一定程度上改变其固有的要素禀赋结构。即便如此，在要素分工方式下，发展中国家所获得的分工利益仍然主要集中在劳动要素的报酬，发展中国家在当今国际分工体系中仍处于劣势地位。

三、国际分工深化与全球竞争格局的演变

（一）全球价值链解构与国际分工的深化发展

传统的国际分工主要表现为不同国家和地区之间产业间的分工，其理论依据是古典自由贸易理论，分工的基础则是建立在劳动生产率差异基础上国与国之间的绝对优势和比较优势。然而，产业间分工并不能解释全部的国际交换现象，规模经济和消费者偏好使得收入水平相近国家和地区之间（主要是发展中国家之间）的产业内贸易普遍存在。20世纪末，国际分工的技术条件和制度环境发生了重大变化。在科技革命和经济全球化的共同作用下，跨国公司通过直接投资和业务发包实现全球布点，加快了世界范围内制造业价值链向产业的上游延展和下游延展，国际分工覆盖产品的整个生命周期，辐射到越来越多的国家和地区。同时，在网络技术应用和要素跨国流动的支撑下，价值链各个环节的可分解性、中间品（或服务）的可贸易性以及要素配置的分散程度日趋提高，全球价值链逐步形成，并不断细分裂解。在全球价值链深度分解过程中，来自不同国家（地区）、掌握不同专业知识的企业和机构加入产业链条中，使得全球价值链变粗变长，价值链的增值环节增多。在趋于片断化、分散化的全球价值链上，整个价值创造过程由众多价值附加片断环环相扣组成，每一个环节上还分布着一系列具有双向属性的活动。如设计环节可以影响到生产过程的性质，但它同时也受到其他下游环节的影响。

全球价值链主要分为生产者驱动型（producer – driven）和购买者驱动型（buyers – driven）两种类型，即全球价值链各个环节在空间上的分离、重组和运行等是在处于价值链主导地位的生产者或者购买者的推动下完成的。其中，生产者驱动的价值链是由生产者（制造商）投资推动市场需求所形成的全球生产供应链的垂直分工体系。在这种价值链上，生产者通常拥有资本或技术优势，获取价值创造的绝大部分，处于价值链的领导地位，汽车、飞机等全球性产业的价值链属于典型的生产者驱动型；购买者驱动的价值链是拥有强大品牌优势和国内销售渠道的购买者通过全球采购和OEM等方式形成的跨国商品流通网络，玩具、服装、食品等行业的全球价值链一般由大的零售商、营销商或品牌商主导，并获得绝大部分的价值增值；还有一类中间型的全球价值链，主导企业对增值环节的控制兼具生产者和购买者驱动的特征。随着全球价值链分工参与者增多，在新加入者（供应商、合同制造商等）与行业传统主导者（跨国公司）之间以及发达国家与新兴经济体之间，形成了持续深化、日益复杂的关系。

全球价值链的深度分解不仅影响到行业领导型企业战略资源的构成，而且带动了新型国际分工体系的形成和发展。目前，基于全球价值链的国际分工逐步深入产品内部。产品内分工是指参与分工的国家与地区根据自身的比较优势和客观条件，在一个产品内部的不同生产阶段和价值链层面上展开的国际分工形态。产品内国际分工有三层含义：第一，一个产品在两个或两个以上的国家进行生产，分工环节的空间分散化特征突出；第二，一个国家生产的产品中至少有部分中间产品来自另一国，中间产品（零部件）贸易为产品内分工提供支撑；第三，一国利用他国提供的中间产品生产的产品中又会有部分或全部用于出口。产品内国际分工实际上是要素分工，其依据的比较优势仍主要由要素禀赋的动态变化构成，其应具备的客观条件则是指包括地理因素在内的各种经济、社会条件。相对于早期的产业间或产业内国际分工，产品内分工对分工参与国的技术和资本禀赋条件要求较低，并不拥有独立的产业链条、仅具备某一环节生产条件、符合领导型企业要求的企业（国家）也可以参与产品内分工,从而扩展了国际分工体系的外延。

在国际分工方式由产业间分工向产业内部和产品内部分工延伸的过程中,呈现出产业间分工、产业内产品分工、产品内分工并存的国际分工新模式和体系。其中,产业间分工与产业内分工都是建立在要素同质且在各国之间不流动基础上的分工方式,而产品内分工则是在资本等要素可流动条件下,基于价值链各环节的分工。在产品内分工方式下,全球价值链中的每个环节都被配置到最有利于获得竞争优势的区位,国际分工的接点由产品扩展为工序、业务流程或生产要素。总体来看,从产业间分工到产业内分工再到产品内分工,国际分工呈现不断升级的演进态势,而要素禀赋差异、专业化和交易效率成为引发国际分工机理演进的主要因素。在各种分工方式并存的新型国际分工体系中,分工接点增多及其多样化一方面为后起国家参与国际分工提供了更多的机会和选择;另一方面,多数发展中国家的企业在产品内分工体系中往往处于价值链低端的制造或服务环节。如果后起国家不能主动建立有效的学习机制和自主创新体系,将有可能导致其技术成长路线被锁定,落入"跟随式"的发展陷阱。

(二) 新型国际分工与全球竞争格局的动态演进

1. 后发优势、学习机会与分工收益

从目前在价值链上的分工地位来看,在跨国公司主导的价值链分工体系下,发展中国家仍有可能凭借后发优势,充分利用资本和技术等要素流动中产生的学习机会,获得并累积一定的分工收益,进而提升自身在全球价值链上的分工地位。众所周知,商品和服务的国际分工交换总是伴随着知识传播和技术转移,而在分工和贸易过程中产生的学习和模仿则是知识扩散的重要方式。后起国家和地区通过学习和模仿能够改善自身的交换条件,这些学习和模仿机会源自世界范围内的创新资源和制度建设,是人类共同的财富和积累。G. M. 格罗斯曼和 E. 赫尔普曼的研究发现,国际交流渠道的开放加快了各国的技术创新和经济增长。原因在于:在开放条件下,任何一国的研发活动都为世界知识存量做出了贡献,而这种开放的创新积累效果要高出处于封闭状态的各国本地知识存量的加总。同时，技术信息在国际溢出过程中能够产生共用的"知识资本库"，从而使全球的创新者和模仿者获得更高的技术能力，即"一国参与国际经济所能得到的最重要的好处可能就是，经济一体化使得一国能够有机会接触整个世界已有的知识基础。在世界市场上做生意的国家无一例外地总会见识到各式各样的创新产品以及生产其他产品的新奇的生产技术。在商业往来中建立起来的联系对于知识和观念的国际传播来说作用更为重要。至少，一国参与国际市场能够大大加速该国获取外国知识"。在现实中，跨国公司主导的产业转移和全球生产网络主要通过溢出和集聚为后起国家技术进步提供渠道，而全球生产网络的形成则为发展中国家从知识扩散中获益带来了更多机会。

考察国际产业转移的发展历程可以发现，发展中国家在全球价值链上升级一般因循以下路径：参与全球价值链分工最初主要处在购买者驱动价值链的制造环节，随着外资进入和国内技术进步，逐步进入生产者驱动的全球价值链，并向价值链增值幅度更大的环节升级。在这一过程中，发展中国家原本拥有的初级生产要素如自然资源、劳动力等不仅得以有效开发利用，而且产品内分工还为其加速高级生产要素（如技术、资本等）积累提供新的渠道。后起国家和地区在全球价值链上分工地位的提升固然离不开本国制度环境的优化和支撑，但其基于价值链的升级首先表现为本国企业能力的提升，进而才能带动本国产业的整体升级。从承接简单的加工组装订单起步，通过不断升级创新嵌入全球价值链的模式，后起国家逐步增强在某些特定环节上的竞争力，向全球领先企业迈进。

依托全球分包网络的构建与整合，大跨国公司与各种类型的供应商之间形成了新的战略分工关系。近年来，跨国公司在操控全球价值链治理的基础上，对国际生产方式的安排更加灵活。一方面，国际金融危机爆发后，跨国公司不仅资金来源受限，而且面临更大的经营风险，业务波动较大，对外直接投资能力下降。为将有限资源集中投入维护核心业务，降低全球采购成本，跨国公司转而大量采取非股权投资方式安排国际生产。另一方面，技术片段化进一步加深了全球价值链的分解程度，跨国公司有必要运用多样化的方式治理更加分散的国际生产体系。同时，随着越来越多发展中国家企业加入国际分工，这些企业承接合同制造和服务外包的能力和经验不断提升和积累，与跨国公司的供货关系更加稳定，能够为跨国公司提供可靠的外协服务。国际生产的这一新趋势引起了有关机构和学者的关注。联合国发布的2011年度《世界投资报告》就以"非股权的国际生产方式"（No-Euity Mode，NEM）为主题，深入分析非股权模式对国际投资和要素流动以及全球价值链分工的影响。该报告指出，2010年，全球范围内NEM产生了2万亿美元的销售额，而NEM的商业模式也不断创新和多样化。对于全球价值链上任一环节或片断上究竟采取何种国际生产模式，跨国公司需要在直接投资与合同制造、服务外包、订单农业、特许经营、许可证安排、合同管理以及其他合同关系之间进行选择，而其决策通常取决于自身经营战略、成本收益、相关风险以及不同生产模式的可行性。在某些情况下，非股权模式与FDI具有替代关系，而在另一些项目中二者有可能是互补的。这种新型国际生产方式无疑更适合当下比较敏感的国际经济形势，其优势主要体现在以下四个方面：一是前期投资少；二是风险小；三是可根据经济周期和需求变化灵活调整；四是可以较低的成本将非核心业务外部化。

在跨国公司通过非股权安排形成的分工和合同关系中，合同供应商与传统的贴牌生产商（OEM）相比，可为不同的客户服务，因而其设备利用率和专业化水平较高，不仅可以拥有规模经济优势，并承担相关的金融、物流以及技术支持等售后服务等业务。随着新型国际分工向纵深发展，拥有低成本、大规模制造或服务能力的供应商也可以在全球价值链中占据一席之地。同时，随着自身生产组织、产品设计、创新水平以及服务能力提高，大型专业化供应商的谈判地位进一步改善，进而与行业的领导企业之间建立新型的战略关系，包括长期合同、战略联盟等。从这一角度来看，不论是主动"嵌入"全球价值链的特定环节，还是受制于要素条件而被动地接入产品内分工体系，后起国家和地区的企业唯有充分发挥后发优势，利用学习机会，才能获得更多的溢出效应，不断积累、增强在全球分工网络中的"话语权"，并由特定环节的突破升级转向价值链条整体的升级。

2. 基于全球价值链的产业升级与结构互动

国际分工深入产品内部的工序或环节使得世界各国产业结构的关联性和互动性增强。一方面，为适应产业不断升级的要求，发达国家将失去优势的劳动密集型产业、技术密集型产业的部分环节以及依托IT技术的中低端服务业务大量向发展中国家转移。在这种基于产品生命周期的产业国际转移传统模式推动下，各国实现产业有序更替，发达国家与发展中国家产业结构之间的互动性逐步加强。另一方面，随着跨国公司的全球扩张以及部分供应商能力不断提升，产品内国际分工体系中某些特定环节的配置区位呈现固化趋势，如很多终端产品的加工组装环节集中在中国，而中低水平的服务由印度企业承担。同时，由于越来越多的发达国家丧失了制造成本优势，甚至已将很多产品的生产能力全部或部分转移出去，在这种情况下，一些凝结了最新创新成果的产品从一开始就被布点到发展中国家生产，而不再遵循先在发达国家制造，待产品进入成熟期、成本压力上升后再转由低成本国家和地区生产的产品生命周期路径。如苹果公司iPod、iPhone的每一代新产品都直接由设在中国的富士康公司加工组装，并输送到全球市场。这种研发设计和营销主要在发达国家，而加工组装配置在中国等发展中制造大国的模式，即所谓的"三角贸易模式"，已成为当今高技术产品内分工与交换的典型形式。

后起国家在价值链部分环节上分工角色的固化有助于其实现规模经济，改善谈判地位。然而，相对于研发、品牌、营销这些核心优势，全球价值链上制造加工等非战略性环节的进入壁垒较低，竞争激烈，表现为非战略性环节上的优势不稳定，可持续性相对较弱。尤其是对于国内市场有限的国家和地区，一旦失去成本优势而被行业的主导企业"抛弃"，则有可能导致整个行业的"空心化"。以制鞋业为例，韩国劳动力成本上升直接导致耐克公司将产品加工制造转到中国，使韩国制鞋业的国际市场份额被中国替代，生产规模萎缩，国际竞争力明显削弱，而近年来，随着中国制造成本提高，耐克公司开始将部分产品制造转向越南、印度等成本更低的国家和地区。另外，一些学者也对发展中国家通过参与产品内分工，实现出口增长和结构优化提出了质疑，认为中国等发展中国家高技术产品出口"爆发式"增长实际上是一种"统计假象"，指出这些国家和地区仅在价值链的制造环节实现了专业化，甚至这种专业化也只不过是全球生产片段化的结果，而在价值链制造环节分工地位的日益强化会使发展中国家长期被锁定在价值链低端。在这种情况下，即使大规模出口高技术产品也无助于其分工收益的增进。这表明，仅凭非战略性环节上的优势嵌入全球价值链的企业或国家，其在产品内分工中的地位很难维系，而技术和配套能力的开拓和积累则将促使企业（国家）获得在全球价值链上更大的延展空间，并由"链上"的升级转向"链"的升级。

总体而言，在新型国际分工体系中，全球价值链上的各个参与者共同构成产业发展的动力体系，从而大大提高了世界各国产业结构的关联度和开放效应。世界各国产业结构之间相互促动，形成了世界产业结构的大系统。即各国产业结构都是世界产业结构大系统的组成部分，一国产业的成长、结构变化必然要与世界其他国家产业结构发生相互关系，或者说一国产业结构作为一个开放系统，在与其他国家产业结构的互动影响中成长运行。全球产业结构系统处于动态变化之中，各国及各产业结构之间的关联强度和关联模式也同样处于动态演变中，并在特定的发展阶段出现跳跃式突变状态。在各国产业结构互动中，"全球利益"逐步凸显。这种所谓的"全球利益"既包括由市场机制在全球范围内的资源配置效应，又包括涉及全球资源、环境、生态等"人类共同利益"。在全球化条件下，市场机制在全球资源配置中的核心地位不断提升和巩固，商品和要素流动更加畅通，这在整体上符合各国经济发展的需要。然而，这种全球利益并不完全等同于各国国家利益的加总，在某些情况下，贸易、投资自由化带来的外部竞争还有可能危及一国国内企业的生存，造成一些国家和地区资源、税收和就业机会的流失，一国产业结构调整的自主性也受到冲击，从而增加了一国经济运行的风险和国家宏观调控的难度。

3. 分工深化与全球竞争格局变动

价值链的深度分解使越来越多的国家和地区加入国际分工体系，参与分割"全球化红利"的主体逐步增多，并在一定程度上改变着分工受益的分配格局。一些研究认为，产品内分工将使参与分工的主体获得"双赢"的效果，全球价值链上"南方国家"（发展中国家）的崛起并不会危及"北方国家"（发达国家）的利益。在当今分工体系下，国际贸易的增长很大程度上取决于由产品内分工引发的中间品贸易的扩张，这对改善参与分工的各国福利都有积极意义。不可否认，在产品内分工的利益分配关系中，发达国家仍占据主动地位，发展中国家则因处在价值链低端或低附加值环节，属于被支配的角色。然而，随着国际产业转移的持续深化，对于发达国家而言，全球化也成为一柄"双刃剑"。一方面，大量劳动密集型、低附加值的业务外包到国外，充分利用国外相对低成本的资源，使发达国家国内劳动力和资本等生产要素获得了更大的发展空间，促使其将优质资源投入创新活动和高附加值的业务环节中，以保持技术领先。这不仅有利于发达国家产业结构升级，而且分工深化有效地降低了发达国家企业的运营成本，改善了其经营绩效，增加了企业利润，从而使企业有能力扩大规模，并将在新兴产业领域创造出更多的就业机会。另一方面，产业转移导致发达国家相关工作岗位大量流失。在制造业领域，合同制造和海外投资使发达国家劳工阶层的就业岗位被发展中国家低工资的工人所替代，而在服务领域，服务外包则影响到发达国家所谓白领阶层的专业人士的就业形势。大量印度、中国的工程师承担起软件开发、后台服务、资产管理、产品设计、药剂改良等工作，这大大降低了发达国家白领工作中专业知识和技能的稀缺性和不可替代性，甚至对这些国家中产阶级的生活和社会地位造成了一定的冲击。从本质上看，这是全球化条件下资本势力扩张、话语权增强的表现，全球化强化了资本在更大范围内压低成本、攫取利润的动机和能力。

就分工的机理而言，基于全球价值链产品内分工的成本导向性仍十分突出，新型国际分工主要遵循的是动态比较优势原则。因而，对于后起国家来说，拥有丰富的自然资源、充裕的人才储备、较完善的产业体系和基础设施且不断致力于构建更加开放的制度环境的国家和地区，在国际分工深化过程中，其比较优势得以充分释放，分享了更多的"全球化红利"，并表现出在价值链上更大的纵向升级潜力和横向升级潜力。尤其是那些积极参与全球分工并提供大量低成本劳动力的新兴市场国家（如中国、印度）以及石油、天然气、矿产品、粮食、饲料等大宗商品的主要生产和出口国（如俄罗斯、澳大利亚、欧佩克国家和拉美一些国家和地区），其在全球财富中的份额增加。

新兴经济体的快速发展推动了世界经济格局的演变。来自世界银行的数据显示，高收入国家在世界 GDP 中所占的比重由 1961 年的 85.3% 大幅下降到 2012 年的 68.3%，而同期中低收入国家和地区占世界 GDP 的比重则由 14.2% 上升为 31.7%。其中，作为新兴经济代表的"金砖国家"（中国、巴西、印度、俄罗斯和南非）在全球 GDP 中的份额由 3.6% 提高到 20.5%。国际金融危机的爆发进一步加快了国际竞争格局的调整。金融危机发端于发达国家，对发达国家经济增长造成的危害相对更大，而新兴市场受到的冲击相对较小。2005—2012 年，高收入国家占世界 GDP 的比重下降了 9.0 个百分点，而 1961—1990 年的近 30 年中这一比值的降幅仅为 1.9 个百分点。

再从增长趋势来看，新兴经济体凭借着更具活力的经济增长，成为全球经济增长和复苏中的重要力量，表现为新兴经济体对世界经济增长的贡献增大，发达国家对世界经济增长的贡献相对弱化。据世界银行统计，高收入国家对世界经济增长的贡献率由 1961 年的 92.4% 大幅下降到 2007 年金融危机爆发前的 53.1%，危机影响最严重的 2009 年，高收入国家的贡献率更是跌至 -133.1%，而"金砖国家"对世界经济增长的贡献率则由 1961 年的 -1.3% 上升为 2007 年的 30.5%，到 2008 年进一步升至 52.1%，2009—2012 年新兴市场和发展中国家的经济和贸易增长速度均较大幅度超过发达国家。这意味着，长期以来由发达国家引领全球经济增长的局面正逐步被打破，新兴经济体开始主导世界经济增长。

同时,应该看到,由于要素和制度条件的差异,分工深化的收益并未在发展中国家内部平均分配。缺乏受教育人才和相关基础设施(交通通信设施落后、"数字鸿沟"等)的众多发展中国家仍很难接入全球价值链。如中东和非洲一些国家和地区,虽然拥有大量年轻、低成本的劳动力,但由于这些国家和地区未能建立起适应全球化条件下产业发展的开放政策体系,致使这些劳动力被排除在现代国际分工之外,其社会经济机制无法有效地"吸纳和教化"年青一代,最终导致社会矛盾激化,引发政局动荡和政权更迭,在新一轮国际产业转移中进一步拉大了与新兴经济体的差距,并出现了一些与新兴经济体的利益矛盾,这将一定程度上加快国际竞争主体的分化,并有可能引发国际经济关系中新的对立与冲突。

四、全球化、服务外包与后起国家产业升级路径的变化

(一)服务外包、后发优势与发展中国家产业升级路径的变化

传统的产业经济学和发展经济学理论认为,世界范围内产业结构演变具有一定的规律性。经济持续增长促使劳动力由第一产业向第二产业转移,并使一国由农业社会进入工业化阶段。随着工业化的推进,一国第三产业(服务业)的比重逐步提高,并将超过第二产业,成为GDP增长的第一大源泉。产业结构的转变特别是在非均衡条件下的结构转变,能够刺激经济增长,这一点对发展中国家尤为重要。由于发展中国家工业基础普遍薄弱,因而利用后发优势加快工业化进程成为发展中国家产业升级和经济增长必然的战略选择。在相当长的时期内,发展中国家的产业结构调整依据传统的经济增长理论,把工业化作为发展经济、摆脱贫困、实现现代化的重要手段,并通过实行进口替代政策,依靠国家投入,优先发展资本密集型的重化工业,试图自主建立完整的工业体系。然而,受制于落后的工业基础以及众多贫困人口等因素,印度、巴西等实行进口替代战略的国家,其工业化道路并不成功。这些国家和地区,由于市场机制的缺失,得到国家扶持的重化工业长期处于低效率运行的状态,而忽视劳动密集型产业特别是出口加工型产业发展导致其

第四章 服务外包的开放式发展前奏

工业体系无法将大量低技能的劳动力从农村转移出来。到20世纪80年代，印度、巴西等实行进口替代国家的经济发展不仅远远落在出口导向型的亚洲"四小龙"后面，而且造成了严重的贫富差距和城乡二元结构，其经济增长和结构调整的模式引来了诸多批评，似乎走到了尽头。

现代横向产业理论认为，以显性知识和隐性知识为主导的高层级生产要素和以天然禀赋资源为主的传统生产要素在研发、制造和营销三个环节的不均匀分布是导致横向产业出现的根本原因，而横向产业的出现促使世界产业结构升级向纵深发展。全球化和信息技术的发展增加以显性知识和隐性知识为主导的高层级生产要素的供给，从而为后起国家产业升级提供了新的路径选择。在全球化和信息化条件下，服务产品可贸易性增强，服务业跨国转移的加快，进而引发了世界产业结构的重大调整。离岸外包、战略联盟等建立在知识经济和全球价值链深度分解基础上的要素配置新方式促使世界产业结构升级突破了线性的路径，呈现出多元化的趋势。同时，从全球资源配置的角度来看，由于相对于商品和其他生产要素，在全球化不断深入的今天，劳动力在各国之间流动仍存在很多限制和障碍，因而，在资源配置全球化不彻底的条件下，全球价值链上成本导向性的业务环节必然大量向中国、印度这些劳动力丰富且成本较低的国家和地区转移。这意味着在信息化和全球化趋势不断增强的条件下，后起国家凭借后发优势，有可能采取有别于以往工业化国家的产业升级模式。随着全球服务领域开放程度的提高，承接服务外包成为新兴经济国家融入服务业国际分工体系的重要渠道，并为其产业升级带来新的契机。

作为新型的商业模式，从其组织方式、技术平台及其雇佣人员的结构来看，服务外包不仅可以改善企业的运营绩效，而且很好地契合了世界范围内技术变革与产业升级的方向以及可持续发展的目标。服务外包本身就是新一轮世界结构转型的产物，是服务业价值链在全球范围延展的重要方式，对形成新的世界贸易和生产格局、推动世界经济结构调整具有重大作用。外包的发展是建立在网络技术和经济全球化基础上的；反过来，外包业务中大量的技术应用又使不同产业的产品和服务的软件化程度不断提高。在投资与贸易自由化推动下，各个产业之间联系更加紧密，世界产业结构出现了融合化和无缝化趋势，即在知识分解和融合基础上，以跨国投资和离岸外包为纽带，产业技术趋同性增强，全球产业结构在不断融合、新旧更替的过程中，产生了更强大的后发效应、更多的学习和追赶机会，世界范围内产业演进的路径也由产业分立突变逐步转变为产业融合。产业分立曾是信息技术革命之前产业发展的基本程式。正是由于产业分立，才形成了规模庞大、门类繁多的现代产业体系。然而，高技术产业的发展以及信息技术在传统领域的推广应用使各产业之间的技术趋同性提高，产业融合开始取代产业分立成为产业演进的重要路径。同时，服务外包促进了高技术服务业的迅速发展，进一步加快了世界范围内产业结构升级的步伐。外包不仅扩大了软件和通信服务的行业规模，而且给银行、保险、工程咨询等生产性服务业以及教育、医疗、文化等社会服务业带来了新的运行方式和市场渠道，增加了服务业的消费需求，从而使服务业在国民经济中所占比重不断提高。

印度等新兴经济国家顺应全球服务业转移的潮流，适时把产业发展的重点转向以软件开发和信息服务为核心的服务业领域，通过承接服务外包，充分利用信息技术革命和经济全球化的机遇，将产业升级带入新的路径。在这一新的模式下，产业结构调整不再延续传统的"农业—工业—服务业"的线性升级路线，而是以承接外包为依托，采取新的切入点，由软件和信息服务业逐渐向其他领域扩展渗透，并在新兴服务业与其他产业的互动过程中，实现服务业自身和整体产业结构的共同发展优化。

（二）服务外包、知识扩散与模仿的效果

服务外包的发展提高了全球经济的一体化程度，而对于接包方来说，这将使其接触人类知识基础和创新成果资源的机会增多。众所周知，商品和服务的国际交换总是伴随着知识传播和技术转移，而在贸易过程中产生的学习和模仿则是知识扩散的重要方式，后起国家和地区通过模仿能够改善自身的交换条件。从印度等服务外包承接国的发展经验来看，随着服务外包规模不断扩大，外包项目中蕴含的隐性知识不断显现，通过学习和模仿，服务外包企业的技术能力不断提高，承接外包业务的类型更加高端化，开始为发包方提供高质量的系统解决方案，服务外包自身完成了升级发展，从而获得了服务外包的微笑曲线。这也验证了服务外包的另一个重要影响，尽管通常情况下，发包一方具有显著的技术优势和控制能力，但接包方在学习过程中实现的动态成长将在不同国家之间引入创新竞争。

在肯定服务外包为后起国家提供学习和模仿机会、促进知识跨国传播方面的积极作用的同时，也应该看到，以服务外包为依托的产业升级模式的可持续性还有待时间的检验。目前，多数发展中国家的外包企业还处在被动接包的地位，从事单一的外包业务将导致发展中国家的技术成长路线被锁定，对发达国家的业务分解和项目管理产生一定的依赖。如果后起国家不能建立有效的学习机制和自主创新体系，长期承接低水平的服务外包有可能使其在服务业领域再度落入"跟随式"的发展陷阱。

（三）服务全球化与后起国家产业升级的局限性

从本质上看，服务全球化的动力机制仍主要遵循比较优势原则，因而并未从根本上改变现有的国际竞争格局，而且在现行的全球外包分工体系中，发达国家仍处于主导地位，大跨国公司仍控制着全球价值链的治理和整合。但在高技术领域，由于知识和人力资本越来越具有重要的战略意义，因此，印度、以色列、爱尔兰、中国等一些拥有充裕人才储备的国家和地区通过发展服务外包，其比较优势得以充分释放，一定程度上提高了其在高技术产业和新兴服务领域的国际分工地位。后起国家通过服务外包建立更紧密经济联系的同时，彼此之间在就业、资源利用、要素流动等方面也形成了一定的竞争，出现了新的矛盾和摩擦。目前，多数发展中国家在服务领域的国际分工中仍处于被动地位，不利于发展中国家核心技术的自主创新和自有品牌的建设。因而，发展中国家应建立有效的学习机制，增强外包中的谈判能力，以便在外包发展过程中获得更大的溢出效应。另外，新一轮服务业的国际转移进一步加快国际竞争主体的分化，在现行国际协调体制下，形成多元化的利益组合。由此可见,服务全球化正改变着全球资源要素的流向和产业布局,世界贸易组织框架下将增加新的谈判议题,进而改变服务业贸易与投资的国际规则。

第二节 服务外包与全球模式及其演化

20世纪90年代中期以来,随着技术进步和服务业领域的开放,全球贸易逐渐超越了制造业的范畴,各国的服务业集群继制造业集群后越来越深入地参与到全球产业分工中。伴随着分工深化和价值网络的重构,产品和服务的价值创造体系呈现出全球性布局,全球价值链理论正是对这种实践的反映和抽象。作为一种融合微观和宏观视角、全面审视全球化经济组织和发展的新兴分析方法,全球价值链理论(GVC)在研究地方产业集群的外部联系方面有着很强的解释力,许多基于制造业的案例研究都证明了它的有效性,但鲜有将全球价值链框架应用于服务业的文章。本章试图通过文献梳理,在世界服务业价值创造体系垂直分离和重构的背景下,对服务外包全球价值链的形态及其升级路径进行分析。

一、全球价值链:理论回顾与评述

(一)全球价值链的基本思想

全球价值链理论根源于20世纪80年代国际商业研究者提出和发展起来的价值链理论。全球价值链是指为实现商品或服务价值而连接生产、销售、回收处理等过程的全球性跨企业网络组织,涉及从原料采集和运输、半成品和成品的生产和分销,直至最终消费和回收处理的整个过程。英国Sussex大学的发展研究所将全球价值链定义为产品在全球范围内,从概念设计到使用直到报废的全生命周期中所有创造价值的活动范围,包括对产品的设计、生产、营销、分销以及对最终用户的支持与服务等。组成价值链的各种活动可以包含在一个企业之内,也可分散于各个企业之间;可以聚集于某个特定的地理范围之内,也可散布于全球各地。简言之,全球价值链就是从全球范围内考察产品从概念、设计、生产、销售直至消费这一价值不断增值的过程。随着研究的发展,目前全球价值链理论已从描述性的、启发式的概念转化为兼具实用性和分析性的研究工具,其核心要素包括进入壁垒、动态租金、治理结构和系统效率等。

考虑最一般的形式简单的全球价值链,整个价值创造过程由众多价值附加片断环环相扣所组成,每一个环节中还存在一系列活动。尽管价值链常常被描述为一个垂直链条,其链条内部的联结关系往往具有双向的属性。例如,设计环节可以影响到生产过程的性质,但它同时也受到其他下游环节的影响。

全球价值链理论具有时间和空间两个维度,一方面它强调生产序列的垂直分离与整合,另一方面它又强调产品生产和服务的空间尺度是全球性的,同时不排除生产和服务在同一空间的水平分布。它从开放、整体的视角研究价值增值问题,强调处于价值链中各片断的企业之间的相互依赖及相互作用的关系,并由此决定各自不同的发展战略。

(二) 全球价值链的类型

全球价值链理论的代表人物 Gereffi 假定,全球价值链上一定存在一个主导企业,并由此认为全球价值链条的驱动力基本来自生产者和采购者两个方面,因而全球价值链可以分为生产者驱动型(producer – driven)和购买者驱动型(buyers – driven)两种。也就是说,全球价值链各个环节在空间上的分离、重组和运行等是在生产者或者购买者的推动下完成的。

生产者驱动的价值链,是指由生产者(制造商)投资推动市场需求所形成全球生产供应链的垂直分工体系,生产者通常拥有资本或技术优势,获取了价值创造的绝大部分,并且在生产网络协调中扮演中心角色,典型的行业如汽车、飞机制造、计算机等;购买者驱动的价值链,指的是拥有强大品牌优势和国内销售渠道的购买者通过全球采购和 OEM 等生产组织起来的跨国商品流通网络，它通常出现在劳动密集型行业中，如玩具、服装、农产品等，由大的零售商、营销商或品牌商在网络中扮演关键角色，并获得绝大部分的价值增值。发展中国家通常参与的是购买者驱动型价值链。其实，Gereffi 所提出的这种分类方法过于理想化，在实际经济活动中，还有许多产业链条处于两者之间的，即同时具备购买者驱动和生产者驱动的特征。如 DELL 等企业，其公认的核心竞争力来源于 CPU 和操作系统等典型的生产环节，不过 DELL 等企业在流通环节的出色表现，也说明了该行业中存在购买者驱动的特征。虽然这两种类型价值链的划分方法受到了一些学者的质疑，但它还是给我们展示了一个清晰的、以不同的核心竞争力和链条控制能力为基础的分析框架，从而为全球价值链的运行机制、治理结构、地区产业升级战略等后续研究奠定了坚实的基础。

（三）全球价值链下产业升级的层次

全球价值链的地理分布呈"大区域离散，小地域集聚"的特征。一方面，价值链片断化导致各价值环节在全球垂直分离；另一方面，分离出去的各价值片断一般都高度地理集聚，地方产业集群作为全球价值链在区域经济中的重要载体，正快速以不同方式嵌入全球产业价值链（Humphrey 和 Schmitz，2002）。全球价值链理论强调，发展中国家集群根据自身已有条件和价值链类型找到最合适的切入点或价值环节嵌入全球价值链，并通过该价值链条的增值路径谋求产业升级。

Gereffi 较早关注到地方产业集群升级的方式问题，并提出产业升级的四个层次，即产品层次上的升级、经济活动层次上的升级、部门内层次上的升级和部门间层次上的升级。在此基础上，Humphrey 和 Schmitz 明确提出了一种以企业为中心、由低级到高级的四层次升级分类方法：一是工艺流程升级，通过重组生产系统或是引入高级技术，增加投入产出水平。二是产品升级，即根据单位增加值转向更高端生产线，也就是进入更高级产品的生产中去。三是功能升级，即获得链上新的、更好的功能，或放弃现有的、低附加值功能而集中致力于附加值更高的环节。从基本加工到"贴牌生产"（OEM）

到自己设计制造（ODM）再到自有品牌制造（OBM）的转换常常被视为功能升级路径。四是跨价值链升级，凭借在一条价值链上获得的知识应用到另一条利润空间更大的价值链。从 GVC 的理论来看，产业升级就直接表现为企业在一个 GVC 中顺着价值阶梯从工艺流程升级到产品升级再到产业功能升级最后到链条升级这样一个逐步提升的过程。然而实证研究发现，沿着价值链的升级轨迹并非必须是按部就班的，当出现突破性技术进步的时候，已经融入价值链条中的地方产业集群可以把握住机会谋求跨越式升级。尽管有学者曾对以上的分类方法提出质疑，认为在一些特殊的情况下，要把产品升级和流程升级明确区分开来非常困难（Gibbon），但目前在对全球价值链下地方集群的升级的研究中，这四种升级形式应用最为广泛。

（四）全球价值链的治理模式

Humphrey 和 Schmitz 认为，治理的含义是通过价值链中企业之间的关系安排和制度机制实现价值链内不同经济活动和不同环节间的非市场化协调，它强调权力关系的形成以及支配这种权力的机构，不同的治理模式将决定不同的价值和利润分配方案。同时，治理也是产品、工艺和参与资格的限定，这些限定影响到价值链上所有的活动参与者及其地位和功能，治理的不同形式将会直接影响到发展中国家产业集群的升级前景。

Humphrey 和 Schmitz 根据全球价值链上不同主体间权力对称程度的不同，把价值链治理模式分为四种：①市场型，不同主体之间的交易完全按照市场规则运作；②网络型，价值链上的主体之间彼此合作、互相依赖，有互补能力且平等合作，不存在控制与被控制的关系；③准科层型，主导公司能对链上的其他企业实施高度控制；④科层型，价值链存在于垂直一体化公司内部，表现为母公司控制其附属公司。这四种治理模式，其中市场型和科层型分别处于价值链中行为主体之间协调能力的最低端和最高端。市场是组织经济活动最为简单和有效的模式，其运行的核心机制是价格机制，参与价值链的各企业之间是非常松散的，交易频率最低；科层制则以企业制为典型，其运行的核心是管理控制，由企业从经理到下属、从总部到分支的行政命令来对价值链各环节的生产活动进行协调；网络型和准科层型则介于二者之间。从市场型到网络型再到准科层型最后到科层型，协调和控制力不对称的程度随之增强。

以上的模式分类注意到价值链主体之间存在的广泛关系，每种治理类型都是在外包的利益和外包的风险之间的权衡，基本上能满足对产业集群升级问题进行分析的需要。值得注意的是，全球价值链的治理模式不是一成不变的，而是随着时间的推移而变化的。

（五）全球价值链的治理与升级：简要评述

全球价值链理论提供了新的视角。在这一视角下，国际贸易并不仅是商品和服务跨越国境的交换，更是价值链主导者通过生产或者采购网络对参与者施加影响和控制的过程，在此过程中参与各方的权利是不均衡的，经济租金（rent）随之产生。从整个价值链的分布来看，在顶端（top）越来越集中的同时，底端（bottom）则趋向于分散，这种格局造成位于底端的发展中国家产业集群的边际利润被挤压且风险加大。全球价值链理论使我们认识到，嵌入全球价值链是集群实现升级的一个必要条件，而价值链治理者不但可以掌控GVC地方产业集群的嵌入，更能对其升级前景施加重要影响，影响的程度取决于它们所在的全球价值链的类型及治理模式。这就为研究地方产业集群在全球价值链中的定位和价值获取现状、搜寻GVC中的战略性环节以及朝着潜力环节跃升提供了现实的理论分析框架。

全球价值链框架下地方产业集群升级理论还有以下不足之处。

（1）全球价值链理论强调产业外部联系的意义，认为产业集群不能封闭发展，必须融入全球产业网络、借助外部的信息和网络才能实现持续升级，而忽略了内部联系对集群发展的重要意义。地方集群作为一种有效的产业组织方式，有利于其中企业间的协作和从外部获得知识的传播和学习，同时有助于通过集体力量及地方集群的治理机制，对抗或化解价值链治理者的阻碍和控制，与全球网络相比具有同样重要的意义。而作为分析集群升级的两种范式，全球价值链和地方产业集群的结合研究还有许多待解决的问题。

(2) 全球价值链理论忽略了集群的部门维度，没有考虑全球价值链的治理模式在产业集群发展的不同阶段和不同产业的差异。实际上，属于不同行业的产业集群在形成背景、产业特点、运行机制和发展水平等方面有很大的不同，升级路径也应有所差异，如就知识较易扩散的产业和知识难以扩散的汽车产业来说，全球价值链的主导企业对地方产业集群的作用肯定是不同的。

(3) 全球价值链理论对嵌入 GVC 的集群升级讨论大多呈现标准的形式（从 OEM 到 OBM 的单一升级道路），且具有事后追溯的特征，对于地方产业集群沿着全球价值链不断攀升的机理，尚缺乏具体有效的解释。

(4) 全球价值链理论的关注点主要在于制造业集群，对服务业集群的升级问题关注甚少。全球价值链理论强调非制造企业（零售商、品牌商）在建立全球分散的生产和分销体系中的作用，并据此提出了全球价值链的不同治理模式，以及进入各种治理模式下的 GVC 对于发展中国家制造业集群升级机遇的影响，且几乎所有实证证据都来源于传统的劳动密集型产业。目前，国内外很少有运用全球价值链理论分析服务业的文章。

二、全球服务外包与服务业全球价值链重构

（一）全球服务外包的发展与服务模式演化

传统观点认为，服务的提供多是依靠即时的、面对面的交流，服务的生产和消费是同步进行、不可分割的。然而，过去的 20 年间，信息技术的发展重构了服务业的生产方式，传统的服务模式正在逐渐被远距离的协作系统和跨国界片断化的供给模式所代替。在规模经济和效率提升的需求驱使下，以信息技术服务外包（ICT）为代表的国际服务外包得以在全球迅猛发展，越来越多的发包方出于劳动力资源丰富、价格低廉、技术合意、语言便利、地理和文化接近主要市场等比较优势的考虑，将发展中国家作为其服务外包的主要目的地。2018 年是人工智能开始迅速发展的一年，对于服务外包产业而言，机遇与挑战并存。人工智能有望提升服务能力，如高知特公司利用 AI

技术管理客户财务；优创数据技术有限公司借助流程机器人完成保单数据抓取、录入、校对工作。同时，人工智能将拓展服务领域，智能安防、智慧交通、智慧政务等领域蕴藏新的机会。但人工智能也有可能减少外包业务需求量，客户或将使用人工智能系统代替外包服务/人工服务，特别是一些简单、高频的服务内容。如国内易到用车用人工智能客服代替90%的人工客服，阿里推出阿里小蜜，网易自建网易七鱼完成客服工作，中国联通与百度在人工智能客服领域达成合作等。

全球服务外包市场发展迅速且潜力巨大，特别值得注意的是，医疗卫生等社会服务行业的服务外包不但已经初具规模，且其所拥有的市场潜力甚至超过了我们传统认为属于服务外包主要行业的盒装软件外包、信息技术服务外包等诸多领域。

（二）服务外包的全球价值链重构：两个维度

建立服务外包的全球价值链是一个比较复杂的工作，不仅因为其飞速的发展变化，更是因为服务业广阔的覆盖范围和极大的行业差异。为了构建服务外包的特殊全球价值链，首先应视服务的不同属性将服务看成横向和纵向两种服务行为。横向服务指的是能为许多行业提供的一般性服务，强调的是服务在功能和流程方面的共性；纵向服务指的则是为某种产业提供的特定服务，强调的是为嵌入不同产业、具有特定行业知识的服务特性。据此，Gereffi 和 Fernandez – Stark 指出，离岸服务外包产业的全球价值链分为两个维度——横向服务全球价值链和纵向服务全球价值链。

分析离岸服务外包产业的横向全球价值链可以看到，所有与之相关的服务活动都在提供一种商业功能支持，如网络管理、应用程序、工薪管理、呼叫中心、会计及人力资源管理服务等。在横向价值链中，信息服务外包（ITO）所包含的服务活动既有处于价值链低端的基础设施服务（如网络管理等），也有处于价值链中端的软件服务（企业资源管理 ERP 等），更有处于价值链高端的软件开发、信息技术咨询等服务。而业务流程外包服务（BPO）（包括如企业资源管理 ERM、人力资源管理 HRM 和客户关系管理

CRM 等）多处于价值链的低端和中端，知识流程外包（KPO）的服务包括市场调查、业务分析和法律服务等，基本上都位于价值链的高端，某一服务类别在离岸服务外包的横向全球价值链的位置，与该行业的人力资源水平（从业人员的教育水平）密切相关。也就是说，位于价值链低端的服务对从业人员的教育水平要求较低，如呼叫中心和常规 BPO 服务，通常只需要高中以上学历的人员就能胜任；市场研究和商业调查服务则需要本科以上的人员担任；而更高级的研究和分析服务则需要具有专业技能的硕士生或博士生才能完成。

与此相对照的是，离岸服务的纵向全球价值链并不与一定的服务功能相关，而是包含具体产业中的各种服务外包活动，如医药产业服务外包价值链上的临床试验和新药研发服务等。同横向服务全球价值链相似，外包服务在价值链上的位置同样与人力资本息息相关。位于价值链低端的服务如金融服务价值链中的程序核查，通常只需要服务业者受过软件应用的基本培训；在医药产业价值链中，临床试验和监察则需要训练有素的护士和医生；在价值链最高端的分子鉴定服务，则需要由医学专业具有数年工作经验的科学家或博士生来完成。

通常而言，服务企业将同时提供横向服务和纵向服务。比如塔塔咨询服务公司（Tata Consultancy Services，TCS）除了为几乎所有行业提供 ITO 服务之外，还会为金融企业提供程序检查服务；而 Evaluserve 公司除了为投资银行提供股票研究和其他分析服务外，还为所有行业提供知识产权应用服务等。

此外，服务外包产业的一个新的发展趋势是，从信息技术外包逐渐扩展深化为研发等知识密集型服务活动的国际外包。研发服务外包最早时发端于企业降低成本和研发活动风险的需求，然而近年来越来越多的企业将研发服务外包视为一种提升附加值并且利用全球技术能力的一种活动，而发展中国家的比较优势也正在从传统的成本优势逐渐地转变为科技和创新能力优势。

三、全球价值链下服务外包产业升级的四种类型

在全球价值链的分析框架下,服务外包价值链上的升级仍然有四种不同的类型,但每种类型却有着不同的方式及含义。

(一)服务外包的功能升级

服务外包的功能升级,是指获得新功能以创造附加价值更高的服务的升级。服务外包功能升级常见的有以下几种方式。

(1)制造业的服务化转变,典型的案例如 IBM、TCS 和 WIPRO 从大的计算机生产商向服务企业的转变,以及 ADP 从计算机制造商向人力资源服务外包领军提供商的转型。

(2)从 ITO 到 BPO 再到 KPO,如 WNS 是一家全球领先的专业从事业务流程外包管理的国际化公司,是印度领先的 BPO 公司,通过创新和优越的服务领导日益增长的市场,WNS 在全球各地有 42 个交付中心,包括中国、哥斯达黎加、印度、菲律宾、波兰、罗马尼亚、南非、斯里兰卡、英国和美国,服务于超过 200 家的全球客户,WNS 在全球拥有超过 33000 名雇员。WNS 通过整合卓越流程和专业知识为旅游、保险、银行与金融服务、制造业、零售与快销产品、船运物流、医疗保健、能源与基础设施等行业客户提供商业价值。公司为客户提供整体的业务流程管理服务,涵盖了财务会计、采购、人事、客户关怀、信息技术、调查分析与行业特定方案等。

(3)离岸服务公司的专业化,如服务企业从提供简单的一般性服务起步,逐渐演变为专门为某些行业提供高端专业服务的企业,比较成功的例子如 TCS。

(二)服务外包的过程升级

服务外包的过程升级,是指通过引入先进技术或重新构建现有服务系统而实现服务效率提升目的的升级。具体的方式包括以下几种。

1. 服务模式创新

如 Citibank 创新了一种被称为"服务方程式"的新型客户服务模式,这

种模式将服务过程、组织主动性、运作和技术战略通过技术进步有效整合，以提升客户服务的品质。

2. 服务递送方式创新

如 Infosys 下属咨询公司 Infosys Consulting 于 2004 年成立之时，应用了一种全新的服务递送模型，该模型精练了 TTO 服务中的每一个模块，从而使其提供服务时大大降低了成本。

3. 服务标准升级

如 2007 年软件开发企业质量认证标准从 CMM 认证向 CMMI 的转变，使得软件服务外包企业效率提升且质量提高，从而促进了外包企业的过程升级。

（三）服务外包的产品升级

服务外包的产品升级，是指增加服务产品的复杂性，即通过进入更加复杂的服务领域来实现价值链升级。如 Capgemini 公司鼓励新客户使用标准化的 BPO 服务替代之前的服务产品，从而使得客户享受到企业规模效益带来的好处。

（四）服务外包链的升级

服务外包链的升级，是指从某一特殊功能中获得知识和竞争力从而进入其他服务领域的升级。主要的升级方式包括以下两种。

（1）从外包的横向价值链向纵向价值链的升级，如 TCS 作为塔塔集团的子公司，建立研发中心专门为汽车和航空产业服务；Wipro 继获得爱立信的研发部门后，成立了专门为电信行业服务的创新研发中心等。

（2）服务外包跨纵向价值链升级

如 Computer Science Corporatioe 从仅为航空产业提供软件服务，20 世纪 90 年代服务对象扩展到金融和制造领域，而目前已囊括通信、媒体娱乐、零售、交通、制造和政府外包服务等诸多领域。

四、服务外包的全球价值链重构：小结与思考

传统观点认为，服务的提供依赖即时的、面对面的交流，服务的生产和消费是同时进行、不可分割的。在对相关文献进行回顾和梳理的基础上，展示了一个服务外包全球价值链的分析框架。与横向全球价值链相关的服务活动提供的是一种商业功能支持，如网络管理、应用程序、工薪管理、呼叫中心、会计及人力资源管理服务等ITO、BPO和KPO活动，分别居于横向GVC的低端、中端和高端；纵向全球价值链则包含具体产业中的各种服务外包活动。通常，服务外包企业将同时提供横向服务和纵向服务。

在新的GVC框架下，企业的嵌入、服务提供和升级具有不同的方式和含义，服务外包全球价值链的解构也为决策者制定嵌入全球服务外包市场的政策提供了有益参考。

第三节　全球服务业外包的趋势、影响与启示

一、社会服务外包的可行性：可外包服务特征的演变

通常认为，可以外包的服务行业仅限于高度重复、低技术含量的活动，如数据输入和呼叫中心管理等。因此，以医疗卫生、文化、教育为代表的社会服务业往往被认为是本地化程度最高、最难以外包的服务产业，Blinder曾经指出，除了一些特殊的功能模块，医疗卫生将在很长一段时期内在外包浪潮中免受影响。然而，近年来在社会服务领域出现的种种现象，正在逐渐颠覆人们的此种认识，越来越多的公民去国外寻求更好的社会服务。目前对于社会服务机构来说，重要的已不再是服务外包能否发生的问题，而是采用哪些形式进行服务外包以及服务外包特别是离岸服务外包对整个社会服务递送体系的影响和造成的压力等问题。社会服务领域作为劳动密集型的服务行

业,随着社会服务领域消费者个人意识的觉醒以及付款方节约成本压力的逐渐升高,越来越多的社会服务将以离岸服务外包的形式转移到人力成本更低的发展中国家。

基于此,Garner 对易于进行服务外包的社会服务行业进行了重新定义,即具有以下四种特征的社会服务行业将比较容易进行离岸外包。

(1) 劳动密集型社会服务。

(2) 基于信息技术的社会服务。

(3) 可以进行编码的社会服务。

(4) 在消费者和服务供给者之间信息交换的透明度较高的社会服务。

在以上四个条件中,劳动密集特征是首要的。对于劳动力成本是服务成本最主要组成部分的社会服务业,将服务转移到其他劳动力成本更加低廉的地区将是增强竞争力的核心手段;基于信息技术的特征,保证了转移的服务信息进行远程传送和控制的可能性;可编码的要求使得转移出去的社会服务多数是遵从一系列规则和指令的常规工作,并且对执行者的教育水平和工作经验要求不高;最后,在消费者和服务供给者之间信息交换透明度较高的要求,使得这些服务不需要太多面对面的特别交流,这样一些服务功能模块的转移也就更加便利了。基于以上的分析框架,Mackie 归纳出属于核心的医疗卫生服务体系功能中可以或者可能被外包的服务内容。由此可知,即便是以信息不对称和知识密集型为主要特征的医疗卫生服务业,其离岸服务外包仍然具有广阔的空间。

二、社会服务业外包的市场规模及价值链位置

(一) 社会服务业离岸外包市场发展情况

Technology Partners International 的调查显示,从离岸服务外包的发包行业来看,目前金融服务行业和制造业是离岸服务最主要的需求行业,分别占到 32% 和 20% 的市场份额,电信和能源以占比 12% 和 11% 紧随其后。在社会服务业外包方面,以医疗医药为代表的医疗服务业外包及媒体、娱乐等文化服务业外包分别占据全球离岸服务外包市场超过5%和3%的市场份额。

据中国产业信息网，全球医药外包市场规模从2011年的574亿美元到2019年的1300亿美元（预计）。

特别的，在医疗旅游领域，《整体医疗旅游》的作者戴维·韩考柯预测，到2020年，全球医疗旅游行业的年营业额将达到600亿美元。医疗旅游是全球范围内具有巨大经济利益的行业之一，越来越多具备医疗旅游发展潜质的国家都逐渐开始将其作为一种高产出的服务外包项目予以扶持和发展。以德国、新加坡为代表的医疗旅游目的地凭借高质量的医疗服务、良好的医疗信誉及较之美国、日本等发达国家相对便宜的医疗价格吸引外国患者前往就医。

（二）社会服务业在服务外包全球价值链中的位置

为了判断社会服务业外包在整个服务外包全球价值链中的位置，我们以世界上最大的服务外包提供国——印度的价值链及其升级作为实例。印度主要承接软件服务外包，即主要从事ITO服务，基本上处于服务外包全球价值链的低端，中端和高端服务业务从事甚少；到2013年，印度几乎成了全球所有服务外包领域的最主要的参与者甚至领跑者，特别是在某些高附加值的服务外包领域。医疗及医药服务外包，在服务外包全球价值链中处于最高端的位置，具有最高的附加值，这也是全球知名的服务外包企业纷纷涉足医疗外包领域的原因。目前全球最主要的服务外包企业，包括IBM、埃森哲虽然在专业领域各有侧重，但几乎所有企业都参与到医疗服务外包领域的相关业务之中。

三、离岸外包对发包国社会服务业的影响

（一）价格势差产生的成本节约效应

许多社会服务行业都是劳动密集型的，因而接包国家与发包国家服务成本的巨大差异是社会服务业离岸外包发生的直接动因。在文化服务领域，像2D动画这样的行业，劳动力成本通常占据了总成本的70%甚至80%以上，即便是3D这样软件和硬件都起到重要作用的高技术行业，劳动力仍然占到总成本的60%左右。这样的成本构成方式，加上发达国家和发展中国家之间

工资的巨大差异，使得离岸外包成了必然。

医疗服务价格势差使得通过服务外包形式提供的社会服务成本大幅降低。美国、英国、泰国和印度医疗服务价格之间的差别，从各种外科手术到医学检查，印度的价格一般都在美国的1/4左右，有的甚至只有美国价格的10%，即使算上交通旅费，所需的全部费用仍不到美国和加拿大的一半。而通过离岸外包服务方式进行临床试验的平均花销是欧美本地的1/10左右，研发成本也达到美国成本的1/8左右。与此同时，通过服务外包形式，发包国还同时享受了接包国家广大的本地患者人群经验、训练有素的科学家以及需求巨大的本地市场形成的本地分摊成本等诸多便利。

（二）社会服务体系效率显著提升

服务外包还使得发包国家的社会服务体系效率有了极大的提升，促进社会服务提供的及时、准确、高质。Triplett 和 Bosworth 援引一组经济分析数据指出，1992年美国医疗服务部门雇用了超过6.9%的劳动力，但产出仅为45 000美元，而同样的劳动力在其他服务业部门和制造业部门创造的产出将是57 000美元和59 000美元。更有甚者，在1987—1997年的这10年间，美国医疗部门的劳动生产率降低了2.2个百分点，比1960—1973年0.6%的增长降低了2.8个百分点。可见，实施服务外包之前的社会服务供给效率不但是非常低下的，而且有逐年下降的趋势。研究表明，电子化医疗彻底挽回了医疗体系效率下降的颓势，使得服务外包成为可能，并由此真正实现了医疗服务递送体系生产率的增长。Thouin 等用微观层面的数据证明，在信息技术上10%的投入增加，将会给医疗服务企业带来10万美元的利润增加；特别的，信息技术服务外包比例的微小增加，将为整个医疗递送体系带来95亿美元的额外利润。Kelly 指出，医疗服务外包在以下层面推动医疗服务递送体系效率的提高：外包将帮助医生最大化地利用其工作时间，并完整而精确地了解患者的病史，从而对其治疗决策提供极大的帮助；外包使得护士和工程师等医疗服务协助人员及时掌握其所从事工作的进展情况；服务外包减轻了医疗管理人员的负担，使其更专注于医疗核心服务的资源利用和管理工作；

服务外包使得招聘、培训和员工协作等负担极大减轻。

（三）供需矛盾得以缓解，可及性提高

社会服务的可及性较低是世界各国社会服务体系面临的一个普遍问题。随着人口老龄化的发展、人们对自身健康和精神领域的愈发关注以及社会服务递送中个体参与度的提高，社会服务需求的激增与社会服务资源相对短缺的矛盾日益突出。在英国，一位需要膝盖移植的患者要想得到英国国家卫生服务体制（National Health System，NHS）的治疗需要等18个月，而在印度只需5天，由于民众在国家公共卫生系统预约就医、等候住院医治的时间过长而又无法承担私人医院昂贵的价格，病症很容易被耽搁，这不仅招来了严重抗议，而且进一步加大了政府未来的医疗支付成本。正因如此，医疗服务外包作为有效的需求方式，得到了从医疗服务付费方、医疗服务认证机构、雇主到政府的广泛支持。目前，越来越多的美国医疗保险机构为出国治疗提供报销，如Blue Shield为投保人去墨西哥治病的费用给予报销，在投保人医疗需求得以满足的同时，给自身带来了至少2/3的溢价收益（Herrick，2007）；出于类似原因，政府部门会出台政策或扶持或直接推动医疗旅游在本国的发展，如美国的西弗吉尼亚州就立法规定，政府雇员到国外参加医疗旅游将获得奖励。

（四）带动社会服务业递送方式的转变

服务外包使得服务业的商业模式演化为4个象限围成的5种决策，对于社会服务业亦是如此。在医疗服务领域，离岸服务外包的出现使得医疗服务企业形成了两类四种典型的商业模式：其一为特定地点外包服务提供模式，包括现场服务功能外包和异地医疗旅游式外包提供；其二为基于信息技术的外包提供模式，包括异地非核心服务外包和利用境外医疗专业人士进行核心医疗服务递送等。而在制药行业，离岸服务外包的兴起变革了制药企业发明专利成果主要由学术机构或生物技术公司提供的传统，大型制药企业逐步把新药的开发和临床测试外包给专门的研究机构，从而推动了CRO在美国、欧洲和日本迅速发展。目前，合作研发外包已占全球医药研发支出的近50%，

而20世纪90年代初这一比重仅为5%。其中，临床测试和研究外包支出的增长速度是制药企业自主从事研发活动的两倍，而这两类外包支出在医药业研发支出中所占的比重达25%。

(五) 社会服务企业核心竞争力的重新定义

随着服务外包的介入以及参与分工程度的不断深化，作为发包方的社会服务企业也在完成着对自身核心业务和核心竞争力的一次次不断定义和不断修正。在跨国公司进行的大规模全球分包及其对外部关系整合的过程中，企业由业务多元化逐渐转向归核化（refocusing）；随着掌握新的专业知识的机构或企业不断加入产业链条，社会服务企业的价值链变粗变长，价值链的增值环节增多，可分解性提高，进而出现了价值链深度分解的现象，即在知识构成变化和要素配置全球化的推动下，价值链上研发、生产（制造）、营销等主要环节不断裂解和细分。

对于医药企业来说，生产研发外包的快速发展为企业核心能力培育赋予了新的内容。新知识的加入使价值链上一些环节的性质及其在价值链中的地位发生了变化，不同研发环节的战略意义出现了分化，化合物合成、筛选、临床测试等研发环节逐渐演变为非核心的、专业化的知识，而协调与拥有专业知识的外围企业之间关系，成为大型制药企业应对行业知识结构变化、拓展自身知识体系的重要手段。随着研发外包的扩大，大制药企业直接雇用的科学家数量在减少，而战略管理人员却在增加，由服务外包深化和行业知识构成变化导致价值链的深度分解转而已经影响到社会服务行业领导型企业战略资源的构成。同时，作为一种战略资源，外包网络本身也演变成为企业核心能力的重要组成部分。在这种新型组织架构下，制药企业只要能够在把握行业发展方向的基础上，控制业务分解的主动权，对企业的业务进行合理分解，选择合适的外包商，并对外包网络实行动态管理，就能够在变化的行业环境中增强企业的核心能力。

(六) 离岸外包对发包国社会服务业发展的负效应

服务外包除了会对发包国社会服务体系产生以上5点正效应外，其对发包国产生的负效应仍然在探讨之中。

（1）社会服务离岸外包从出现的那天起，就因为其带来的文化、认识和法律上的冲突而屡受诟病。如医疗旅游涉及的合法性、科学性及伦理问题。部分较为特殊的医疗旅游项目，如干细胞疗法、髓骨修整术、活体器官移植、安乐死等，仅在部分国家被认定为合法或者被默许，但是其科学性及其伦理性却备受争议。同时，在医疗旅游目的地广泛存在的药品专利仿制问题也备受关注。

（2）社会服务虽然是一种特殊商品，却可能因为患者个人和付费方对外包的青睐而逐渐演变成一种可替代性的产品，从而对发包国社会服务体系形成巨大冲击，也使社会服务从业者面临来自全世界的竞争压力。例如，Zacharia 和 Bies 就指出，对美国等医疗供给相对充足的国家来说，服务外包将促成在分摊医疗成本的压力下，当地医疗产品的单位价格的进一步提高。

（3）随着服务外包引致的社会分工的不断深入，发包企业对复杂项目的协调和操控能力将面临巨大挑战，对外部创新能力的过分依赖也有可能弱化企业自身的研发能力，而外包网络高昂的管理成本和风险也使得企业在判定外包和自我服务的界限时更加谨慎。

特别的，跨国社会服务的责任认定、纠纷处理和服务后续问题解决也会对发包国社会服务的管理水平提出更高的要求。正如 Green 指出的那样，由于游客在目的地停留时间短暂，所以术后并发症、副作用、康复等责任就必须由客源国来承担，在国外停留医治的医疗旅游者也将对客源国的传染病控制和公共健康产生潜在影响。而发展中国家关于医疗事故方面的法律薄弱，一旦游客利益受损将很难在当地维权，而医疗机构方面缴纳的医疗事故保险也往往非常有限，很难充分保障医疗旅游者的权益。

四、离岸外包对承接国社会服务业的影响

（一）为承接国社会服务业提供巨大收益和创新动力

离岸服务外包，使得承接国掌握专业知识的社会服务企业不断加入产业链条，从而获得加入全球分工体系甚至向价值链高端攀升的机会；承接国政府无疑也会从离岸服务贸易、相关产业链整合与提升、就业等角度获得巨大收益。而且，基于发包方的创新要求以及全球价值链主要环节的不断裂解和细分，承接国的社会服务产业将不断分衍生出很多新的社会服务业态。诸如美国这样的发达国家，每年会为印度的社会服务外包行业创造源源不绝的新行业，如医疗分析行业、2D-3D医疗动画设计行业、医疗旅游中介服务行业等。一些因发达国家媒体产业价值链不断裂解，而在发展中国家衍生出的新的服务外包行业，如网络组装设计等。由此可见，承接离岸服务外包，将为承接国社会服务业的发展带来源源不绝的创新活力。

（二）提高承接国社会服务业的服务质量和标准化程度

出于对社会服务外包产业收益及发展潜力的高度关注，许多承接国政府从外包目的地推广、出入境手续简化、投资支持等多方面、多角度对服务外包行业予以扶持；在出口导向的政策下，更多的投资将流向社会服务行业，促进了本国社会服务业整体水平的大幅提升。如在医疗旅游领域，印度针对国际医疗旅游者推出了M类签证（Medical Visa），并削减医疗设备进口税以降低医疗基础设施费用，方便私立医院进口医疗设备和仪器，保证硬件达到世界先进水平，本国卫生部门还与NHS磋商将需要长时间等候手术的英国患者转到印度治疗。马来西亚提供医疗旅游配套鼓励医院争取国际认可，并与世界著名医药中心组成策略联盟鼓励设立跨国保健公司，放宽外国医药专家及患者的移民条件等。这些政策使得各承接国的社会服务机构为了抢到服务外包的一杯羹，努力改善硬件和软件条件，从客观上改善了承接国社会服务体系的供给能力。例如我国台湾地区的公立医院和私立医院在医疗旅游政策的鼓舞下，几年间投资引进了各种先进的医疗仪器设备以通过JCI国际医院评鉴标准，整体医疗质量和安全标准确实得到了大幅提高。

（三）改变承接国社会服务递送方式

服务外包彻底改变了承接国社会服务体系的服务递送方式。例如，传统上医疗卫生服务是典型的信息不对称导致市场失灵的领域；然而，离岸外包服务形态的出现以及接包目的地之间的竞争加剧，使得承接国医疗卫生服务成本、效益等关键信息的透明度随着远程营销和推广的升级而显著提高。在服务外包引致的外部压力驱使下，接包国医院会将自身的大量财务数据公布在网上，并且将本医院的运作情况、装备情况、人力资源情况、治愈率情况与国外的同类机构的数据进行对比，从而实现了比发包国医疗系统更加有效的信息披露。与此同时，社会服务体系中也会增加许多充当中介的新的服务参与者或利益相关者，使得整个产业的递送方式发生改变。典型的例子如在医疗卫生领域，从承接国原有的服务方式变为由专业经纪公司等医疗旅游中介机构，通过互联网交流平台为潜在医疗旅游者提供信息并推荐国外的医院和外科医生，同时作为医疗旅游者与医疗机构的中间联络人，为旅游者提供医疗和旅行安排并从中收取委托代办费（Concierge Fee）；而医疗机构为了强调自己过硬的供给能力，也会参与认证机构的国际认证等。

（四）挤占本国的社会服务资源

离岸服务外包在集中本国顶级社会服务资源的同时，不可避免地造成了社会服务资源分配失衡导致当地居民利益受损的问题。具体表现为在出口导向下，更多的投资流向从事外包的社会服务领域，而致使社会公共服务投资不足；大量优质的社会服务资源从公共服务系统流向收益更高的私人特需服务领域，国内弱势群体利益受损。在某些从事医疗服务外包的国家，医疗机构对JCI（the Joint Commission International）、JCAHO（the Joint Commission on Ac－creditation of Healthcare Organizations）等医疗机构认证趋之若鹜，花费大量人力、物力，不仅要在医疗服务及医疗管理方面做到高质量，还要付出高达几百万美元甚至于上千万美元的认证费用，而且一次认证的有效期仅有3年；与外来游客得到及时医治形成鲜明对比的是，部分国家出现了大量本国居民需要排队等候医疗服务的现象。

（五）价值链升级前景不明确

Gereff在研究东亚服装产业的基础上提出了所谓的"自动扶梯理论"（benign escalator），即融入全球价值链是保证发展中国家的产业登上能力增长自动扶梯的必要环节，它将帮助地方产业自动获得从过程升级到产品升级再到功能升级最终到链的升级的机制。然而，总结各承接国嵌入社会服务外包全球价值链后的发展情况可知，在全球价值链中的升级是一种受治理的升级，并不是一个自然而然的过程；实现产业升级，不仅取决于地方社会服务业本身的竞争力，更取决于本国产业所在全球价值链的治理模式与价值环节。例如，菲律宾在嵌入全球动漫外包产业价值链多年后仍然徘徊在价值链的低端，原因是处于科层型或准科层型全球价值链的代工环节，产业生产什么、如何生产以及如何分销等重要决策始终由价值链治理者控制（在美国，动漫产业全球价值链的治理权主要为 Fox、Nichleodeon、Cartoon Network 等专业电视台或分销商、工作室，以及大的内容提供商如 Disney 所掌控）；而印度从低端服务 ITO 切入网络型 GVC，却通过不断提供创新性服务而实现了价值链的功能升级、过程升级、产品升级甚至链的升级。所以，嵌入全球价值链带来发展中国家社会服务业发展分异较大，升级并不是必然的结果。

五、政策启示

（1）通常认为，以医疗卫生、文化、教育为代表的社会服务业往往被认为是本地化程度最高、最难以外包的服务产业。然而，社会服务领域作为劳动密集型的服务行业，随着社会服务领域消费者个人意识的觉醒以及付款方成本节约压力的逐渐升高，社会服务业离岸外包市场的蓬勃迅猛发展，特别是在服务外包价值链中处于较高端的现实告诉我们，这是我国不能错过的机会，政府应采取有效的措施，特别是在目的地营销、中国形象塑造等方面投入精力以改变国际特别是欧美国家对"中国制造"固有的偏见，使其认识到中国发展社会服务外包产业的基础与潜力，并努力促成中国社会服务业与世界的接轨。

（2）社会服务领域的离岸服务外包不但将为发包国社会服务体系带来成本节约、效率提升、服务可及性提高、服务递送模式转变和核心竞争力重新定义等正效应，更将为承接外包的发展中国家社会服务体系带来巨大收益、创新动力、服务质量和标准化程度提高、改善服务信息透明度等传统社会服务体制改革难以带来的良好效果。而且，实施社会服务外包的主体往往是跨国企业甚至是政府部门，此类业务具有大宗、需求稳定、常态化特征，还具有产业认同指示器的作用，将极大地影响媒体舆论及外包者的后续选择。因此，应密切跟踪国际企业社会服务外包动态与趋势，深入把握和研究国际社会服务外包的竞争态势，审慎思考我国在新一轮的社会服务外包浪潮中需要强化哪些优势、解决什么问题，才可以分割或做大这块市场。

（3）服务外包全球价值链理论提供了新的视角。在这一新视角下，国际贸易并不仅仅是服务跨越国境的交换，这种格局造成位于底端的发展中国家服务外包的边际利润被挤压且风险加大。我国服务业要想融入全球服务外包价值链中的某一环节，必须合理分析自身情况以及价值链的运作机制和治理本质（nature of governance），在结合自身的比较优势和经营战略的基础上找到最佳的切入点，这对于发展我国社会服务外包行业的持续健康发展至关重要。

（4）理解全球价值链的动力机制，对于政府制定服务业发展政策很有意义。如对于加入生产者驱动型价值链的服务业，应着力提升融资环境、强化技术扶持力度，并鼓励集群内的行为主体提高研发能力；而对于加入购买者驱动型价值链的服务业，则应注重营造软环境、规范市场秩序，鼓励本地参与者适时建立自有品牌并构建独立的营销渠道。针对目前我国还欠缺基于全球价值链考虑的服务产业政策的现状，在今后应重视以全球价值链的视角谋划我国服务业发展的重要性。举文化创意产业的例子，根据"微笑曲线"，文化创意设计位于价值链的上端，由位于最低端的代工制造向创意设计发展是一个非常自然的过程，而目前全国"一窝蜂"式的做法却使得创意产业发展流于形式，各地应根据自身在全球价值链上的分工和位置谋划其创意产业发展的目标和政策措施。例如，中国香港、广州、深圳以及"珠三角"其他核心城市由于拥有不同的发展基础和资源禀赋，在创意产业全球价值链条上所处的环节必然不相同，只有结合自身条件选择适合本地发展的创意产业环节，才能克服区域间的恶性竞争，设计出符合本区域发展实际的创意产业政策。

第五章

服务外包开放式发展的国际经验

近年来,随着越来越多的跨国公司服务业离岸,全球服务外包浪潮高涨,许多新兴经济体和发展中国家都在抢抓机遇,把服务外包作为重要的新兴服务业加以扶持,通过加强产业规划指导、大力吸引外资、实行优惠的财税政策和土地政策、加强通信基础设施投入、加强教育投入、加强知识产权保护、完善服务体系、设立服务外包园区等方式,促进服务外包产业发展。本章着重介绍了印度、爱尔兰、巴西、俄罗斯、菲律宾等国家促进服务外包发展的经验,供我们借鉴。与此同时,对我国服务外包产业政策的发展进行梳理,并提出对策建议。

第一节 印度促进服务外包产业发展

一、印度服务外包产业发展状况

印度拥有 11 亿人口,是世界第二人口大国,人均收入不足 600 美元,但目前是世界最大的软件外包国家、世界第二大计算机软件出口国,软件出口额占全球市场份额的 20%,美国客户购买的软件产品有 60% 是印度制造的。印度是全球离岸服务外包的最大承接国,约占全球软件外包市场的 65%、整个服务外包市场的 46%。2013 年,印度服务外包业务量达到 700 多亿美元,位居全球第一，实现了10%以上的增速，IT外包增长23%；软件和客户服务外包出口达到600亿美元，年增长率为25%左右。据印度劳动和就业部门统计，在2011—2012财年，印度全部新增就业人数97.9万，其中信息技术和业务流程外包部门新增就业人数达66.5万。据印度全国软件和服务企业协会（NASSCOM）估计，到2020年，ITO和BPO的出口额将增长近两倍，达到1 750亿美元；FRO和BPO行业除提供230万人直接就业外，提供间接服务的将达到650万人。

印度软件与服务出口的主要方式是离岸外包，目前软件产业中有80%的收入来自外包业务。据世界银行对各国软件出口能力的调查和评估结果显示，印度软件的出口规模、产品质量、生产成本等综合指标均名列世界第一，业务范围除软件外包外，呼叫中心、后台服务、金融服务、研发中心、动画制作等都有较强的竞争力。印度离岸外包发展大致经历了3个阶段。第一阶段（1997—1999年），以跨国公司建立离岸外包机构为主。"千年虫"危机给印度公司提供了软件外包的历史机遇。1997年，GECS公司在印度建立了第一个国际呼叫中心，主要承担货币收款、信用卡服务和数据管理等业务。随后，其他跨国公司也陆续建立了为海外总部提供服务的外包公司。印度服务外包企业主要集中在新德里、孟买和班加罗尔。第二阶段（1999—2000年），本土公司和在岸服务快速发展。随着大量具有跨国公司工作经历的员工陆续创办自己的公司，印度当地外包企业开始兴起。这一阶段，印度大企业包括Hero、Reliance、Hiranandani和Godrej等释放外包业务，在岸外包的发展对于推动印度服务外包产业上规模、上层次发挥了重要作用。第三阶段（2001年至今）。这一阶段，印度服务外包产业已经走向成熟，并成为印度经济发展的支柱产业和就业的主要渠道，涌现出TCS、Infosys、Wipro等世界级企业。NASSCOM认为，ITESBPO部门内部的增长主要来源于大公司。跨国公司自己的外包机构占全部外包企业的比重从42.6%上升到57.8%，而第三方外包提供商的比重从57.4%下降到42.2%。

二、印度促进服务外包产业发展的主要政策措施

印度服务外包产业的迅速发展，除英语素质、时差、人力成本等优势之外，政府在推动软件与服务外包发展方面发挥了极为重要的作用。通过实行财政税收优惠政策、创新高等教育体系、完善人才培训体系、完善知识产权保护的法律法规、鼓励产业园区发展、发挥行业协会作用等，形成了一整套完善的促进政策体系。

（一）加大软件产业扶持政策力度

为了促进软件外包和出口，吸引外国投资，印度政府陆续制订了相关政策与计划。

1. 税收优惠政策

1986年，印度政府对IT企业实施5年减免5年减半，再投资部分3年减免等一系列的措施。1991年印度税法规定，符合条件的软件企业在2013年前免征所得税；从事软件及信息服务出口企业2013年前免征出口关税，对生产软件产品免征流转税。对软件研发所必须进口的软件实施零关税优惠，对为开发软件而进口的硬件设备也实行不同的关税减让；在国内注册的软件企业，若在5年内实现外汇净收入25万美元以上，则进口设备可享受零关税，国内采购的中间产品免除地方税外，相当于出口产品价值50%的产品可在国内市场销售等。2000年3月起，印度政府在全国批准设立140个经济特区，企业在10年期满后还对经济特区政策延续享受税收优惠。

2. 金融优惠政策

印度政府在政策性金融机构设立软件产业风险投资基金，为软件企业提供信贷扶持；同时，大力推动符合条件的软件企业上市融资，积极吸收跨国风险投资。此外，放宽了软件企业海外收购的有关限制，使印度软件企业通过收购兼并向集团化和跨国化方向发展。

3. "电信港（Teleport）"计划

针对薄弱的基础设施建设，印度政府积极实施"电信港"计划，投入巨

资建成了由高速宽带通信设备、数字交换与传输设备、跨国通信网络以及卫星地面站组成的网络系统，为国内软件企业和海外研发机构提供可靠的数据通信连接。为了顺利实施这一计划，印度政府打破了几十年由国营电信企业垄断的体制，取消了电信设备的特许生产制度，向外资开放电信产业，并逐步实施电信部门私有化。目前，班加罗尔等主要软件园的"电信港"设施基本达到或超过了世界电信港的标准。

（二）建立大规模、多层次的软件外包人才体系

1. 依托知名高等院校培养软件外包尖端人才

印度软件业的腾飞与其人才基础、教育基础有密切关系。印度拥有科技人员总数居世界第三位，仅次于美国和俄罗斯，懂英语的技术人才居世界第二位，仅次于美国。印度高等教育在发展中国家名列前茅，有237所大学，10 600所学院，在校生707.8万名，教师33.1万名。20世纪50年代，印度参照美国麻省理工学院的模式，在全国陆续建起7所"印度理工学院"，分别是：德里（Delhi）理工学院、坎普尔（Kanpur）理工学院、卡哈拉格普尔（Kharagpur）理工学院、马德拉斯（Madras）理工学院、孟买（Mumbai）理工学院、瓜哈提（Guwahati）理工学院和卢克里（Poorkee）理工学院。这7所学院为印度软件产业发展做出了不可磨灭的贡献，印度高级软件人才大都出自这些学校。印度每年培养100万名工程学毕业生，使软件技术人才十分充裕，软件编程人员达140多万，这些世界一流水平的高校为印度软件公司成为世界级规模企业提供了人才保障。

2. 依托职业教育大规模培养基础外包人才

印度除发挥理工技术学院在培养IT高级人才方面的优势外，还十分重视职业教育。在近400所大专院校、3 000所中学开设不同层次的电脑软、硬件课程。班加罗尔除10余家科研院所、名牌大学之外，还有近80所小型工程技术学院，每年共培养3万名工程师，其中1/3是各种软件人才。职业教育大大缩短了软件外包人才培养周期，降低了培养成本。目前，印度每年约有50万新生软件人才，80%是职业教育与培训机构培养的。

3. 大力发展各类培训机构教育

印度鼓励私营、外资培训机构参与信息技术人才培训。例如，印度最大的私人电脑教育机构 APTECH 在印度设立 1 000 家以上的分校，聘请具有丰富实践经验的企业家和软件工程师讲学，提高了学生的实际操作能力。仅私营国家信息技术学院及安得拉邦技术学院，每年就要对 30 万人进行 IT 资格培训。同时，政府还鼓励软件企业兴办培训机构。例如，印度全国信息技术研究所有限公司，在 20 个国家设立了 800 个教育中心，每年培训 15 万软件人才。印度阿普特克计算机教育公司在 30 个国家设立了 1 500 个教育中心。

4. 注重培养"复合型"的软件人才

一方面，印度学校重视计算机学科与其他学科的交叉培养，也就是说，软件工程师不仅懂得软件程序设计，而且要具备哲学、历史、艺术等学科知识；另一方面，重视学生沟通能力的培养。

5. 鼓励海外企业家与技术人员回流

海外印裔人口有近 2 000 万人，主要集中在美国，美国硅谷的高科技人才中 38% 是印裔，软件工程师中印裔占 1/3，这些人掌握了世界软件开发先进技术、熟悉国际商业规则、并拥有良好的客户关系。自 20 世纪 80 年代以来，印度政府在减免个人所得税、股权激励、金融支持、简化出入境手续、子女教育等方面制定了一整套优惠政策，以吸收大批海外科技人才回国。这些人才回国后为印度企业出谋划策、提供商业信息、直接投资等，成为印度软件外包发展的中坚力量。班加罗尔约有 35 000 名印度人带着技术与工作经验从美国返回。

（三）注重软件科技园区建设

软件园区是印度软件产业发展的主要载体，也是印度政府促进软件产业发展的主要抓手。印度软件园计划应追溯到 1982 年，英·甘地在泰米尔纳德邦科塔吉里建设第一个科技园，进行软件、微电子、电信、药学、生物工程等尖端技术的研发，吸引了相当数量的回国科技人才，为软件产业发展奠定了基础。在拉·甘地和拉奥主政时期，先后成立了电子部和"软件发展促进局"(以下简称"SDPA")。1991年,印度政府提出了"软件技术园区计划",并在班加罗尔建立第一个计算机软件技术园,经过十几年的发展,该园区已成为世界第五大信息科技中心,被誉为"印度硅谷"。目前,在班加罗尔、马德拉斯、海德拉巴、孟买、浦那、甘地那加尔、斋浦尔、加尔各答等地设立了17个国家级软件园区,园内企业共6 000多家。为了帮助印度企业与美国市场对接,印度在硅谷设立了软件园,一方面方便了中小企业对美国的出口,另一方面也为印度企业与美国金融、投资、贸易机构建立联系提供了方便。

在税收政策上,软件园在进口关税、所得税、劳务税实行减免政策;在引进外资上,印度政府规定可设立外商独资企业;在管理服务上,科技园内设立管理中心,为软件企业提供快速审批、简化出口手续、低价出租基础设施与公共服务设施等一系列服务;在硬件基础设施上,印度政府大量投资通信设施、高速数据通信线路和卫星地面接收站等服务设施;在金融上,印度储备银行在资金使用、股权处置方面提供了多种便利政策。

(四)建立与完善知识产权保护体系

印度知识产权法律体系比较完善,包括版权法、商标法、专利法、设计法、地理标识法等。《版权法》经过印度议会1994年、1999年两次修订,2000年1月正式实施,被认为是世界最严格、最接近国际惯例的版权法之一。《版权法》依据WTO(世界贸易组织)中《与贸易有关的知识产权保护协议》(TRIPS)的基本原则,首次将计算机软件列入保护范围,对数据库知识产权、以源代码或目标代码表达的计算机程序、著作出租权的保护范围、权利限制与作品的合理使用等方面进行了重大调整。该《版权法》明确规定出售出租未经版权持有人授权的复制计算机软件属于违法行为,对侵犯版权的行为根据其违法情节可处以5万到20万卢比罚款,或3年以下7天以上的监禁。《版权法》降低了软件盗版率,保护了软件企业的利益和创新积极性,同时,吸引了大批外国公司在印度设立离岸中心并把更多离岸业务外包给印度企业,为发展软件和服务外包产业营造了有利的商业环境。印度还于1999

年、2002年、2004年对《专利法》进行了修订，2005年开始实施新的《专利法》，知识产权制度与国际体系全面接轨。此外，印度还制定了《信息技术法》《半导体集成电路设计法》加强软件的知识产权保护。

同时，NASSCOM于1994年开始联合各界大力推行软件正版化，提倡印度企业注意替客户保守商业秘密，严格履行合同；鼓励企业按照国际标准制造软件等企业道德诚信建设。印度电子部率先从美国引进了软件能力成熟度模型（CMM）大力推广。印度是世界上获得软件企业ISO 9000认证最多的国家，也是获得SEI-CMM5级认证企业最多的国家。

（五）发挥行业协会作用

NASSCOM是印度信息技术和软件业最具有影响力的组织，拥有1100家会员单位，其中200家是全球性公司，在全球服务外包产业具有权威性影响和地位。NASSCOM在推动印度软件外包产业发展上发挥了重要作用，主要体现在政策推动、咨询顾问、政府协调等方面，保证了印度在全球离岸服务外包中的领导地位。例如，NASSCOM积极推动政府电信产业开放和私有化，使ISP（互联网服务提供商）从1个发展到150个，VSNL网络连接费用从原来的每小时30卢比降到包月500卢比，降低了运营成本；积极推动政府颁布反盗版法、建立反盗版热线，加快完善知识产权保护制度；在行业规范发展上，NASSCOM通过规范软件外包业务流程、创建服务外包发展论坛、组织企业国外参展、推动企业加强合作等形式，为国内企业承接服务外包业务搭建平台，营造了良好的商业环境和市场秩序。

第二节　爱尔兰促进服务外包产业发展

一、爱尔兰服务外包产业发展状况

软件和服务外包产业在爱尔兰的产业升级中发挥了龙头带动作用。目前，爱尔兰已经形成了以电子、计算机等高新科技产业为支柱的产业结构，被称为"欧洲软件之都"，目前欧洲市场43%的计算机、60%的配套软件都是由爱尔兰生产的。据爱尔兰国家软件理事会统计，到2015年年底，爱尔兰有900多家软件企业，其中外资企业140多家，软件从业人员2.4万人，软件产品和服务出口额230亿欧元，占国内软件总产值的95%以上，成为全球软件和信息服务出口大国。

爱尔兰服务外包发展大致经历了3个阶段。第一阶段为起步阶段（1970—1985年）。在起步阶段，外资发挥了十分重要的作用。爱尔兰政府为了营造良好的投资环境，建立了世界一流的电信通信设施，同时利用自身的语言和文化优势，制定各种优惠政策，吸引外资进入。跨国公司进入爱尔兰主要是进行软件本地化、软件复制及销售服务，利用爱尔兰作为软件生产基地向全球出口。第二阶段为发展阶段（1986—1995年），软件业逐步成为一个新兴产业。爱尔兰的公司开始进行软件的自主开发，同时向国际市场销售软件产品。第三阶段为高速发展阶段（1996年至今）。这一时期，跨国公司和本土服务外包企业竞相发展；除软件外包之外，BPO业务呈现出快速发展态势。

目前，爱尔兰是摩托罗拉、IBM、Intel、Lotus等公司在欧盟总部的所在地，世界十大软件公司有7家在爱尔兰办厂、设立研发中心。爱尔兰软件业90%以上的就业机会、销售收入、出口收入是由跨国公司创造的。爱尔兰企业主要从事软件开发和定制、本地化和版本翻译、生产和销售以及技术支持等商业活动，主要涉及领域包括通信产品、金融、软件工具及中间件、因特网工具及应用、多媒体与电脑辅助培训等，逐步在工业嵌入、移动通信、企业管理、中间件、加密技术和安全等领域成为国际领先者。在呼叫中心、商务服务外包等领域，爱尔兰逐步在欧洲处于领先地位。许多国际公司利用电信技术及本地制作的软件将爱尔兰作为远程销售和远程支持中心基地，主要职能是电话销售、计算机及系统软硬件的技术与客户支持，航空、酒店、其他住宿服务的预订及客户服务等。

二、爱尔兰促进服务外包产业发展的主要政策措施

爱尔兰政府为促进服务外包发展，1981年制定和实施了"国际服务业鼓励计划"，1991年成立了国家软件发展指导委员会，制订科技发展计划，设立专项研究基金。充分利用其区域和文化优势，在税收优惠政策、园区建设、知识产权保护等方面制定了一系列支持措施和政策。

（一）充分利用地缘文化优势开拓市场

爱尔兰是英语国家，又是欧盟成员国，欧盟成员国公民在爱尔兰享有务工自由，有利于人力资本要素流动。欧盟市场有20多种语言的需求，爱尔兰可以吸引欧盟区其他国家双语和多语技术人才，将美国软件公司的产品欧版化，翻译成不同语言的软件产品，使爱尔兰成为美国公司进入欧盟市场的门户，这也是大量美国软件公司在爱尔兰设立基地的原因。此外，在美国的4 000万爱尔兰侨民也促进了本土与美国IT产业的联系。

（二）发挥"欧洲低税港"的优势

爱尔兰素有欧洲低税港之称，实行12.5%的企业所得税，增值税为零，在加工过程中进口货物免征关税，对研发活动提供20%的税收信用金，并与44个国家有税收协定，可以长期以低税率吸引外资。为了吸引服务外包企业，爱尔兰对1998年7月31日前在当地注册的金融、批发、咨询等国际服务企业，在2005年前最高征收所得税10%，2014年提高至12.5%，公司利润可以自由汇出爱尔兰；对工厂、建筑和设备给予折旧补贴；在爱尔兰获得专利并开发的产品免征所得税；在自由贸易区内注册的公司进口物品（包括主要设备）免征增值税；从非欧盟国家进口的用于储存、处理和加工的物品免征关税；出口到非欧盟国家的物品免征关税等。

（三）注重服务外包园区开发与建设

爱尔兰政府通过扶持开发区为服务外包产业提供支持。爱尔兰香侬开发区始建于1959年，是全球最早的经济开发区，并先后设立了世界上第一个免

税工业区和第一个自由贸易区。在扶持政策方面，爱尔兰政府向香侬开发公司投入资金，由该公司以100年至130年长期租赁方式，向政府支付较低租金取得建设用地，然后低价转租给开发区企业，保证了园区地价平稳，并依托开发区吸引外资。香侬开发区现有本土公司610多家，国外公司120多家，英特尔、通用电气、汉莎技术、赛门铁克、戴比尔斯等10余家全球500强企业或知名公司均在区内投资设立了大规模研发机构和服务企业，涉及航空、信息通信技术、计算机软件和电子产品、工程配送、化学及制药等领域。香侬开发区通过大力吸引外国高科技研发及服务外包企业，发展速度高于全国平均水平，不仅成为全球最重要的服务外包基地之一，也成为爱尔兰最大的外商直接投资聚集地。

（四）建立与欧洲国家接轨的知识产权保护体系

爱尔兰大幅修订原有的知识产权保护法律法规，使之与欧洲国家相关法律体系接轨。《2000年版权及相关权利法案》大幅度修订了爱尔兰版权及相关权利的立法，首次把道德权利、表演者权利、租赁及出租权利、数据库权力列入爱尔兰法律，使之与其他欧洲国家接轨。爱尔兰立法还明确将计算机软件作为文学作品来保护其版权。《2001年工业设计法案》大幅修订了有关工业设计保护的法律，使之与欧洲设计法律接轨。

（五）创新服务外包人才教育培训体系

跨国公司投资爱尔兰的原因之一，就是其具有较强的研发能力和信息技术人才。爱尔兰良好的教育和培训体系为软件产业发展奠定了坚实的基础。其教育方式有其独特之处，软件专业前两年学习基础知识，第三年在生产一线实习，第四年进行独立设计，大学生毕业就具有实际工作经验和项目领导能力，同时也具有较强的IT开发实力。

第三节 巴西促进服务外包产业发展

一、巴西服务外包产业发展状况

从全球服务外包基地吸引力指数的排名结果来看,巴西服务外包发展水平处于世界前列。巴西经济增长迅速、基础设施完善、劳动力成本相对较低,尤其是接近美国和欧洲的时区及文化优势,巴西主要大城市所在的时区仅比纽约早1~3个小时,并同美国具有相似的价值观和文化,这些构成了发展服务外包的天时和地利。巴西注重基础设施领域的投资,拥有便利的机场交通系统,可以在8~12小时到达北美和欧洲的主要商业伙伴地区;拥有发达的通信网络,2012年年末拥有1.25亿移动电话用户、750兆互联网接入带宽,巴西本土的PC(个人计算机)制造商规模和价格优势已经超过戴尔和宏碁,主机安装数量位居世界第二位,在Java程序开放方面处于世界领先地位。

目前,巴西IT业已经聚集了约170万的专业技术人才。2013年IT服务业产值达到286亿美元,占整个服务业的35%。一些巴西IT企业已经开始在国外开展业务。巴西有5 800家软件企业,以中小企业为主,但是软件企业质量管理水平普遍较高,通过ISO 9001/2认证的企业超过35%,约20%的软件企业达到CMMZ级以上水平。因此,尽管巴西人力成本在不断上升,但仍然可以通过技术优势保持服务外包产业的竞争力。

巴西国内IT服务市场容量约为每年77亿美元,吸引了很多国际大型IT技术公司进入。例如,IBM从2014年起陆续追加1亿美元资金扩展巴西的业务。同时,IBM在巴西的雇员数量也随之快速增加。2014年IBM在巴西的雇员达到1万人。惠普公司曾委托IBM巴西分公司为其提供葡萄牙语的计算机服务,2013年惠普决定将部分在美国运营的计算机业务外包时,这部分业务又外包给 IBM 巴西分公司。

巴西软件园区主要分布在圣保罗、坎皮纳斯河、里约热内卢以及东北部的利沙福。

二、巴西促进服务外包产业发展的主要政策措施

（一）政府制定产业发展计划和政策

巴西政府、巴西信息和通信技术协会（BRASSCOM）是服务外包产业的重要推动力量。政府对信息技术产业部门的投资支持力度很大。2013年，巴西将服务外包作为优先发展的战略领域之一，软件服务成为国家科技发展《战略计划》主要涉及的领域。2013年，科技部扩大到四大新的优先发展战略领域，即软件、制药、半导体与微电子、机械设备与交通工具，与生物技术、纳米技术及生物制药等新兴产业领域具有同等重要的位置。为了实施《战略计划》，科技部加大人力资源投入，国家科技发展理事会制订了各项奖学金计划，联邦政府计划自2013年起，全国每年培养博士生要达到1万人。2014年，巴西政府与软件生产私营行业签署鼓励软件生产协议，在IT行业实施软件出口服务一体化计划，该协议以增强中小软件生产企业的出口竞争力为目标，通过实施市场调研、组建贸易委员会、组织博览会和行业展览会、推动跨国公司向该行业投融资等计划，促进本国软件的出口。并将软件出口目标市场确定为美国、德国、日本、中国、西班牙、法国、墨西哥、阿根廷、沙特、俄罗斯、智利和安哥拉等。

（二）出台多项税收优惠政策

税收优惠政策加上其他的激励政策，使得巴西成为有吸引力的服务外包基地。巴西、阿根廷、乌拉圭和巴拉圭4个南方共同市场成员国规定，从2006年1月1日起免征部分资本产品和软件产品等的工业产品税；巴西政府还制定了《信息产业法》为信息技术服务企业提供税收优惠，规定凡用于科技创新投资达到当年产值5%的企业，可减免50%所得税并免缴工业产品税，而信息处理机器用的软件CD或DVD母片出口可减免商品流通服务税。此

外，还有《私人企业投资科技税收鼓励法》《政府高技术含量产品采购法》等，既保证了政府对科技的投入，也鼓励了私人企业投资科技事业。巴西还制定并实施了新生产发展政策（New ProductiveDevelopment Policy，PDP），IT企业将享受10%与雇佣劳动力有关的税收减免。中央和地方政府将给予设备和基础设施领域的税费减免。

（三）大力发展教育和 IT 培训

巴西高等教育率超过80%，有2 270多所高校，在校人数达到580万。每年有24.7万人从大学的 IT 专业或技术学校毕业。巴西的服务外包人才培训基地和再教育机构也比较多，尤其是 IT 产业的后备人才培训，有效地弥补了高校教育和专业工作之间的差距。系统化的教育制度为巴西构建了有利于知识人才聚集的环境，使其比拉美其他国家拥有更多的编程人才，在拉美服务外包市场中具有明显的人力资本优势，从业人员的可得性逐步上升。

（四）具备较高的知识产权保护水平

作为拉美地区最大的服务外包承接国，巴西历届政府都非常重视知识产权的法律制度建设。20世纪70年代以后，巴西政府出台了《工业产权法》（1971年），对商标和专利保护做出了法律上的规定。1984年颁布了《信息产业法》，1987年国民议会通过了《计算机软件保护法》，成为世界上第一个用专门的法律法规来保护计算机软件的国家。1994年4月1日，巴西签署了关贸总协定乌拉圭回合谈判中与贸易有关的知识产权协议，成为世界知识产权组织的成员国，同时也成为华盛顿专利合作条约和保护知识产权巴黎公约的成员国。1995年颁布了《生物安全法》，1998年颁布了《计算机程序著作权保护法》等法律法规，保护和激励知识创新。1996年巴西修改了原有的《工业产权法》，新法于1997年5月15日生效。其中对泄露商业秘密做了特别规定，包括对于泄露已获得专利的商业秘密也可以追究刑事责任，同时处于3个月到1年的有期徒刑或者罚款。该规定比世界贸易组织《与贸易有关的知识产权协议》中的规定更为严格。因此，在 A. T. Keamey 的调查中，巴西的知识产权保护水平仅次于智利，排名第二。

第四节 俄罗斯促进服务外包产业发展

一、俄罗斯服务外包产业发展状况

俄罗斯是近年来发展服务外包的新兴国家,虽然起步晚,但发展快、起点高。俄罗斯软件协会(Russoft)发布数据:俄罗斯 IT 服务软件类公司 2017 年营收达到 143 亿美元,同比增长 19%。其中,出口 88 亿美元,同比增长 16%。金融行业、房地产及租赁业、制造业、交通和通信是俄罗斯 IT 服务外包的主要客户行业,占比分别为 21%、18%、14%、12%。莫斯科和圣彼得堡是俄罗斯承接离岸服务外包最重要的目的地城市,约占全国市场份额的 65%–70%。发包国包括美国、德国、英国、法国和日本。主要业务领域有嵌入式软件、信息安全系统、银行系统软件和语音识别软件等,云服务、大数据解决方案、业务分析系统的需求日益增多。目前,俄罗斯市场上出售的大部分视频通信类软件都是由 Spirit 公司独立完成。俄罗斯提供 IT 服务的公司主要分为三大类:第一类是系统集成商。第二类为西方客户提供软件开发服务。第三类是跨国公司研发中心和科研机构,这类机构约占软件出口总量的 15%。目前已有 10 多家大型跨国公司在俄罗斯设立了软件研发中心。其中包括阿尔卡特、Borland、克莱斯勒、戴尔、爱立信、谷歌、惠普、华为、英特尔、LG Softlab、摩托罗拉、三星、西门子、Sun Microsystems、Teleca、T–Systems 公司等。

二、俄罗斯促进服务外包产业发展的主要政策措施

(一)高等院校注重理工科人才教育培养

俄罗斯具有强大、深厚的理工科技人才基础,这是它区别于印度等国家的重要特征,也是近年来服务外包产业能够迅速发展的最关键因素。苏联的教育体系非常重视工科和理科，所以俄罗斯拥有一大批计算机方面的高素质人才，而劳动力成本却比英国等西欧国家低得多。俄罗斯出色的教育机构、深厚的技术底蕴和训练有素的技术人员，是吸引跨国公司设立研发中心和发展 IT 外包的主要因素。俄国每年有大约 25 万名受过 IT 专业高等教育的人才进入市场，与印度大致相同。这些毕业生 88% 拥有受 5 年教育的专科学位，66% 拥有受 6 年教育的研究生学位。据联合国教科文组织（UNESCO）的报告，俄罗斯高校 50% 的毕业生的专业与科学专业相关，这个比例在软件出口国家中是最高的。据 Frost & Sullivan 统计，每千人中软件开发人员的数量俄罗斯排名世界第一，科学家和工程师数量排名第三。Aberdeen Group 研究发现，俄罗斯的工程师和软件开发人员主要从事核心应用程序开发、项目规划、需求分析、设计等方面的服务。

（二）政府加强产业规划指导

俄罗斯成立了通讯协会（RCA），该机构由联邦政府指导，学术机构支持，并发布了《IT 产业及服务外包报告》，将信息通信产业作为 10 年内优先发展的领域；同时，还推出"电子俄罗斯"联邦专项规划，规划中指出软件出口已成为俄罗斯信息产业的重要组成部分，2005—2013 年，俄罗斯中央和地方政府拨出 770 亿卢布用于支持信息产业发展，同时该国还以政府采购的形式拉动国内需求，促进信息技术企业的发展。

（三）依托科研院所优势发展软件园区

俄罗斯在新西伯利亚的科学城建立了软件外包园区，该园区被称之为俄罗斯的"硅森林"。该园区的最大优势在于依托科研机构与培训机构。该地区汇集了俄罗斯顶尖的几十所研究院，并拥有 6 500 多名科研人员。许多科学家从事的领域是与商业有关的编程、软件开发等实用技术领域。理论知识与应用技术的结合为俄罗斯服务外包发展提供了高级复合型人才。由于各类高端技术人才聚集，吸引了 IBM、Intel 等世界著名的 IT 企业和大量中小型技术公司进驻科学城。

(四)逐步建立知识产权保护体系

俄罗斯现代知识产权保护体系的建立始于20世纪90年代。1991年12月,俄联邦与亚美尼亚、塔吉克斯坦、哈萨克斯坦、乌克兰、白俄罗斯、摩尔多瓦等7国签署了知识产权保护的临时条约。1992年9月,俄联邦杜马通过了包括《计算机软件与数据库保护法》在内的4个知识产权保护法律法规。1993年,该国通过继承苏联签订的多边知识产权保护条约,成了伯尔尼公约、马德里协定、世界版权公约、巴黎公约的成员国。

第五节 菲律宾促进服务外包产业发展

菲律宾突出的英语优势使之成为服务外包的后起之秀,在全球离岸服务外包中排名第三。涉及的主要行业有呼叫中心、软件开发、数据编译处理、动画制作、财务、人力资源、工程设计等,菲律宾外包的主要市场为美国(占60%~70%)、日本(占20%),韩国和欧洲(占10%)。菲律宾呼叫中心业务(Call Center)具有绝对优势。据《马尼拉时报》报道,菲律宾BPO行业在2017年的收入达到近260亿美元,占菲国经济产值的约10%,在2020年将达到近400亿美元,到2023年底,全球业务流程外包(BPO)的市场规模将达到520亿美元,BPO市场的年复合增长率将达到11%。届时将创造200万个岗位,给数百万出身底层的菲律宾年轻人提供了就业机会。

剑桥Forrest研究中心的外包专家John McCarthy表示:"菲律宾显然已成为美国公司首选的呼叫中心外包地。"

菲律宾促进服务外包产业发展主要采取了以下政策措施。

第一,菲律宾政府将软件与信息服务外包纳入"投资优先计划",作为优先发展产业,并提供了特殊优惠政策。政府规定服务外包企业在任何区域或经营场所均可享受经济特区优惠政策。外国公司在经济特区开展业务,可享受4~8年的免税期,免税期过后仍可继续享受优惠待遇(交5%的营业税),外国公司进口特殊材料和设备时可减免税费、码头使用费免缴等。政府加大基础设施投入。菲律宾拥有发达的国际网络,取消了电话销售行业管制,宽带费用4年时间下降了70%,办公区租赁价格仅为印度、中国香港等地的1/4。

第二,注重提高服务外包人才竞争力。菲律宾具有较大的人力成本优势,普通劳动力工资为平均每月234美元,技术人员月薪在400~800美元,白领雇员平均工资水平仅为美国的1/4,同时精通英语,熟悉西方文化,便于交流。菲律宾政府为了增强人才竞争力,专门拨款5亿比索(相当于1 000万美元)设立面向服务外包企业的"应用型人才培训基金",为达不到公司录用标准的求职者发放培训券,免费提供各种技能培训,并将培训就业人员新增的个人所得税用于补充培训基金。目前,菲律宾有3 200万英语流利、受过良好教育的年轻劳动力。

第三,建立较完善的知识产权保护法律体系及信息保密制度,制定《数据安全和隐私法》《电子商务法》等法律。

第六节　埃及、墨西哥促进服务外包产业发展

埃及政府制定《埃及ICT产业发展战略2007—2010》(Egypt's ICT Strategy 2007—2010),其中重要一条是大力发展出口导向的IT服务产业。埃及计算机程序设计、系统制造和电子产品生产享受《投资保护鼓励法》,享受10年免税,不进行外汇管制,不强制结汇,部分城市免土地出让金,对新员工招聘培训给予补贴。埃及通过实施"Smart Village"建设计划,建立Damietta新技术园区、Maadi呼叫中心园区等,汇集了Intel、Ericsson、IBM、华为、中兴、Oracle、Vodafone、Mobinil、Etisalat、HSBC、HP等企业,称为"沙漠硅谷",园区以低成本高效率的服务宽带连接,吸引国内外企业入驻。同时,埃及还积极开展国家外包品牌宣传和推广活动。在法律上,积极推动打击网

络犯罪、知识产权保护、电子签名法等相关立法工作。

墨西哥政府通过 PROSOFT（Program for the Development of the Software Industry）项目推动服务外包产业。MexicoIT 是软件产业出口和投资的主要推动机构。在优惠政策方面，对于外资软件与信息服务外包企业来说，可以得到最高 50% 的项目投资返还、30% 的研发投资返还，并建立了出口退税制度。墨西哥《工业产权法》《版权法》《电子签名法》《数据保护法》等法律成为服务外包产业知识产权保护的主要依据。

第六章

中国服务外包的开放发展战略

第一节 中国软件与信息服务外包的发展战略

进入 21 世纪以来,以信息技术为主导的科技创新和科技进步成为主要特征。以软件、网络通信、微电子、计算机为主的信息技术蓬勃发展,不但催生和推动了全球服务外包产业,使得服务业日益突破传统的范畴并具有跨越地理空间的可交易性,形成了以软件信息技术服务外包为代表的产业转移浪潮。同时,也使信息技术由硬件主导型向软件和信息服务主导型发展。

一、基本概念

软件与信息服务外包是指组织将基于软件、信息技术和网络信息系统的开发、运营、维护等服务业务,以购买服务的方式交由专业信息技术服务提供商承担,主要包括以软件为主的信息技术外包和部分基于信息技术的业务流程外包。

二、全球软件与信息服务外包的发展趋势

(一)总体规模与市场前景

全球服务贸易增长的主要动力来源于服务外包的持续快速增长。互联网

的广泛应用,以及大数据、物联网、移动互联、云计算等新一代信息技术的快速发展,带动全球服务外包的市场需求增长、技术创新和服务模式创新,推动服务贸易的快速增长。

2016年全球离岸服务外包市场规模达2137.9亿美元,同比增长6.9%,增长速度超过全球服务外包市场。其中,信息技术外包(ITO)、业务流程外包(BPO)和研发服务外包(R如)规模分别约为1019.6亿美元、465.2亿美元和653.1亿美元,占比分别为47.4%、21.8%和30.5%,增长速度分别为6.0%、7.5%、7.8%。传统的离岸ITO增长放缓,BPO、R&D增长较快。

根据Gartner报告,未来一段时间,全球IT服务市场规模将呈现逐年增长的强劲势头,据NASSCOM分析,2020年整个市场规模将达到1.5万亿美元,80%将来自新的产业领域。

(二)全球软件与信息服务

外包市场呈现多元化趋势目前,全球软件与信息服务外包市场主要集中在北美、西欧、日本、亚太和拉美地区。其中,美国服务外包市场较为成熟,亚太地区保持强劲增长,成为全球IT服务外包业务增长最快的区域之一。

目前,软件和信息服务外包的主要发包国仍集中在美国、西欧、日本和韩国等发达国家,这些市场较为成熟,增长平稳。从进口国家来看,除欧盟经济体外,美国是最大的进口国,也是最大的发包国家,其次是日本。此外,印度、中国、巴西、加拿大、挪威、俄罗斯以及东南亚等经济体也快速发展。可以看出,除北美、西欧和日本外,这些一直被认为是接包的国家和地区,也有着很大的发包市场。随着这些国家信息化进程的加快、客户管理外包能力的不断提高以及企业对成本节约、业务优化和创新的需求不断提高,外包需求将不断增加,发包规模也将呈现不断上升的趋势。

目前,接包国仍主要集中在发展中国家。由于这些国家拥有较丰富的知识型人力资源、较低的人力成本,在承接软件外包上具备较大优势。从出口国家来看,除欧盟经济体外,印度是最大的出口国,也是最大的接包国家,其次是以色列、中国、加拿大、俄罗斯等。

未来，承接国家市场竞争日趋激烈。随着越来越多的国家和地区将服务外包行业确定为国家发展的战略重点，许多国家和地区已经认识到该行业潜在的巨大市场及对经济发展的作用，都大力支持发展软件与信息服务外包。各国均具备独特的价值定位和优势。例如，爱尔兰、东欧与发包方具有地域接近性；印度、中国、菲律宾拥有大量低成本人才；澳大利亚等拥有与发包方的语言文化及基础设施优势等。

（三）发包企业将进一步释放市场需求

大型跨国公司在IT服务外包业务量上的增长加快了国际IT服务外包全球化的步伐。近年来，软件和信息服务外包不仅局限于发达国家和一些大型跨国公司，众多发展中国家和一些中小企业甚至个人，为了降低成本和提升竞争力，也将部分非核心业务外包出去，从而外包市场的范围不断扩大。

金融危机后促使企业进一步削减成本。EquaTerra对200多家企业的一个调查显示，四成以上的IT企业为了降低成本，减少了对软硬件开发的投资，增加了业务外包力度，尤其是离岸业务发展迅速，半数以上的欧美公司将更多的服务外包到海外。

（四）外包业务管理模式不断创新

从市场业务结构来看，全球软件与信息服务外包业务正逐渐从"最基础的技术层面的外包业务"转向"较高层次的服务流程外包业务"。从业务方式来看，随着业务范围逐渐扩展，发包商倾向于将ITO和BPO业务捆绑，以满足企业自身技术和业务的需求。服务外包商与承接商之间形成了新型的战略协作伙伴关系。这一关系的建立使得以前提供单一服务的接包商转变为提供包括应用程序、风险管理、金融分析、研究开发等在内的高科技含量、高附加值、全流程的外包业务。

三、中国软件与信息服务外包的发展现状及主要问题

（一）中国软件与信息服务外包的发展现状

近年来，中国软件与信息服务外包保持了较高的增速，已经从全球产业驱动、跨国公司和"海归"创业推动，向本土市场驱动、民营资本推动转变。本土服务外包企业迅速成长，企业规模和影响力都在不断扩大，已经成为我国软件与信息服务外包产业的中坚力量。

1. 增长势头强劲

中国软件与信息服务外包克服众多国际不利形势影响，依然保持了较快发展，显现出强大的生命力和广阔的前景。2009年，主营业务收入达到2 033.8亿元，同比增长29.7%。2010年突破2 750亿元，同比增长35.2%，比2009年高出5.5个百分点，相当于2007年的2.48倍。2000—2010年，中国软件业保持了年均38%的增速，2010年软件收入达到13 364亿元，产业规模比2001年扩大了10多倍。2016年全年，我国承接离岸信息技术外包（ITO）、知识流程外包（KPO）和业务流程外包（BPO）执行金额分别为2 293亿元、809亿元和1 783亿元，同比分别增长11.4%、35.9%和15.5%。我国软件离岸外包业务实现快速增长。软件外包服务出口从2007年的10亿美元增长到2016年的约127亿美元，年均复合增长率达到32.63%。2010年中国软件出口执行金额97.4亿美元，同比增长34%。2010年信息技术外包业务（ITO）出口91.7亿美元，占软件出口总额的94.2%，成为中国软件出口的主要方式。根据工业和信息化部的统计，2017年全国软件和信息技术服务业完成软件业务收入5.5万亿元，全行业实现利润总额7 020亿元，全国软件业实现出口538亿美元，同比增长3.4%。其中，外包服务出口增长5.1%，比上年提高4.4个百分点；嵌入式系统软件出口增长2.3%。2017年全行业实现信息技术服务收入2.9万亿元，其中云计算相关的运营服务（包括在线软件运营服务、平台运营服务、基础设施运营服务等在内的信息技术服务）收入超过8 000亿元，比上年增长16.5%。2017年全行业从业人

数接近600万人，比上年同期增加约20万人。

2. 吸纳就业能力增强

2010年，我国软件与信息服务外包从业人员超过73万人，同比增长约32.7%，相当于2007年的2.43倍。人才队伍不断扩大的同时，整体素质和水平也得到了进一步的提高。随着中央和地方政府对服务外包人才优惠政策的出台和落实，越来越多的高技术人才加入软件外包行业。同时，良好的产业发展环境也吸引了众多的海外优秀人才回国创业。

3. 业务结构调整逐步高端化

2010年，我国软件与信息服务外包ITO为1 550亿元，占56.4%，同比增长31.6%，是2007年（660.3亿元）的2.35倍；BPO为1200亿元，占比43.6%，同比增长40.1%，是2007年（450亿元）的2.67倍。2014年，我国承接离岸信息技术外包（ITO）、知识流程外包（KPO）和业务流程外包（BPO）执行金额分别为293.5亿美元、186.7亿美元和79亿美元，同比分别增长18.3%、30.9%和24.5%。根据工信部公布的软件业经济运行情况，我国软件离岸外包业务实现快速增长。软件外包服务出口从2007年的10亿美元增长到2014年的121亿美元，年均复合增长率达到31.92%。软件与信息服务外包从单一的系统集成服务逐步向产业链的前后端延伸扩展，基本形成了信息技术咨询服务、软件设计与开发服务、信息系统集成服务、数据处理和运营服务全产业链发展格局。

4. 基本形成了国际国内市场双向拓展的格局

（1）从国际市场来看，拿2016年来说，2016年我国离岸软件外包业务中，承接美欧日和香港地区等主要发包市场的服务外包执行额3 086亿元，同比增长19.3%；承接"一带一路"相关国家服务外包执行额841亿元，占我国承接离岸外包的17.2%。

（2）从国内市场来看，拿2016年来说，从业企业及人员方面，2016年我国从业企业达到42 764家，一大批规模迅速扩张、实力持续增强的外包企业带动中小外包企业的发展。国内经济稳步增长、内需市场持续扩大和国际市场有效拓展是该行业快速发展的主要因素。从业务构成来看，随着服务商专业能力的不断提升，中国服务外包产业在国际产业链中的地位不断提高，其业务从最初的软件代码编写、软件测试等低端、低附加值业务，逐步向行业应用开发、产品研发、咨询服务、解决方案等转移。

同时，以11个国家软件产业基地、6个国家软件出口基地为代表的软件产业园区，集聚效应日益突出、园区模式不断创新、园区服务逐步完善，为中国软件与信息服务外包产业提供了良好的发展载体。

5. 企业实力逐步增强

中国软件与信息服务企业在数量规模，以及市场开拓、服务交付、技术创新等方面的能力得到迅速提高。拿2016年来说，2016年，全国软件与信息服务外包企业约5900家，同比增长约为25.5%，相当于2015年的1.97倍。根据商务部的统计：2015年我国企业承接美国、欧盟、以及本国香港地区的服务外包执行额分别为150.6亿美元、98亿美元、95亿美元，分别同比增长17.5%、17.6%、28%，合计占我国离岸服务外包执行额的63.1%。形成了一批规模迅速扩张、交付能力不断增强、竞争优势持续提升的优势企业。

在国家政策的大力支持下，涌现出一批具有国际竞争力和影响力软件外包龙头企业。出现了东软、文思、软通动力等数家超过万人的外包企业，东软、浙大网新等企业的营业收入超过10亿元。2014年，中国软件出口20强企业年出口总额为8.5亿美元，平均每家企业出口额为4250万美元，平均每家企业为1400人。截至2016年9月，中国通过CMM/CMMI认证的企业总数为1475家，仅次于美国，是印度的2.6倍。外资企业仍是中国软件出口企业的主要力量。2016年外资企业软件出口总合同执行金额达到61.9亿美元，占总量的63.6%。

（二）中国软件与信息服务外包存在的主要问题

1. 企业规模较小，缺乏核心竞争力

根据工业和信息化部软件与集成电路促进中心（CSIP）我国软件外包与

服务行业尚处于成长期，行业内企业众多，市场化程度较高，市场集中度较低。相比较印度拥有众多十万人规模的外包企业，而中国规模较大的外包商一般仅有2、3万人。尽管软件外包与服务行业内企业数量不断增加，公司所处的外包产业链上游行业，由于存在较高准入门槛，竞争尚不激烈。未来从事产业链上游软件外包业务、拥有较为稳定的客户资源、较高的业务技术成熟度、较大的接单能力的企业将有较大发展空间。的企业调研报告显示，中国软件与信息服务外包企业大部分是成立时间较短的中小企业，市场占有率、人才队伍规模普遍较小。据调查，目前，中国排名前10位的信息技术服务企业合计只能达到约20%的市场占有率，而印度的前10大企业却囊括了45%的市场份额；从员工数量来看，671家调研企业中，65%的企业员工数在100人以下，30%的企业员工人数在100~500人，500人以上的企业仅占5%。自主研发投资不足，主要以跟踪和模仿为主，缺乏核心竞争力；大多数企业人员不够稳定，流动性大；且绝大多数处于地区性服务商和区域性服务商的阶段，缺乏建设自己的交付中心的能力和实力。

2. 企业面临向产业链上游转型升级

由于人民币升值、人力成本不断上升等因素，我国劳动力成本优势逐步减弱，导致低端软件外包市场面临洗牌。而上游软件外包市场受市场进入门槛和客户严格要求的限制，竞争壁垒较高，因而利润率水平较高。我国外包企业在向产业链上游转型升级过程中，面临业务架构重新定位、技术升级、人才招聘及培养、企业自主创新能力提升等诸多挑战。目前业内转型主要有如下路径：一是从低端劳动和知识密集型编码业务提炼企业核心技术竞争力，根据服务外包经验整合行业方案，从单一人力外包输出的企业提升为可提供解决方案的企业；二是把握市场行情，根据自身技术实力，加强自研产品的开发；三是将企业已有知识产权产业化，把出售知识产权作为一个重要的业务形式。

3. 人才结构不合理，人才培养与管理较弱

一是软件与信息服务人才结构呈"橄榄型"，位于产业上层的软件架构

143

师、系统设计师与项目管理人才，以及属于产业基础的软件蓝领短缺，而处于金字塔中层的系统工程师相对过剩。二是缺乏复合型人才。由于我国是非英语国家，除少量归国留学生外，技术管理人员的外语水平还不够高，与印度、菲律宾等东南亚国家相比呈现弱势，国内众多外包企业特别缺乏兼具语言和技术或管理能力的复合型人才。三是企业人才管理机制比较落后。软件外包相对年轻人比较单调枯燥，没有工作调剂机制，尤其是从事信息技术、软件设计、程序开发的工作人员，经常日夜加班。

4. 市场规范化滞后，尚未形成行业标准

外包服务质量的监控不到位，履行合同不严格，规模化的软件开发缺乏通行的标准和规范。当前，电子政务及其他行业信息化的标准还十分缺乏，很多行业的信息化本身没有统一的规范和行业标准，外包企业各有规范和标准，导致软件开发工作无章可循。

5. 相关法律和政策配套措施有待完善

目前，国内服务外包的法制环境还不完善，尤其是信息安全、知识产权立法、知识产权保护政策和相关配套措施不够完善，对触犯信息安全行为处罚较轻。例如，法律对员工泄露机密只能追究民事责任而不追究刑事责任，对模仿抄袭行为处罚力度小，社会上盗用出卖企业和个人信息、盗版软件等现象比较普遍，这些都影响了我国的国际形象，也影响了发包国的发包意愿。

四、中国软件与信息服务外包发展的主要趋势

（一）离岸外包逐渐向高层次、多元化发展

从业务层次来看，外包服务主要包括息技术外包（ITO）、业务流程外包（BPO）和知识流程外包（KPO）。近年来借助于云计算、大数据、物联网、移动互联等新一代信息技术，推动"互联网+服务外包"模式快速发展，服务外包企业稳步向高技术、高附加值业务转型。2018年我国企业承接离岸信息技术外包（ITO）、业务流程外包（BPO）和知识流程外包（KPO）的执行额分别为 2655.6 亿元、1014.4 亿元和 2196.6 亿元，在离岸服务外包中的占比分别为 45.3%、17.3% 和 37.4%，以软件研发和信息技术服务为代表的 ITO 仍占据主导地位。与此同时，以研发服务、工程技术、检验检测等为代表的高端生产性服务外包业务快速增长，同比分别增长 15.5%、27.1% 和 74.5%。

（二）在岸外包市场将不断扩大

国内外包市场一直在中国软件与信息服务外包中占有绝对优势，近几年国内市场比重都超过 80%。金融危机后，伴随着国家政策层面上更加注重扩大内需、调整结构，各类产业振兴规划的实施，信息技术在传统产业、战略性新兴产业、现代服务业等领域中得到广泛应用，除大型企业、政府继续释放信息服务外包需求外，中小企业和个人市场也得到不断发掘和快速增长。同时，新技术的服务模式和交付模式的创新，将使在岸外包市场潜力得到进一步释放。

（三）产业间企业整合并购趋势明显

2016 年，全国新增服务外包企业 5506 家，企业经营成本的不断上升加速倒逼企业加快转型升级的步伐，通过海内外并购、与发包企业建立长久的战略合作伙伴关系、加速服务技术的研发创新投入等手段，中国服务外包企业引领着产业转型升级的步伐。中软国际、浙大网新、浪潮、软通动力、文思海辉等 5 家企业入选全球服务外包 100 强企业。

（四）业务交付模式创新多样化

近年来，在"两化融合""三网融合""3C 融合"的不断推动下，极大促进了国内的政府外包、电信外包、金融外包、制造业外包等市场需求，这些新的技术需求都与软件信息技术紧密结合，最终必将为软件与信息服务外包产业带来巨大的市场空间和业务模式的创新。据 IDC 报告，2013 年以后，中国云计算服务市场规模已经达到 3.2 亿美元，未来将以接近 40% 的年复合增长率快速增长。越来越多的企业，特别是中小企业将采用 SaaS 服务模式，通过"云计算"交付各种服务，降低成本。5G市场的快速发展，物联网、云计算等应用的不断成熟，不仅为软件与信息服务外包创新了服务交付模式，同时也带来了新技术和新业务，将催生大量的软件与信息服务外包需求。

从业务的提供来看，单纯的离岸模式已逐渐被在岸与离岸的混合模式所取代，越来越多的业务出现了在岸—近岸—离岸相结合的模式。服务提供商之间通过建立联盟、合资合作、虚拟组织等形式合作提供外包服务，外包服务也由单纯的项目外包拓展到离岸开发中心和全球交付的方式。

五、政策建议

中国软件与信息服务外包将伴随着中国信息技术创新、应用和发展，以及全球信息技术服务外包的快速增长，保持较高增速态势。这种速度的增长不仅建立在成本优势上，同时，也是实现企业规模、质量、品牌提升的跨越，提高技术创新、交付模式创新，提升服务能力，实现高附加值服务的过程。为此，应致力于企业核心能力的建设，加强人才队伍的建设和培养，注重打造品牌；加大开拓国际市场力度，提升全球交付能力；把握跨国并购浪潮，提高国际资源整合能力，向价值链高端攀升。

第一，积极扩大国内市场。充分利用国内信息化加快发展的有利条件，利用传统产业信息化改造，发展电子商务、电子政务等机遇，鼓励政府、企业外包信息技术服务，为中国软件与信息服务外包提供强大的内需市场，为服务外包企业做大做强，承接国际外包，参与国际竞争奠定坚实基础。应认真研究制定培育国内软件与信息服务外包市场的政策措施。通过政府采购加大对软件信息服务企业的扶持力度，鼓励金融、电信、制造业等重点行业企业采购国内企业提供的软件与信息技术服务。通过推广总承包、分包、转包等模式，为中小软件服务外包企业提供市场机遇。

第二，实施品牌战略。通过鼓励企业国际并购等方式，着力培育具有国际影响力的软件服务外包品牌企业。目前，我国已经逐步产生了有国际影响力的软件外包企业。例如，据中华人民共和国商务部网站，2018年2月21日在佛罗里达州奥兰多举行的2018年外包世界峰会上，IAOP发布了2018年全球外包100强榜单（The Global Outsourcing 100）。其中，中国有软通动力和微创2家企业上榜，2017年上榜的中国企业是中软国际和文思海辉。这些龙头企业的发展壮大为我国承接国际业务，树立国家品牌，引领软件与信息服务外包能力的提升具有重要意义。应积极推广、发挥龙头企业的品牌效应，培育具有国际影响力的总承包商和服务提供商。

第三，增强企业核心能力建设。随着信息技术不断创新，客户需求多样化发展，增强创新能力成为企业成长壮大的核心动力。同时，人民币汇率升值的风险，也使单纯依靠劳动力成本优势难以持续。这就要求企业提高创新能力，提高管理水平，提升专业化程度。同时，加强软件与信息服务企业的服务质量体系和诚信体系建设，开展企业诚信等级认定工作。

第四，建立与国际接轨的行业标准。加强标准化对行业管理、产业发展的支撑作用，加快推进软件与信息服务的标准化工作。遵循国际外包管理的标准，制定完善的软件与信息服务外包企业承接能力标准，包括技术水平标准、知识产权保护标准、人才标准等。通过财政补贴等方式，鼓励国内企业通过CMM/CMMI等国际认证。

第五，完善相关法律法规。完善信息安全、知识产权保护等方面的法制环境，进一步保护知识产权完善法律体系，为软件与信息服务外包创造良好的法制环境。

第六，注重构建多元化的国际市场体系。除保持现有的美国、日本市场份额继续扩大外，要积极开拓欧盟市场，加强东盟、非洲、拉美等区域发展中国家、新兴经济体的市场开拓能力。

第二节　中国设计服务外包的发展战略

进入21世纪以来，设计服务外包已经成为新一轮全球服务外包的重点领域。越来越多的跨国公司设计服务发生离岸,并快速向中国、印度等发展中国家转移。这一趋势不仅反映出跨国公司全球战略的重大调整,也为中国通过承接国际设计服务外包,推动国内设计服务业发展和制造业结构升级带来了新的机遇。

一、基本概念

设计服务是生产性服务业的重要组成部分。它是设计师、工程师按照用户需求,通过创意劳动,融合技术、经济、环境、材料、美学、艺术等多方面的知识于一体,对工业品、建筑物、空间环境等物体的功能、结构、形态等方面进行整合优化的集成创新活动。主要包括工业设计、建筑设计、时尚设计、商业设计等。设计是创新的主要环节,也是企业核心竞争力的集中体现。设计服务外包即企业、机构将全部设计服务或设计产业链中的某个环节外包给专业化服务机构完成。

二、全球设计服务离岸外包的现状及发展趋势

(一)全球设计服务离岸外包的发展现状

进入 21 世纪以来,全球设计服务离岸外包取得了迅速发展,设计服务外包市场迅速扩大,设计产业参与全球分工的程度不断深化。据有关国际数据咨询公司预测,全球设计研发服务业占全球服务业离岸外包总量的 26% 左右。设计师已经成为离岸意识较强的行业。其中网络设计、程序设计、软件开发等技术人员最可能离岸。目前,设计服务离岸外包涉及芯片、电子消费品、汽车、飞机等工业产品到大型工程、建筑设计等诸多领域。在电子信息行业,美国除外包芯片设计外还外包了许多其他设计能力。全球主要的计算机公司,如戴尔、苹果、索尼已经成功地外包了设计。2019 年 6 月作为 Mac、iPod、iPhone、Apple Watch 等一系列苹果知名产品的打造者和设计师,被那个被认为最像乔布斯的人,甚至因为产品设计和打造被授予英国骑士爵士爵位的苹果首席设计官乔纳森·艾维离职苹果,宣布组建一家独立设计公

司 LoveFrom，但继续以外包公司形态参与苹果业务，在接受英国金融时报采访时，表示苹果将是其第一个客户。美国 EETimes 和 ElectionsSupply & Manufacturing 的一项调查发现，有 40% 的企业表示将电路设计外包，61% 的企业表示将结构设计外包。企业外包设计从非核心设计业务已经发展到核心设计业务。

（二）全球设计服务离岸外包的主要原因

随着现代信息技术的空前发展和全球经济一体化进程的加快，产品市场全球化、消费群体多国化、消费者需求个性化的特征日益明显，使得设计创新作为企业参与国际市场竞争的关键环节发挥着越来越突出的作用。企业必须加快设计创新速度，以适应不同国家的市场需求，这是促进设计服务离岸的主要根源。

1. 信息技术的空前发展为设计服务离岸外包提供技术支持

综观人类历史，每一次重大技术发明都带来了国际分工方式的变化。现代网络信息技术的出现及在全球范围内得到的广泛运用，消除了国际分工的地理距离，使设计这一个性化的服务业得以离岸。现代信息技术消除了人与人交流的空间障碍，促进了全球信息自由流动和共享。通过网络不仅能够解决设计离岸的服务质量等技术问题，而且能够有效地控制接包公司的人力资源、工作效率、财务等管理问题。

2. 降低创新成本成为设计服务离岸外包的驱动因素

大量研究表明，发达国家设计服务发生离岸的主要原因是基于节约成本的考虑。在汽车行业的全球市场竞争中，跨国公司必须面对产品质量不断提高和价格相对下降的双重压力，这要求企业一方面加速创新，不断开发出功能强大、多样化以及符合环保、节能、安全等标准的新产品，另一方面又要不断降低成本以应对竞争，因此，跨国公司不仅要从成本较低的地区进行零部件采购，也加速向发展中国家外包设计，以便多快好省地缩短设计周期。

3. 强化和构建企业核心竞争力是设计服务离岸外包的重要因素

企业为了适应国际竞争的需要，往往将非核心、非擅长的设计业务部分外包给专业设计公司，以保持快速、可持续的新产品开发能力。Mahendra Jain 研究认为，在汽车产业电子设计中，一年内设计工具的提供达到40亿美元。设计和生产成本的提高，使公司正在寻找一种节约资金、集中核心业务的方法。因此，"出售设计对于提高企业核心能力是最有效的管理"。David Bursky 研究认为，高成本导致许多芯片制造商不仅将制造部分外包，而且大多数都购买设计、测试等服务。研究表明，降低建筑设计成本最好的选择就是把那些重复性、劳动密集型的过程外包出去，集中精力于设计创作等高利润的工作。此外，企业通常还在不具备相应设计能力的情况下外包核心设计，以借助外部资源构建核心能力。近年来，欧美跨国公司越来越多的汽车制造商和一级零部件供应商开始把全部设计和开发工作外包。

4. 各国不同的比较优势加速了设计服务离岸外包全球化发展

由于发达国家与发展中国家设计服务各自具有不同的比较优势，因此产生了相互发包的现象，加速了设计离岸外包全球化的发展。发达国家主要利用发展中国家的成本优势外包设计，发展中国家则通常由于缺乏设计能力，利用发达国家的技术优势外包设计。尤其体现在汽车、飞机以及电子产品的核心关键设计、大型建筑项目设计等领域。由于两者在全球设计产业分工地位、比较优势上仍然存在明显差别，因此，在承接设计业务中的环节、价值链分布、价格上都表现出十分显著的差异性。

（三）全球设计服务离岸外包的主要特点

全球设计服务离岸外包呈现出以下主要特点。

1. 以设计资源协作为基础的分包协作成为主要方式

随着全球新知识、新技术的不断产生，一个公司越来越难以拥有全部知识的设计团队，尤其是一些尖端技术领域，更多地需要全球设计团队协作完成。这就促使生产制造商整合全球设计资源，依托专业设计公司优势，由此产生了大量的设计分包协作。例如，美国洛克希德－马丁协同设计的联合攻击战斗机，设计数以千计来自美国和海外的工程师、设计师。设计分包协作对于扩大全球设计产业整体规模和提升专业化水平具有积极作用。

第一，提高了创新效率。制造商通过与专业设计公司的协作，缩短了新产品开发周期。这些设计公司拥有完整的设计方案，多数还能提供无线模块、手机软件系统、平台和应用软件的整合业务，可以在最短时间内按照厂商要求交付成品。宝马（BMW）汽车公司为了缩短新车设计生产周期，将设计外包给奥地利 Magana Steyr 公司，其中设计的 SUV 车型 X3 从决策到量产仅用了 28 个月，创造了该公司"最短设计"的历史记录。

第二，为设计公司参与国际产业分工提供了更多机遇。制造商之所以加强与专业设计公司的协作，其主要原因有：一是专业化优势，在某些领域的设计往往处于领先地位；二是行业经验丰富；三是创新速度快，设计周期一般比制造商自己设计短；四是能够帮助制造商提高对市场的快速反应能力；五是减少制造商自己负担设计团队成本过高的压力。由于设计分包协作促进专业分工不断细化，专业设计公司将能够更充分地参与全球产业分工。设计公司（Design House）的运作形式更加多样化，不同规模、专业的设计公司都可以在产业链上找到自己的生存空间。如手机设计行业，有的"一包到底"，即用户给出一个创意，由设计公司完成从设计、测试、样片甚至生产的全过程；有的则只完成设计的某个环节。

第三，为发展中国家设计服务业赢得了更多机遇。由于成本因素，跨国公司在设计分包过程中产生了大量转包，使设计业务不断向低成本国家转移。例如，波音公司将 7E7 机翼的设计业务外包给日本三菱公司，而日本三菱公司又将部分业务转包给成本更低的俄罗斯公司设计，俄罗斯公司又将其中的部分设计业务外包给印度公司，在不停的转包过程中，发展中国家获得了市场机会。目前，发展中国家设计产业处于起步阶段，充分利用跨国公司设计分包资源具有更加重要的意义。

2. 发达国家在设计服务离岸外包中仍占据主导地位

目前，全球设计离岸外包的发包方主要来自美国、欧洲、日本等发达国家。在汽车、计算机、机械的核心设计仍以发达国家为主。例如，美国在集成电路设计、芯片设计、电子设计自动化（EDA）等领域占主导地位。英国、意大利在汽车设计中占主导地位。2018年英国汽车制造量为152万辆，虽然大多由跨国公司生产，但是设计多数出自英国设计公司。意大利宾尼法利纳（Pinifarina）承接中国、巴西等国家的汽车设计，年营业额可达7亿美元。发达国家在高端设计中的绝对优势，决定了在全球设计产业中主体和控制地位。目前，全球设计服务业的主要出口国仍然是英国、美国、意大利、德国、芬兰等发达国家。

3. 设计服务离岸外包向发展中国家转移趋势明显

EETimes对芯片设计离岸外包的调查认为，设计离岸外包最受欢迎的目的地，依次是美国、中国大陆、中国台湾和印度。其中，有21%的设计工作外包到中国，24%外包到印度。全球设计服务外包加速向中国、印度等发展中国家转移，主要基于以下原因。

第一，突出的设计成本优势。越来越多的美国人认为，芯片设计最廉价、最快、最好的方案就是外包到中国或者印度，因为绝对比自己设计价格低。美国的一项研究显示，设计工作被转移到印度、中国等低成本国家的海外设计中心，主要是降低劳动力成本。一个美国工程师的月收入为4 000美元，相当于印度（700美元）的近6倍，相当于中国（500美元）的8倍。一个美国航空设计师每小时的工资成本是120美元，而俄罗斯工程师的薪酬只相当于1/3。印度纺织设计成本仅相当于美国的1/10。

第二，高素质的设计服务人才。设计是知识密集型的创意产业，与制造业外包相比，对于专业化人才的需求更为重要，而发展中国家的设计人才较高素质和较低工资水平的结合，恰恰为跨国公司设计离岸外包提供了技术人才条件。随着发展中国家市场经济不断成熟，消费水平大幅度提高，以及国际贸易规模扩大，带动了设计服务业迅速发展，设计师队伍不断扩大，设计水平与发达国家差距不断缩小。目前，中国各种设计类院校每年毕业学生数万人，规模已经超过了美国等发达国家。中国、印度、巴西的许多产品设计获得国际大奖，说明这些国家已经具备了承接设计外包的技术人才条件。

第三，设计服务外包市场环境日臻完善。发展中国家对外开放水平不断提高,城市基础设施建设不断改善,文明程度不断提高,政府效率和质量不断改进,为吸收外国际设计外包提供了良好的环境。尤其是知识产权保护制度不断完善,使跨国公司在设计离岸外包过程中知识产权纠纷减少。印度在承接跨国公司设计外包中几乎没有发生过知识产权纠纷。近年来,中国也已经形成了《中国著作权法实施条例》《信息网络传播权保护条例》等完整的著作权法律法规体系,打击侵权犯罪的力度不断加大,有效地保护了原创作品的知识产权。

4. 设计服务离岸外包促进了 ODM 的极大发展

设计服务离岸外包使设计公司逐步向 ODM 发展成为趋势。ODM 通常包括从产品概念设计到小批量生产的整个过程,与单纯设计服务相比,在产业链的完整性上具有明显优势。因此,许多制造商把设计委托给有实力的 ODM 企业,从而实现设计、生产、加工一体化,以降低成本,提高市场效率。ODM 企业的优势与实力也成为获得重大设计项目的标志。设计公司通过 ODM 模式使设计产业链向制造环节延伸,增长了利润空间,这是设计公司发展到一定阶段通常采用的方式。例如,中国德信无线等手机设计公司都已经将产业链延伸到包括采购、生产的前后工序。

(四) 发展趋势与前景

全球设计服务离岸外包将加速发展。

首先,设计服务离岸外包市场将进一步扩大。正如巴克利所说,"当前产品的发展和创新已经变得高度系统化,因此,产品已不再是单为某一个市场而设计,接着再转移到另一个市场,而是在最初就适应不同市场的不同口味对产品进行设计"。这意味着针对不同国家地区市场的本土化设计将成为产品创新和国际竞争力的主流,这一趋势必然使跨国公司大量向东道国外包设计服务,加速设计服务离岸的发展。

其次,设计服务离岸外包向发展中国家转移将呈现加速趋势。有关资料显示,全球服务外包每年以 30%~40% 的速度增长。全球 1000 强企业中,仍然有 70% 的企业尚未将任何业务外包到成本较低的国家,这意味着市场潜力巨大。由于发展中国家的成本优势、技术人才优势明显，以及吸引外资环境不断改善等因素，将继续吸引设计服务离岸。

再次，设计服务离岸外包将促进发展中国家设计产业大发展。通过承接国际设计服务外包获得外溢效应将缩短发展中国家与发达国家的差距，尤其是中国、印度、俄罗斯等国家设计的产业规模、出口规模将迅速扩大，设计产业国际竞争力将进一步增强。

最后，国际设计服务外包将推动全球设计产业水平的提升。在设计服务不断离岸的过程中，不仅将扩大全球设计产业规模，而且将有力地推动东西方文化的快速融合，推动东西设计师的交流互动，由此使全球设计创新水平得到提升。

三、中国承接国际设计服务外包的现状及趋势

（一）中国承接国际设计服务外包的现状

进入21世纪以来，中国已经成为国际设计服务业转移的主要目的地。2018年我国对外设计咨询累计签订合同额23.4亿美元，目前承接国际设计服务外包主要分布在北京、上海、深圳、广州、江苏、浙江等设计服务业较为发达的地区。从中国对外咨询业的增长可以判断出，中国承接国际设计服务外包增长快，市场规模迅速扩大，并呈现出良好的发展趋势。

（二）中国承接国际设计服务外包的主要特点

中国承接国际设计服务外包逐步形成了宽领域、多层次的格局，呈现出跨国公司设计机构加速转移、内外资设计公司竞相发展的局面。

1. 基本具备了全面承接国际设计服务外包的能力

目前，中国承接国际设计服务外包业务范围已经覆盖电子信息、汽车、通信设备、医疗器械、轨道交通、家电、玩具、服装、平面等工业设计领域，以及城市规划、大型建筑、室内、景观等建筑设计领域。业务不断延伸、规模逐步扩大、价值链逐步向高端攀升，在手机设计、家电设计等领域已经具有较强的国际竞争优势。

中国手机设计服务外包不仅发展速度快，而且已经具有较强承接高端业务的能力。许多公司设计能力全面，技术创新和技术开发能力较强，在承接外包业务时通常能使用国际先进技术。

2. 跨国公司在华设计机构明显增长

跨国公司设计机构从20世纪90年代开始进入中国市场，2000年之后速度明显加快。这些设计机构涉及电子、通信、计算机、视听产品、家电、装备制造、汽车以及美发、照明、建筑等不同领域。从成立动因来看，主要基于两个方面的考虑：一方面是随着中国城镇居民消费水平迅速提高，对产品的个性化、多样化需求越来越强烈，为了不断提高中国市场的占有率，跨国公司必须进行本土化设计。另一方面是充分利用中国人力成本优势。从服务对象来看，跨国公司在华设计机构主要是为海外母公司开拓本土市场服务。从专业分工来看，设计专业化趋势日趋明显。2000年以前，跨国公司的设计业务大都包含在技术公司或制造公司里，只有少量企业成立了专业设计中心。2000年以后，越来越多的专业化设计机构以及以从事设计业务为主的技术研究中心在华设立。例如，索尼、三星、摩托罗拉、诺基亚、通用汽车、大众汽车、现代汽车等。通用汽车等大型跨国公司都在中国相继建立设计研发中心。从设计产业链发展来看，由低技术含量向高技术含量发展。以集成电路、电子消费品、汽车等产品为主的设计正在加速转移。

3. 外资设计公司在华承接外包业务十分活跃

外资设计公司逐步进入中国市场，根据问卷调查分析，外资设计公司在中国设立外包子公司主要基于靠近当地市场、节约成本和利用本地设计人才，这三项因素分别占企业总数的80%、60%和63%。因此，中国设计市场需求不断扩大，设计人力资源丰裕，土地、办公场所等生产要素价格较低等都是吸引外资设计公司的主要因素。外资设计公司在华承接国际服务外包具有以下主要特点。

第一，业务范围宽，规模大。从问卷调查来看，外资设计公司承接跨国公司、国内大型企业、国内中小型企业业务比重分别占企业总数的63%、

80%、73%，说明其在承接本土和海外业务上都具有明显优势。外资设计公司承接国际服务外包业务主要来自美国、意大利、德国、韩国、印度、东欧、俄罗斯、中东、越南等，以及中国台湾和中国香港，并在不断拓展。

第二，外资设计公司以承接本土设计业务为主。从问卷调查来看，外资设计公司承接母公司业务、其他国外企业业务、本土企业业务比重分别占企业总数的55%、70%、90%。多数外资设计公司的在华机构是为承接离岸外包业务而设立的，其中有40%以上公司的业务与外包业务存在客户、技术等方面的联系。一些欧美设计公司在中国成立机构的主要目的是面对中国市场的开发，中国台湾设计公司在为欧美设计产品的同时也逐步向大陆市场转移。这些公司主要接受本土企业订单，尤其是国内大型品牌企业成为其主要客户。此外，这一时期外资建筑设计公司承接了大量著名的国内地标性建筑。

第三，本土化程度提高。目前外资设计公司除少量高层管理人员由母公司委派外，中层管理人员和一般员工主要靠当地招聘。本土化程度一般达到70%。此外，绝大多数外资设计公司以独资方式为主，说明它们不仅具有自己的技术优势、管理优势和品牌优势，而且基本熟悉和适应中国市场。

这一时期外资设计公司快速发展的主要因素有：一是本土制造企业开拓国际市场的需求增加，外资设计公司在服务上更具有优势；二是外资设计公司在汽车、大型交通工具、大型建筑场馆、大型景观等高端设计业务上具有明显优势，本土设计公司往往难以竞争；三是中国消费者对设计创新要求提高，外资设计公司的创新创意优势更能够得到发挥。

4. 本土设计公司承接国际服务外包竞争力不断增强

近年来，本土设计公司承接国际服务外包业务市场不断拓展，业务规模不断扩大。目前，业务国别来源有美国、欧洲、日本、韩国等发达国家以及俄罗斯、印度等发展中国家，基本形成了多元化市场格局。外包业务量通常占公司业务总量的20%～30%，最高可达60%～70%，增长幅度通常在20%左右。本土公司通过承接外包业务经营额普遍提高，并逐步形成稳定的国际客户资源。Lotus、Siemens、Ericsson、SANYO、Motorola、Whirlpool、Electrolux、Panasonic、Intel、Kodak等大型跨国公司都成为其主要客户。本土设计公司承接国际服务外包的优势主要体现在以下方面。

第一，行业经验与业务积累。这些公司在承接跨国公司的设计外包业务之前，大多从事与外包业务相关的设计活动，许多公司承接的外包业务是公司主要设计业务的延伸，与公司原有业务具有很强的关联性。这一时期本土设计公司基本建立了自己的外包业务渠道和网络体系，其中，通过与跨国公司在华子公司的业务联系获得国际服务外包业务是主要渠道。

第二，技术知识与品牌积累。从问卷调查来看，本土设计公司文化素质普遍较高，大学生人数一般占公司员工总数的70%以上；70%的公司依靠自身技术实力获得外包业务；74%的公司所在领域拥有技术优势。许多公司获得了国际设计大奖，多数承接了当地政府的重大项目设计、国内知名大企业设计业务，这些都形成了承接海外业务的品牌效应。

第三，人力成本优势。从问卷调查来看，跨国公司向本土设计公司外包业务的总成本通常下降30%左右，较高可以达到40%～60%，其中人力成本低、靠近市场是主要的降低成本的来源。目前，国内工业设计市场价格仅相当于发达国家的1/15～1/5，工业设计师价格大致相当于美国的1/10，英国的1/5，韩国的1/2；建筑设计市场价格与美国相差8倍。

第四，本土化优势。这一优势主要体现在三个方面：一是本土市场优势。与海外设计公司相比，本土设计公司人员具有常年稳定的市场营销网络和人脉关系，为跨国公司进入本土市场提供了便利条件。二是本土文化优势。本土设计公司熟悉国内文化，所设计产品更适应国内消费者的需求，对跨国公司开拓本土市场更具有针对性。三是本土语言优势。由于目前外包业务主要集中在跨国公司在华机构，业务一般由中方管理人员负责衔接，本土设计公司更便于交流。

第五，体制优势。目前民营、股份制企业占本土设计公司的70%左右，市场活力十分旺盛，公司决策系统反应速度快、管理摩擦少、服务效率高，在承接国际设计外包业务中具有明显的体制优势。

(三) 发展趋势与前景

中国承接国际设计服务外包虽然刚刚起步，但潜力巨大，并具有良好的发展前景，主要体现在以下方面。

第一，中国设计创新能力不断增强。随着中国自主创新战略的不断深化，设计创新已经越来越得到国家、企业和社会的重视。一方面企业逐步成为设计创新的主体，另一方面企业对使用设计的需求越来越大，这无疑为承接国际设计外包提供了技术条件和市场条件。

第二，国际设计外包市场将进一步扩大。市场因素来自三个方面：一是跨国公司制造业转移将使设计外包市场进一步扩大。据中国报告网，2018年中国制造业新设立外商投资企业6152家，同比增长23.4%；实际使用外资金额411.7亿美元，同比增长22.9%。跨国公司制造业不断转移必然带来新的设计市场需求。二是国内消费市场旺盛将继续带动设计服务需求。综合国力增强，居民购买力的提高，尤其是用于文化、时尚、娱乐消费的支出比例增加，标志着消费者对多样化、个性化、创新创意的产品需求提高。三是中国企业国际化进入了快速发展阶段，企业为了开拓国际市场、创建国际品牌，对设计国际化服务的需求将大大增加。

第三，国内外设计机构将持续快速发展。经过前一时期的积累，国内外设计机构在承接外包业务的规模、能力、水平上将会进一步提高。一是随着跨国公司制造业转移将继续加速在华成立设计机构，这些设计机构除为母公司提供服务外，逐步开始为其他客户提供服务。二是随着外资设计公司对本土市场更加熟悉，承接外包业务的规模和领域将进一步扩大。三是随着本土公司承接国际设计外包的经验、技术、渠道、客户的积累及能力提高，业务规模将进一步扩大。据住房和城乡建设部数据，2018年全国共有23183个工程勘察设计企业。其中，工程勘察企业2057个，占企业总数8.9%；工程设计企业20604个，占企业总数88.9%；工程设计与施工一体化企业522个，占企业总数2.2%。

第四，设计人力成本优势继续保持。中国快速增长的设计人才队伍，将为承接外包业务源源不断地提供优质价廉的劳动力。据住房和城乡建设部数据，2018 年全国工程勘察设计行业年末从业人员 447.3 万人，年末专业技术人员 188.2 万人。其中，具有高级职称人员 40 万人，占从业人员总数的 9%；具有中级职称人员 67.7 万人，占从业人员总数的 15.1%。

第三节　中国医药研发服务外包的发展战略

医药研发外包于 20 世纪 70 年代后期在美国兴起，80 年代以后在美国、欧洲和日本迅速发展。研发一种新药一般需要耗时 8~14 年，投资 8 亿~10 亿美元，对任何一个生物医药企业都是沉重的负担。新药研发耗资大、周期长、风险高，同时，伴随着美国的医疗保障制度越来越完善以及对于药物安全问题越来越重视，使得新药研发更加复杂、周期更长、费用更高。在这种情况下，许多医药企业与有实力的医药研发外包公司建立战略性伙伴关系，将新药研发的某些环节外包，联合外部力量进行攻关，既能缩短新品上市的时间，又能节约技术成本，分散风险，为企业赢得高额的回报率。随着全球服务外包发展，越来越多的发达国家的医药研发服务向发展中国家转移。

一、医药研发外包的定义和范围

医药研发外包（又称合同研究机构，以下简称 CRO）是一种为各类医药企业提供新药临床研究等服务，并以之作为盈利模式的专业组织，利用自身专业性和规模优势，为企业有效降低新药研发成本，同时帮助企业实现产品快速上市。

最初，CRO 提供的服务主要集中在临床试验方面，负责药物临床试验的全过程，目前业务范围已经向化学结构分析、化合物活性筛选、药理学、毒理学、药物配方、试验设计、药物发现、临床前期研究、药物基因组学、药物代谢研究、药物安全性研究、研究者和试验单位的选择、监察、稽查、数据管理与分析、药物申报注册、信息学、临床文件和政策法规咨询等诸多方面扩展。生物医药研发外包除了具有高技术、高投入、周期长、高附加值外，同时还具有不确定性、外包机构承接业务难以定价等风险性。

二、全球医药研发外包发展现状及趋势

（一）全球医药研发外包的发展现状

1. 全球医药研发增长态势强劲

近年来全球在研新药数量和医药研发费用支出呈现持续增长态势，2001－2015年全球在研新药数量复合增速为5.27%，给CMO行业带来稳定的增长空间。另外随着研发生产成本和专利到期风险越来越高，制药企业更加依赖于与第三方的合作。根据数据显示，在2009－2014年内全球有累计超过2000亿美元的创新药因专利权到期而失去保护，而2015年仍将有约440亿美元的药物面临专利到期的风险，未来将继续保持这种局面。作为高效率、专业化的生产方，医药CMO行业价值凸显，继续维持高景气。根据Frost&Sullivan的报告，目前在全球生物医药产业中，CRO承担了全球近1/3的新药开发组织工作，在Ⅱ期、Ⅲ期临床试验中，有CRO参与的占2/3。CRO服务的全球市场以每年20%－25%的速度增长。据知名医药咨询公司Igeahub发布的《2018年全球10大合同研究组织》报告：2017年，全球CRO服务市场价值约362.7亿美元，2023年将达到563.4亿美元。

2. 美国占全球CRO市场一半份额且发展成熟

就区域性市场份额来看，美国对全球CRO行业市场份额依然是主要贡献者。美国医药研发外包产业发展比较成熟，能够提供早期药物发现、临床前研究、各期临床试验、药物基因组学、信息学、政策法规咨询、生产和包装、推广、市场、产品发布和销售支持、药物经济学、商业咨询及药效追踪等一系列服务。受经济衰退影响，美国和欧洲区域CRO行业市场增长的衰退迹象非常明显。但是对于新兴市场而言，其成本优势与地域优势成为了该区域市场份额增长的主要原因,而且增长态势显著。尽管如此,美国仍保持了其大量高附加值业务的优势地位。

3. 欧洲和日本 CRO 市场具有较好的成长性

欧洲医药研发仅次于美国,列全球第二位,约有 150 多个 CRO 公司。日本 CRO 产业起步于 20 世纪 90 年代初,1997 年日本以国际化为标准的新 GCP(药品临床试验管理规范)颁布,厚生省(卫生部)对临床实施规范和数据质量要求上升,促使了日本医药研发服务外包的发展。日本约有 60 余家 CRO 公司,以每年 30%～40% 的速度成长,EPS、CMIC 等前 3 家 CRO 龙头企业占据了日本 CRO 业务 50% 的市场份额。

4. 印度等发展中国家具有较大的承接优势

印度人力资源的费用只相当于美国的 1/7,凭借人力成本和语言优势,在 CRO 市场中占有一席之地。

(二)全球医药研发外包的发展趋势

1. 市场规模和业务范围迅速扩展

20 世纪 90 年代以来,大型跨国制药企业加速了全球化战略,不断投资海外研发机构并将其纳入到全球研发体系中,但另一方面也增加了其研发成本。因此,跨国制药企业面对一个管理更加严格、竞争更加激烈的产业环境,为了提高新药研发的效率,开始逐步调整药物研发体系,将 CRO 企业纳入其医药研发环节中,替代部分的研发工作,以控制成本、缩短周期和减少研发风险。

经过几十年的发展,CRO 行业已经拥有一个相对完备的技术服务体系,提供的技术服务几乎涵盖了药物研发的整个过程,成为全球制药企业缩短新药研发周期、实现快速上市销售的重要途径,是医药研发产业链中不可缺少的环节。CRO 企业可通过规模效应有效控制研发成本,此外相较于医药公司,CRO 公司专注于医药研发,研发效率更高。

例如,药物研发、临床前研究、药物经济学、药物基因学、药物安全性评价、数据管理与分析、信息学、政策法规咨询、产品注册、生产和包装、市场推广、产品发布和销售支持以及各类相关的商业咨询等诸多领域，而且每年都有新的服务增加。大型 CRO 公司的服务也在增加。又如，印度 Excele Sciences 公司和瑞士 CRO 公司 PFC Pharma Focus 联合在印度建立了一个新的 CRO 中心来扩展业务范围。

2. 向亚洲国家转移的势头加快

近些年来，一个新药的全球平均研发成本由过去的 5 亿美元上升到 12 亿美元，且成本不断上涨，由此带动了医药研发服务外包的不断扩展。发展中国家具有人力成本低廉、相关人才密集、病患者资源库丰富等有利条件，国际大型的 CRO 公司都加快步伐将新药开发中的非核心业务脱离出来转移到印度、中国、巴西等发展中国家。有数据表明，中国医药研发人力资源成本约为美国的 1/10，而印度的人力成本是美国的 1/7。

3. 医药研发外包联盟（CROSA）趋势更加明显

由于单个医药研发外包企业技术及信息、服务范围比较有限，特别是面对难度大、涉及范围广的病症难以应对。例如，全球甲型 H1M1 流感，病毒在不同国家有时会发生不同的变异。为了在最短时间内研制出能够治疗这种疾病的药物，需要研发方信息互通交流。研发外包服务联盟可以把具有高质量服务能力及研发能力的机构联合起来，解决世界性的医疗疾病，所以世界性的医药研发外包联盟已经越来越多。

4. 医药研发外包企业并购重组高潮迭起

2009 年 11 月，世界前三大 CRO 组织之一的 PPD 公司先后收购了依格斯医疗科技公司和保诺科技。PPD 公司的强项是后期临床实验，保诺的优势是药物研发前期的一体化开发，而依格斯则在临床试验上占优，并购后 PPD 不仅增强了研发能力，而且成为目前在华运营的最大跨国临床研究机构。

5. 医药研发离岸外包成为跨国医药公司重要的创新模式

国际生物医药产业已不局限于将公司非核心研发业务进行离岸外包，而是在控制新药核心知识产权的前提下，开展多种形式的研发业务离岸外包模式。例如，美国诺华（NOARTIS）公司与世界范围的 CRO 公司开展从药物发现到临床试验等全面的研发合作，将新药研发实现外部化；辉瑞（PFI-ZER）公司实施战略性紧密型研发外包模式，将化学服务业务整体外包给俄罗斯的 ChemBridge 公司，实行新药研发的部分外部化。此外，跨国医药公司在新兴市场国家建立离岸全球研发中心，实现医药研发外包的内部化。

三、中国医药研发外包发展的现状

（一）中国医药研发外包总体发展迅速

公开资料显示，近几年，得益于国际医药研发产业转移的大背景，以及国内大力支持发展生物医药等战略性新兴产业，鼓励新药自主创新等政策环境的影响，我国生物医药服务外包呈较快发展态势。CRO 市场发展迅速。由于人才资源丰富、基础设施完善和政府政策支持，目前中国已超过印度成为亚洲医药研发外包首选之地，生物医药外包初具规模，主要呈现出如下特征：一是发包市场主要来自国际市场，二是海外留学人员创立的企业在市场中表现活跃，三是国内 CRO 企业规模偏小，处于产业链的低端，很多 CRO 企业成为国外企业的加工厂，开展中高端业务外包的企业不多。四是化学合成研究具有优势，临床外包业务规模不大。

据 ClinicalTrial 临床研究报备信息统计显示，我国报备在 ClinicalTrial 官网上的临床研究数量增幅较快，9 年复合增速达到 25%，高于全球报备数量 9 年 9% 的复合增速，快速增长的临床试验需求也为我国 CRO 的快速发展创造了良机。同时，自政府重大新药创制专项启动以来，药物研发投入不断增加，预计在 2020 年专项投入资金总额将达到 260 亿元，药品研发经费投入达到 1 400 亿元。未来随着中国新药研发投入的上升和政府投入的不断加大，承接新药研发服务的中国 CRO 行业必将迎来高速的发展。

（二）医药研发外包企业发展较快

近年来，中国医药研发外包企业呈现出数量集聚增多、本土企业规模扩张能力增强、承接业务范围扩大、外资企业具有明显带动作用、留学生企业活跃等特点。

相比于欧美等市场发展历史，中国 CRO 行业发展起步较晚，只有 20 年左右的发展历程。1996 年，MDS Pharma Service 投资设立了中国第一家真正意义上的 CRO，从事临床研究服务业务，中国 CRO 行业开始萌芽。2000 年药明康德成立，随后尚华医药（Shanghai Pharma）、博济医药（300404 CH）、泰格医药等目前国内主要 CRO 公司成立，中国 CRO 行业开始正真开始起步。2007 年药明康德在美国上市，成为第一家上市的国内 CRO 公司。2012 年泰格医药（300347 CH）在国内上市，成为第一家在 A 股上市的国内 CRO 公司。2014 年 1 月重庆博腾股份（300363 CH）在 A 股上市。2015 年 12 月南京金斯瑞（1548 HK）在香港上市，股价在 2018 年坐了过山车。2016 年 11 月深圳凯莱英医药集团（002821 CH）在 A 股上市。2018 年 11 月证监会批准康龙化成 A 股上市。

在国际医药研发外包企业的带动下，中国本土企业成长尤其迅速。药明康德、尚华先后在纽约交易所上市。目前，留学生创办的企业已经成为本土医药研发外包企业的主要力量。由于许多留学生企业握了国际前沿性的先进国际技术，自主创新能力强，大部分都有多项专利和自主知识产权产品。同时，在人脉上具有较深的海外背景、海外渠道，信息畅通，熟悉国际标准，容易获得国际市场的认同，创业成功率、国际市场占有率都高于一般本土企业。北京中关村、上海张江、江苏泰州等国家级生物医药研发基地多数是以留学生企业为基础创办的。

从企业性质划分来看，第一类是等跨国企业在中国的分支机构，如 Quintiles、Covance、Kendles。第二类是合资型企业，如 Kendlewits、Ever Progressing Systems（EPS）等，服务对象主要是小型跨国企业及一些大型本土企业。第三类是本土企业，如依格斯北京医疗科技有限公司、上海药明康德新药开发有限公司、杭州泰格医药科技有限公司等，这类企业约有 200 家，服务对象为中国本土企业，服务内容包括改变剂型、仿制药研究以及临床研究等。

从医药研发外包企业承担的业务范围来看，第一类是从事临床前研究的

CRO 企业。这类企业主要从事与新药研发有关的化学、临床前的药理学及毒理学实验等业务内容，如无锡药明康德（Wuxi Pharma Tech）和北京 Bridge Pharmaceuticals，上海美迪西生物医药有限公司（Shanghai Medicilon）、上海睿智化学研究有限公司（Shanghai ChemExplorer）等。第二类是从事临床试验的 CRO 企业，如杭州泰格医药（Tigermed）、依格斯（北京）医疗科技有限公司（Excel PharmaStudies）、北京 KendleWits Medical Consulting 等。第三类是从事新药研发咨询。当前国内的 CRO 机构中从事这类业务的占绝大多数。

（三）医药研发外包专业性人才优势和成本优势突出

第一，中国大量高素质、低成本的人力资源将成为欧美医药企业青睐的主要因素。第二，伴随着中国 CRO 行业的快速发展，大量海外人才及中国留学生不断向国内流动，对中国医药研发外包能力提升发挥了关键性作用。尤其是国务院制定了《促进生物产业加快发展的若干政策》，对归国留学人员、海外投资者给予各种优惠政策，为引进海外高级人才回国创业创造了良好的外部条件。第三，较低的人力成本提高了我国医药研发外包的国际竞争力。在国际医药研发成本中，1/2 以上的费用是人力成本。与发达国家相比，中国聘请研发人员、临床工作人员和招募受试者的费用都较低。据 Quintile，分析，在中国及亚洲其他一些国家进行临床试验比西方国家节约近 30% 的费用。

（四）专业园区和产业基地集聚示范效应初步显现

其间，国家发展和改革委员会（以下简称"发改委"）等部委选择了产业基础好、创新能力强的地区加快国家生物产业基地建设。认定了长春、深圳、长沙、石家庄、北京、上海、广州、武汉、昆明、青岛、成都、重庆等 12 个国家生物产业基地，认定了西安、天津、泰州、通化、德州、郑州、南宁、哈尔滨、杭州、南昌等 10 个生物产业领域的国家高新技术产业基地。公开资料显示，2017 年我国生物医药产业园数量超过 450 个，国家级生物医药产业园约 200 家。国家级生物医药产业园经营产值约 12550 亿元。通过多年发展，中国部分医药园区形成了集群效应，吸引了一批留学生回国创业，对加速科技成果转化发挥了重要的作用。中关村生命科学园、张江生物医药基地、泰州医药高新区、本溪生物医药产业基地等呈现蓬勃发展态势。其中，张江生物医药基地已经成为国内外生物医药研发外包机构最集中、创新活力最强、承接研发外包业务最活跃和国内创新药物研发数量最多的区域。

四、中国医药研发外包面临的主要问题

新视界资料显示，目前全球CRO市场集中度比较高，具备规模实力的跨国企业数量虽少，但占据了大部分市场份额。在全球CRO市场中，虽然中国有药明康德这一有一定规模实力的企业，但还没有产生影响力较大的跨国企业，且中国CRO市场容量在全球的影响力也非常小。

在服务范围上，发达国家CRO企业比较成熟，具有庞大的国际资源网络和信息网络，能提供全产业链的服务，服务范围涵盖新药研发到市场销售的全过程。而国内CRO公司业务范围及服务内容比较单一。以国内规模较大的医药研发外包企业为例：药明康德的主要业务方向是化合物发现及CMO；睿智化学是化合物合成；康龙化成（北京）主要业务是化学药品研发外包；桑迪亚主要是药物发现；泰格是临床试验；金斯瑞主要是生物创新药研发等。

在企业规模和价值链上，中国CRO企业大多为中小型企业，以新药研发咨询、新药申请报批以及新药注册代理为主。大多处于药物研发价值链的下游领域，目前的新药研发主要停留在改剂型、改规格、改包装、改变给药途径等简单的、低水平阶段。由于许多CRO企业缺乏创新能力，为争夺市场，价格战打得比较激烈。

在制度环境上，首先是国内实行的资质认证及质量标准体系与国际通行的标准不统一。这是国内CRO企业承接离岸医药研发外包的主要制约因素。虽然我国大力推进GMP、GCP等质量体系建设，但与西方发达国家的质量体系相比仍然有很大的差距。其次是知识产权保护上制度的不健全。跨国制药企业之所以不愿意将新药发现等方面的业务外包给国内CRO公司，其中一个

重要原因是基于知识产权的考虑。

五、中国医药研发外包发展的主要趋势

生物产业是国家"十二五"时期的战略性新兴产业和高技术领域的支柱产业，随着这一战略目标的实施，政策支持体系将继续完善。同时，医药研发市场规模扩大，企业竞争力增强，这些都将为中国医药研发外包发展壮大带来黄金机遇期。

（一）国内外市场规模持续扩大

首先，随着中国人力资源优势不断扩大、技术能力提升、设备条件改善、政策环境完善，国际大型制药企业将新药研发业务持续向中国转移。温德尔·巴尔说过，跨国公司希望进入中国迅速扩大的医疗保健市场，并分享其庞大的研发外包人才库。

其次，随着中国的医疗体制改革，医疗保障水平、保障能力、保障层次不断提高，农村医疗保障体系的全面覆盖，城市高消费群体对医疗保障的需求层次提高，国内医药研发需求将持续增加。这既为本土 CRO 企业带来了发展机遇，又为外资 CRO 企业开拓中国市场提供了机遇。

最后，国内外医药企业研发投入普遍提高将直接为医药研发外包市场带来增长效应。随着全球疑难病症增多，医药市场竞争加剧，导致制药企业研发经费投入普遍提高。国际制药企业研发费用的投入一般占销售收入的 15%~20%。国内制药企业实施自主创新战略应对国际竞争压力，与国家出台《药品注册管理办法》等政策支持因素，也将带动国内企业医药研发投入上升。

（二）医药研发外包行业集中度、专业化及综合化水平大幅提高

目前，中国医药研发外包业务主要集中在具有一定规模的企业。据行业媒体 HSMAP 的不完全统计，目前国内处于存续状态的涉足医药外包服务企业有 525 家左右，其中临床服务企业 248 家，非临床服务企业 262 家，综合性服务企业 15 家，临床研究服务与非临床研究服务企业数量基本相当。在中国 CRO 企业里，药明康德的规模遥遥领先，收入超过后面 5 名之和。

从技术市场登记的合作分析中可以看出，首先是药明康德承接的研发外包业务占上海研发外包业务总量的 50% 左右，在专业化上体现出较强的优势；其次是美迪西、开拓者化学、睿智化学等几家企业。中国本土 CRO 企业经过 10 余年的发展，业务领域专业化和综合化趋势较为明显。例如，万全科技可以提供化学药品、生物制品、中药及天然药、医疗器械的临床研究、药物代谢及药理毒理研究、注册及市场推广、药品制造等全方位"一站式"综合服务。

（三）战略联盟将成为我国医药研发企业提高国际竞争力的主要模式

随着全球医药研发外包对承接方的专业化及一站式服务的要求加强，纵向一体化战略正成为 CRO 行业拓展业务范围、提升盈利能力、提高竞争力的主要手段。目前，中关村、张江高科技园区已经逐渐形成了中国生物技术外包联盟（ABO）、中关村 CRO 联盟、浦东新区生物医药研发外包服务联盟、生物医药研发外包工作委员会等 CRO 的联盟，并逐渐发展成为中国 CRO 的中坚力量。中国生物技术外包服务联盟（ABO）整合 16 家外包机构，通过品牌共享和营销协作的形式，提供从新药研发、临床前研究、临床实验到登记和签约生产的"一站式合作研究服务"，使联盟整体经营收入翻了 1 倍。

（四）欧美和日本等发达国家仍是中国医药研发服务外包的主要来源地

目前，中国医药研发外包主要来自发达国家市场。北京医药研发外包企业主要承接美国、丹麦、瑞典、日本和韩国的业务；上海医药研发外包企业则主要承接美国、日本、英国、瑞典、法国和中国香港的业务，其中，美国业务占 44%。

六、政策建议

第一，加强产业政策扶持，不断完善和优化发展环境。应针对医药研发外包行业特点继续完善减免税政策、人才引进和培训政策、融资政策、知识产权保护政策等相关优惠政策。第二，注重服务体系建设，为中国CRO企业承接国际业务创造条件。要重视各类医药研发外包平台、行业组织及中介机构建设，为企业承接各种国际新药研发业务提供帮助。组建国家医药研发外包服务中心、产业联盟等机构，推介我国医药研发外包企业，提高承接大宗国际业务能力；创办国家医药研发外包专刊、网站等加强宣传和信息交流，增强国内相关机构对CRO的认知度。第三，积极推动国内医药研发外包企业通过兼并重组、企业联盟等形成并发展壮大，形成龙头企业，整合产业链。第四，实现CRO企业与新药研发企业的良性互动。近年来，医药研发外包已成为提高生物医药企业创新能力和建立外部知识产权网络的重要手段。CRO行业的成长对推动中国新药研发的自主创新能力和专业化分工水平，提高中国医药行业整体竞争力发挥了重要作用。第五，加强各类生物医药产业基地、园区建设，继续提高医药研发外包的聚集效应。第六，逐步建立与国际接轨的资质认证及质量标准体系。

第四节　中国商务服务外包的发展战略

　　近年来，商务服务外包已经成为BPO业务的主要领域。商务服务外包涉及范围广、涵盖领域多，就业增长空间大，对于提高企业、政府、机构的服务专业化程度具有重要作用，对未来服务外包产业的增长也将发挥引擎作用。本章着重分析了全球商务服务外包的发展，以及中国承接国际商务服务外包的现状、存在的问题和发展趋势，并提出政策建议。

一、基本概念

　　从广义上说，商务服务外包就是将企业、政府的商务服务活动外包给专业化服务提供商。目前各国对商务服务的界定及涵盖范围并没有统一的划分方法，在统计口径上也存在明显的差异。根据世界贸易组织《服务贸易总协定》，商务服务业位列服务贸易 12 个分类的第一位，是商业活动中的服务交换活动。具体分类包括专业性服务、计算机及相关服务、研究与开发服务、不动产服务、设备租赁服务、展览管理等其他服务。根据我国《国民经济行业分类及代码》，商务服务业主要有：①企业管理服务，包括企业管理、机构投资与资产管理、其他企业管理服务；②法律服务，包括律师及相关的法律服务、公证服务、其他法律服务；③咨询与调查，包括会计、审计及税务服务、市场调查、社会经济咨询、其他专业咨询；④广告业；⑤知识产权服务；⑥职业中介服务；⑦市场管理；⑧旅行社；⑨其他商务服务，包括会议及展览、包装、保安、办公等服务。

综合上述分类标准，结合目前全球服务外包产业的总体分类，商务服务外包主要包括企业管理、法律服务、咨询与调查、中介服务、人力资源管理、客户服务等。

二、全球商务服务外包发展现状与特点

（一）商务服务外包已经成为 BPO 业务的主要增长点

尽管商务服务外包目前难以进行准确的统计，但从主要国际数据来看，人力资源、客户关怀、财务和会计、培训、企业内部管理等都是近年来发展较快、较为成熟的 BPO 市场。根据 IDC 统计，客户关怀、财务和会计、人力资源等服务外包都呈现出不同程度的增长。巴塞尔银监会、国际证监会组织等相关国际组织曾经对各种公司及组织外包活动调查，结果是，行政管理服务外包占比为 47%，其余分别为：财务 20%、人力资源外包 19%、客服中心 15%。法律等咨询类服务外包也在逐步释放。"Addleshaw Goddard 的一项调查发现，尽管企业对法律流程外包服务还很少使用，进入富时前 350 名的企业中，71% 的企业认为，诉讼是公司花费最大的业务。这些企业也认为，诉讼费是公司财务面临的巨大问题。美国商业服务提供商 Exigent 主管大卫·霍尔姆认为，出于降低企业成本考虑，越来越多的企业将采用法律流程外包业务。全球法律外包服务供应商 CPA Global 公司发现，越来越多的律师

事务所,包括那些著名的伦敦法律界律师事务所,都会接手法律流程外包单。

(二)北美、欧洲和日本仍然是商务服务外包的主要发包地区

从地域分布区域看,全球商务服务外包市场主要集中在欧美地区。总体上,全球商务服务外包市场主要由美国和欧洲推动。例如,美国大部分企业为了降低服务成本,将原来由企业内部负责的人力资源、财务、客户服务等业务外包给专门服务机构。据IDC统计,美国业务流程外包已占全球业务流程外包的63%左右。Frost & Sullivan 在2011年发布的一项分析表明,2017年,欧洲呼叫中心外包市场的收入达到225亿美元。

(三)承接国逐步向发展中国家转移

最初,欧美等发达国家主要从成本因素、地域因素考虑,普遍采用近岸外包方式,欧美既是主要发包地区,又是主要承接地区。随着经济发展环境改变,以及通信信息技术快速发展,商务服务外包逐渐向印度、中国等新兴市场转移。这种离岸的趋势已经成为商务服务外包发展中的一个明显特征。其中亚洲承接国约占45%,印度、中国、菲律宾、韩国、俄罗斯等是跨国企业投资的重点。据印度软件和服务公司协会统计,2007年,印度法律服务离岸外包收入达2.25亿美元。一些地区的商务服务外包已经逐步从业务离散性向长期合约发展,服务外包管理水平逐渐与跨国公司接轨。

(四)规模化经营能力提高

商务服务外包企业通过业务整合、并购重组等手段逐步实现企业规模化经营,在国外设立分支机构,提高经营能力。世界上最大的律师事务所Clifford Chance 将一些文字处理工作离岸外包,与 Integreon(法律和金融外包专业机构)签订合同,由该公司为其提供支持服务。Integreon 公司承担该律师事务所的后台办公室角色,同时提供会计服务和IT服务。

三、中国承接国际商务服务外包的现状与主要特点

（一）中国承接国际商务服务外包发展速度较快

人力资源服务、财务、咨询与调查、法律服务、企业管理等服务外包增长显著，客户关怀、呼叫中心等外包领域迅速扩展。

（二）商务服务发包方主要来自中国香港、美国、欧洲、日本等地区和国家

根据中国服务贸易统计显示，咨询服务外包主要来源于在香港、美国和欧盟这3个地区和国家，总计占咨询服务出口总额的70%以上。其他商业服务外包主要面向中国香港、美国和欧盟，3个地区占其他商业服务出口总额的2/3。根据商务部统计，按照离岸合同执行价值计算，日本和美国是两个最大的离岸市场，其次是香港地区和台湾地区。

（三）商务服务外包承接业务范围迅速扩展

目前，商务服务外包已经拓展到企业管理、法律服务、咨询和调查、知识产权服务、中介服务、市场管理、保安服务、办公服务、财税管理、职业招聘、客户管理、数据处理等不同领域，并在这些领域逐步细化市场，产业链不断延伸。例如，人力资源服务外包已涉及企业内部所有人事业务，包括人力资源规划、制度设计与创新、流程整合、员工满意度调查、薪资调查及方案设计、劳动仲裁、员工关系、企业文化设计、管理咨询、人事外包、数据处理服务、信息调查服务等方面。财务和会计服务外包已经涉及企业海外上市投融资审计、企业境外分支机构延伸审计、跨国公司中国区的审计分包、管理咨询、税务服务、会计外包、境外工程承包相关鉴证和咨询等各个方面。

（四）外资企业在商务服务外包中占据明显优势

外资在企业规模、专业水平、国际认证资质、综合管理水平、品牌知名度等方面均强于内资企业。在投资咨询、财务和会计等领域，绝大部分市场

都被摩根士丹利资产服务咨询（中国）有限公司、菲利普莫里斯（中国）企业管理有限公司，以及普华永道、德勤、毕马威、麦肯锡等外资企业所占领。

（五）本土公司以中小企业和低端服务为主

从企业规模上看，本土商务服务外包以中小型企业居多。根据数据中华统计，除外资、中外合资企业外，企业管理服务规模在200人以下的企业占91.2%；职业中介企业（主要从事人力资源及咨询，职业中介等业务）共21 207家，规模在200人以下的企业为19 532家，占92.1%；咨询与调查行业（包括会计、审计及税务服务、市场调查、社会经济及其他咨询），500人以下规模的企业204 816家，占90%；法律服务行业规模在100人以下的企业数为20810家，占97.4%；知识产权服务业规模在200人以下的企业占到99%。

从服务价值链上看，一些本土商务服务企业还没有形成自己的优势领域，专业化服务水平与国际企业存在明显差距，只能承接附加值较低的中低端服务业务。埃森哲指出："旧本最普遍的外包模式是一种层级结构，承包商把一个项目外包给一个总承包商。总承包商完成一些前端流程后，将其中部分外包给第一级供应商，部分外包给第二级供应商，依次持续到第三、第四和第五级供应商。来自日本的服务提供商占据了总承包商位置，中国的服务提供商只能接触到第三甚至第四级工作。"

四、主要趋势

总体上看，中国商务服务外包已经初具规模，具备了良好的发展环境和条件，未来具有较高的成长性、巨大的市场需求和发展潜力。

从主要行业来看，企业管理、人力资源服务、法律服务、咨询、财务与会计管理、客户关怀等外包领域都将获得较快发展。一方面，随着国内信息技术及管理信息化水平的提高，硬件设备、数据库及信息系统不断完善，云计算、信息服务平台等新技术的推广应用，将为商务服务外包提供良好的技术条件。另一方面，未来时期，国际国内商务服务外包市场需求将加快释放。

从国际层面上看，全球服务化趋势将继续发展，跨国公司产业分工将继续推动商务服务外包的全球布局。受金融危机冲击，发包企业外包计划出现减少或推迟，但长期来看，企业将更加重视成本控制，专注核心业务，通过专业化分工的方式提高效率、降低成本、减少风险，为此，将会有越来越多的商务服务业务外包。以日本为例，其老龄化、少子化、人口负增长等因素造成的劳动力不断减少，使得离岸外包成为日本企业获取海外人力资源的必由路径。同时，全球经济发展将促使各国政府间、企业间、各类组织间的联系增多，各类商务活动增加，对专业化服务的需求加大，这些将会大大推动商务服务外包发展。这些都为中国承接国际商务服务外包创造了市场空间。

第五节 促进我国服务外包产业发展的政策选择

近年来，我国政府逐步把发展服务外包放在促进发展方式转变、推动产业结构优化升级、外贸转变发展方式、解决大学生就业的重要战略地位加以高度重视，在政策层面不断加大支持力度。尤其是国际金融危机以来，发展服务外包已经作为应对危机的重要抓手。

一、我国已经形成较完善的服务外包政策支持体系

近年来，为了鼓励发展服务外包，国家针对不同时期特点出台了一系列重大政策和与之相匹配的专项政策。与此同时，地方政府也相继出台了一系列与中央政策配套、结合实际情况的政策，加大对服务外包产业支持力度。这种不同角度、不同侧面、上下结合、全方位的政策组合，形成了中国特色服务外包政策体系的基本框架，为加快服务外包产业成长壮大营造了良好的政策环境。

（一）宏观政策层面高度重视

我国从"十一五"以来逐步在政策层面上鼓励服务外包产业。《"十一五"规划纲要》明确指出，要"建设若干服务业外包基地，有序承接国际服务业转移"；2007年《政府工作报告》强调要"大力承接国际服务外包，提高我国服务业发展水平"；2007年3月，国务院出台《关于加快现代服务业发展的若干意见》，要求具备条件的沿海地区和城市根据自身优势，研究制定鼓励承接服务外包的扶持政策，加快培育一批具备国际资质的服务外包企业，形成一批外包产业基地。《"十一五"规划纲要》也明确指出，发展服务外包，提高服务业国际化水平。

《"十二五"规划纲要》指出："以中心城市和城市群为依托，以各类开发区为平台，加快发展内陆开放型经济。发挥资源和劳动力比较优势，优化投资环境，扩大外商投资优势产业领域，积极承接国际产业和沿海产业转移，培育形成若干国际加工制造基地、服务外包基地。推进重庆两江新区开发开放。""促进服务出口，扩大服务业对外开放，提高服务贸易在对外贸易中的比重。在稳定和拓展旅游、运输、劳务等传统服务出口同时，努力扩大文化、中医药、软件和信息服务、商贸流通、金融保险等新兴服务出口。大力发展服务外包，建设若干服务外包基地。扩大金融、物流等服务业对外开放，稳步开放教育、医疗、体育等领域，引进优质资源，提高服务业国际化水平。"

《十三五规划纲要》指出："适应国际市场需求变化，加快转变外贸发展方式，优化贸易结构，发挥出口对增长的促进作用。加快培育以技术、标准、品牌、质量、服务为核心的对外经济新优势，推动高端装备出口，提高出口产品科技含量和附加值。扩大服务出口，健全售后保养维修等服务体系，促进在岸、离岸服务外包协调发展。加大对中小微企业出口支持力度。""推动政府合作和民间交流互促共进，增进文化互信和人文交流。推进国际汉学交流。完善海外中国文化中心建设运营机制。支持海外侨胞开展中外人文交流。鼓励文化企业对外投资合作，推进文化产品和服务出口，努力开拓国际文化市场。积极吸收借鉴国外优秀文化成果、先进文化经营管理理念，鼓励外资企业在华进行文化科技研发和服务外包。维护国家文化安全。"

（二）陆续出台了一系列服务外包产业发展政策

2014年11月26日国务院总理李克强主持召开国务院常务会议，部署加快发展服务外包产业、打造外贸竞争新优势。会议指出，坚持改革创新，面向全球市场，加快发展高技术、高附加值服务外包这一"绿色产业"，促进大众创业、万众创新，推动从主要依靠低成本竞争向更多以智力投入取胜转变，对于推进结构调整，形成产业升级新支撑、外贸增长新亮点、现代服务业发展新引擎和扩大就业新渠道，具有重要意义。为此，一要发布服务外包产业重点发展领域指导目录，拓展行业领域。大力发展软件和信息技术、研发、金融、政府服务等领域的服务外包，推动向价值链高端延伸，为大学生等就业创造更多机会。二要支持服务外包企业开展知识、业务流程外包等高附加值项目，开拓新市场、新业务和营销网络，搭建具有国际先进水平的外包产业平台。三要鼓励服务外包企业专业化、规模化、品牌化发展，培育一批创新和竞争能力强、集成服务水平高的龙头企业，扶持一批"专、精、特、新"中小型企业。支持企业特别是工业企业购买非核心业务的专业服务。政府部门也要拓宽购买服务领域。会议要求，要加大财税金融支持。增加服务外包示范城市数量，相应扩大对技术先进型服务企业减按15%税率缴纳企业所得税、对其职工教育经费不超过工资薪金总额8%部分实行税前扣除的税收优惠政策实施范围。试行国际服务外包增值税零税率或免税政策。通过金融、保险、融资担保等机构和政策性银行，以及支持上市融资等方式，拓宽服务外包企业投融资渠道。减少和简化审批，为服务外包企业提供通关、外汇管理、国际线路租赁、外籍中高端管理和技术人员出入境与居留等便利。同时完善监管，加强知识产权保护，保障国家安全。让中国服务再上台阶、走向世界。

2019年1月2日国务院总理李克强主持召开国务院常务会议，部署对标国际先进水平促进综合保税区升级，打造高水平开放新平台；决定推出便利化改革措施，支持发展国际服务外包业务，促进跨境服务贸易。

近10年来，我国服务外包产业经历了从小到大快速发展的起步阶段，党中央、国务院先后出台了一系列政策措施，注重引导通过创新促进产业向高新技术、高附加值方向发展。2017年将是服务外包发展"十三五"规划实施之年，创新将成为服务外包产业发展的关键因素，建立创新机制、培育创新企业、拓宽创新领域、拓展新市场、创新管理政策是事关产业发展全局的重点工作。

当前，全球价值链的发展与重构广泛地拓展到服务领域，全球服务分工网络体系的迅猛发展使得服务渗透到生产的每一个环节，整合协调着全球化生产的各个方面，服务外包也由此成为全球价值链的核心环节和关键节点。离岸服务外包极大地促进并强化了全球生产"碎片化"的特征与趋势。企业需通过整合技术、资本、市场、人才、信息、渠道、管理等国际优势资源、上市与投资并购，在全球范围内设立研发中心、交付中心、共享中心、服务中心、营销中心和管理中心，不断扩大国际市场业务规模、提升产业技术研发创新能力、增加新的业务模式与服务产品组合，培育转型升级过程中以设计、研发、营销、服务为核心的增长新优势。

（1）新技术推动新业态不断涌现。云计算、大数据、物联网、移动互联、人工智能、区块链等技术的快速研发与应用，促进云服务、互联网反欺诈、大数据征信、供应链金融服务、工业物联网应用、场地智能化设计、知识产权管理服务、新能源汽车服务、空间地里信息服务、创意设计等技术与价值含量高的业务成熟化发展，为服务外包产业注入新的动力。

据独立咨询机构 Forrester，2017年人工智能的投资将比2016年增长了300%，帮助企业在精准营销、电子商务、产品管理等更多领域做出更快的业务决策。由中国发起的首个全球区块链理事会刚刚成立，该平台致力于将区块链技术应用于资产托管、产业链金融、消费金融、金融科技等领域。中国在该领域的领先技术将推动更多的国内外企业与服务提供商建立基于区块链技术的区块链服务合作，将该技术应用于金融和运输、制造等非金融领

177

域，促使服务外包更具技术密集型产业特性，推动服务外包产业能级再上台阶。

与此同时，互联网让服务外包共享经济、网络协作成为可能，通过线上线下融合、大数据与平台化，打破地域、资源与成本的限制。众包模式为服务提供方与需求方的对接提供了新的渠道，不仅提高资源整合效率，形成新的平台数据价值，更重要的是为服务外包促进大众创业、万众创新提供了重要载体。

（2）发包市场有望快速发展。过去的10年是我国服务外包产业发展的起步阶段，从产业来看，以承接国际服务外包业务为主，但作为服务进口的发包尚未纳入服务外包统计范畴，对服务贸易贡献低估明显。服务外包作为整合全球资源的重要模式，既要开拓新的国际市场空间，进一步加大承接离岸服务外包、提升在全球外包中的竞争力、增加服务出口能力，又要服务于全球化投资与本地化建设，建立双向互动的国际服务合作关系。这就要充分挖掘我国服务发包市场的巨大潜力，鼓励金融、制造、能源、医药等行业的大型机构和企业扩大服务发包规模，引导我国在境外开展对外投资合作的企业在当地购买服务，配置全球资源、提升价值链分工地位。

同时，通过发包加快服务与传统产业的融合，加速释放在岸服务外包市场业务，形成"服务外包+农业""服务外包+制造""服务外包+金融""服务外包+信息技术""服务外包+能源""服务外包+医药"等新模式，促进传统产业提升附加值，延伸产业链。

（3）产业融合特性更加突出。服务外包正加速与技术、行业及国家战略全方位、广领域、深层次的融合发展。技术方面，新一代信息技术加速与传统服务外包产业融合，基于云的服务模式被广泛认可，云端交付也大量被传统服务外包企业所采用，SaaS（软件即服务）和On-demandPayment（按需付费）成为主流的交付与定价模式。

此外，服务外包与人工智能融合催生了新业态，如传统的呼叫中心通过引用人机智能交互技术，实现自动语音识别、语音信息抓取及其智能应答，并通过分析客户体验与反馈意见获得客户需求与市场信息，再利用新媒体平台进行精准的互联网营销。

行业融合方面，"服务外包+"逐步构建出新型的农业、制造业、现代服务生产体系，实现传统产业的信息化、数据化、智能化与服务化。国内服务外包领军企业软通动力，近年来专注于智慧城市、产业互联网、跨境电子商务领域的服务外包业务，同时积极挖掘工业链上下游的产业机会，形成企业级服务外包集群效应。浙大网新为大庆采油业提供一整套利用大数据控制成本的信息化解决方案，实现实时监控、降低污染与能耗的智慧采油新模式。同时，越来越多的服务外包企业通过行业内外并购实现资源整合与服务能力拓展。

战略融合方面，服务外包与"中国制造2025"、"互联网+"、"大数据行动纲要"等国家战略及"一带一路"倡议紧密融合。当前，我国经济发展进入新常态下服务经济引领期和创新国际竞争优势关键期，从"中国制造"向"中国智造"和"中国服务"转型的过程中，服务外包产业正成为推动中国产业结构转型升级、吸纳中高端人才就业、培育国际竞争新优势与提升全球价值链的中坚力量，尤其对于正在迈向制造强国的中国制造业转型而言意义重大。

根据预测，未来将有更多的传统工业城市或加工贸易城市开展制造业服务剥离工作，释放出的制造业服务外包具有显著的技术溢出效应和绿色产业特性，有助于我国传统产业创新能力的提升，缓解节能减排压力，助推"中国制造2025"。

据中国服务外包研究中心统计，2018年全国已有130多个地级以上城市发展服务外包产业，正在形成服务外包全国"一盘棋"的生动发展局面，对国民经济和服务贸易增长的贡献度有望进一步提升，持续为中国产业转型与宏观经济的健康发展注入动力。

（4）外包新理念形成外包新价值。帮助客户带来价值成为外包新的理念。国内服务提供商通过不断积累经验和技术创新，通过服务外包实现资源共享和优势互补，参与全球化分工的深度和广度前所未有，服务供给能力大幅提升。从最初承接非核心业务或业务中间环节到逐步尝试一些核心业务，发包方与接包方的关系从简单的雇佣关系转向利益共享、风险共担的战略合作关系。

华为拥有优秀的管理实践与ICT市场领导地位，软通动力具备在技术与通信领域的纵深服务能力，通过建立战略合作伙伴关系，软通动力实现了通信及高科技领域全球领先的服务品牌，华为提升了高效优质的信息化服务能力。

目前，越来越多的中国信息服务提供商及生物医药研发企业加速在海外设立研发中心，由乙方变为甲方，出现向发达国家发包购买研发服务、共同致力于研发创新的新态势。传统的发达国家向发展中国家发包的固定模式被打破，更具战略合作意义的长期伙伴关系逐渐形成。

（5）数字贸易有望成为新增长点。2020年数字贸易新规则仍将在发达国家之间展开利益博弈，如美欧可能就个人隐私保护、互联网安全、知识产权、电子支付相关的数字货币、工业互联网等相关领域的跨境交付规则等展开谈判。减少数据本地化规则，对数据跨境流动合理限制代表了数字贸易规则制定的方向。

在全球数字贸易迅猛发展的大趋势下，一旦符合共同利益的数字贸易规则落地，将增强跨国企业全球发包的意愿，促进我国服务外包与数字贸易的融合发展。从国内市场政策环境层面看，全国服务贸易创新试点将加快深入开展，第三批自贸区也将加速推进以负面清单模式为核心的贸易自由化制度创新，为国内更广泛区域加速离岸服务外包的创新发展提供良好的制度保障。

（6）多元市场促进产业新格局。美、欧、日等发达国家和地区是中国服务外包传统的主要国际市场，随着"一带一路"倡议的实施和我国传统产业尤其是制造业的转型升级，"一带一路"相关国家服务外包业务加速释放，在岸市场规模快速增长，中国服务外包产业有望形成发达国家、新兴国家和国内市场"三位一体"的产业新格局。

2019年，随着"一带一路"倡议的逐步落实，一带一路沿线相关国家有望成为新的增长点。新加坡、印度、印尼、马来西亚、巴基斯坦、泰国、阿联酋、沙特、俄罗斯及欧盟主要发达国家已与我国在服务外包领域建立了合作基础，2019年上述国家将凭借较好的经济发展基础与产业发展环境，成为我国开拓"一带一路"市场的优先级。

此外，随着"一带一路"互联互通工程建设的加速推进，我国在中亚、西亚等地区将获得更多工业技术服务、信息化解决方案、专业业务服务需求。安永咨询公司研究报告显示，部分经济贸易发展良好的城市如迪拜等已经将服务外包列为重点发展对象。

继续为区域协同发展提供新动能。以长江经济带、环渤海及珠三角为核心的服务外包领先区域将继续发挥集聚示范效应，引领全国产业的制度创新、技术创新、业态创新与模式创新。同时将中低端业务加速向成本更低的中西部欠发达地区转移，服务外包产业核心区雏形将加速显现，对协调发展的带动促进作用更加明显。

（三）政策组合基本形成了中央和地方政策相互呼应的局面

根据国家服务外包的有关政策，多数示范城市和一些省份都有相应的配套政策出台，并根据地方的财政状况和发展实际，设立专项资金，加大了地方在税收优惠、资金奖励、财政补贴、土地优惠、房租减免、通信设施、培训支持、平台建设、鼓励人才引进等方面的力度。

二、我国服务外包产业政策存在的主要问题

目前，我国服务外包产业促进政策仍然存在不够细化、企业享受政策门槛过高、政策覆盖范围过窄、政策目标不够明确、针对性不够强等问题，难以适应服务外包产业发展和区域发展的需要。要求我们从宏观层面、行业层面、区域层面加以调整。

第一，政策门槛标准过高，多数服务外包企业享受不到优惠政策。虽然目前我国服务外包产业政策很优惠,但多数服务外包企业享受不到。其原因是,目前政策适用范围主要是针对技术先进型企业和离岸业务,而目前这两类企业在整个服务外包行业中还是少数。技术先进型服务企业的认定标准,实际上是高技术企业和离岸服务外包双重条件的叠加。企业一方面要满足高技术企业的要求,同时还要达到50%的离岸业务。据估计,截止2018年底全国只认定了不到1000家左右,大多数企业达不到要求。从示范城市的情况来看,实际离岸业务大概只占20%~30%左右。许多BPO企业,如金融后台服务、数据处理、呼叫中心、人力资源管理等,这类企业目前数量很大,但由于技术先进性、离岸业务标准都达不到要求,即便企业达到规模也享受不到税收优惠政策。此外,还有一些企业虽然拥有发明专利,符合高技术企业标准,但离岸业务标准满足不了,也享受不了优惠政策。

第二,政策范围主要适用于31个示范城市,其他地区享受不到优惠政策。近年来,越来越多的省、区、市有热情,也有条件发展服务外包产业,许多城市和省份将服务外包作为重点产业领域列入当地"十二五"规划,还有一些城市,如青岛、宁波等,服务外包已经形成了规模效应,但不是示范城市,所以享受不到优惠政策。这无疑是不公平的,也影响了全国服务外包产业发展。

第三,政策覆盖行业主要集中在软件信息服务外包,业务流程、知识流程等领域缺乏规划引导。近年来,我国BPO和KPO外包发展十分迅速,不仅规模急剧扩大,而且专业日益细化,尤其是面向客户服务、内部管理的业务流程外包,以及咨询、研发、设计的知识流程外包,正在成为未来的新增长点,但这些企业很难享受到优惠政策。

第四,政策对高端人才培养力度不够,重点高校的作用没有得到发挥是导致我国服务外包以低端业务为主的重要原因。承接外包的业务链和价值链主要取决于人才结构的高低。从印度、俄罗斯等国家的经验来看,国家品牌高等院校的毕业生进入外包行业,尤其大量理工科院校的人才培养,是提升服务外包高端业务水平的关键所在。目前,我国服务外包的人才培养和培训工作主要依靠二、三类院校，职业院校，培训机构来完成。这是造成高端人才短缺的主要原因，也成为制约发展的瓶颈。

第五，知识产权保护仍然存在力度较弱、执行力差、处罚轻等问题。诚然，近年来，我国在服务外包知识产权保护问题上采取了许多措施。在相应文件中做出了接包方不得侵犯发包方依法享有的知识产权权利、承接服务外包业务需要妥善保护保密信息等规定，并安排专项资金用于示范城市与国家知识产权保护网的建设，建立知识产权投诉举报中心等。近年来，我国知识产权保护全面加强。专利法修正案草案通过全国人大常委会第一次审议，草案明确建立侵权惩罚性赔偿制度，大幅提高侵权违法成本，积极推进著作权法修订，启动商标法修订，《专利代理条例》《植物新品种保护条例》完成修订。制定《"互联网+"知识产权保护工作方案》，38个部委开展对知识产权（专利）领域严重失信行为的联合惩戒。同时，知识产权行政执法不断加强，专利行政执法办案7.7万件，同比增长15.9%；查处商标违法案件3.1万件，案值5.5亿元；立案查办侵权盗版案件2500起，收缴盗版制品377万件，删除侵权链接185万条；全国海关共扣留进出境侵权货物44550批，涉及侵权货物2318万件，价值2亿元；全国法院新收一审知识产权案件301279件，同比增长41.13%。但由于长期以来的思维定势和习惯，知识产权保护仍需要一个持续跟进的过程，因此，知识产权保护仍然是影响跨国公司离岸的主要因素之一。

第六，服务外包统计政策不健全，行业数据缺乏影响了服务外包产业的政府决策、研究和企业发展。目前，我国服务外包统计工作仍存在数据统计不完善、透明度较差，缺乏在岸外包统计、重复统计等问题，使用 de 国际数据公司（IDC，Gartner 等）的数据，在口径、核算方法等方面都存在差异，在一定程度上影响了对行业发展的判断。

三、政策建议

（一）针对服务外包产业发展实际完善创新财税优惠政策

应该看到，目前发展服务外包产业对国家经济结构调整中的主要作用是解决大学生就业，提高生产性服务业的规模、质量和国际化水平，这个新兴服务业正处于发展初期阶段，主要矛盾是解决上规模、上层次的问题。

为此，①政策制定要充分考虑对服务外包企业的适用性，尤其是在离岸标准、技术先进性等标准上要放宽，力争让大多数服务外包企业能够享受到国家优惠政策。②继续加大财政补贴、税收优惠政策力度。从上述国际经验可以看出，各国政府为了促进服务外包发展，纷纷加大扶持力度，实施激励政策，多数采取了大幅度的财政补贴和税收优惠政策。主要用在专项资金扶持、增加教育投入、基础设施投入、高端人才引进奖励、人员培训补贴、支持国际市场拓展、培育内需市场、企业认证奖励、融资担保补贴、通信费用补贴、服务平台建设补贴、重大项目引进招商奖励、海外品牌推广、行业协会建设等方面。从不同角度，鼓励服务外包企业和园区发展，为服务外包提供良好的政策支撑。

（二）强调离岸外包与服务业发展、在岸外包的政策组合

大力发展国际服务外包是推动国内服务业发展和开放的重要途径。《"十二五"规划纲要》明确指出，要把推动服务业大发展作为产业结构优化升级的战略重点，并提出探索适合新型服务业态发展的市场管理办法，调整税费和土地、水电等要素价格政策，在特大城市形成以服务经济为主的产业结构，这将为服务外包发展提供良好的政策环境。因此，应把服务外包作为重要内容在服务业发展政策中体现，并加强商务部、国家发改委等部门的协调配合。同时，把离岸政策向在岸外包企业延伸。从印度等国家来看，发展在岸外包对于促进离岸业务发展具有重要推动作用，国内政府、大企业释放外包业务是促使服务外包产业做大做强的重要因素。

（三）政策适用范围应由示范城市向全国覆盖

我国服务外包产业政策经过"十一五"时期在示范城市的实验和试点，已经具备了向全国推广覆盖的条件。"十二五"时期是服务外包产业发展壮大的关键时期，应该充分鼓励有条件、有意愿的城市和省份，利用国家优惠政策加快发展。"十三五"时期将进一步向全国覆盖。

(四) 加强服务外包产业政策的分行业、分区域研究

针对不同领域、不同地区的特点,对政策进行分类和细化。尤其是物流、金融、人力资源、呼叫中心、财务会计、咨询、研发、设计等发展较快的流程外包领域,应结合行业特点分类制订发展规划和细则。中西部等基础薄弱的城市,还可以在准入门槛、离岸标准、税收等方面进一步放宽政策。

(五) 加大教育和培训投入及高端人才引进政策的力度

在已有政策的基础上进一步强化、深化和细化,尤其要在高端人才培养、产学研相结合,高校、培训机构与企业互动等方面要有更加具体的办法和措施。

(六) 建立与国际接轨的知识产权保护法律法规体系

加强知识产权保护法律法规建设、从严执法是各国促进服务外包发展的重要经验。尤其要加大处罚力度,提高违法成本,维护发包企业信息安全和知识产权。同时,要引导和培养国内接包企业诚实守信,依法经营,为国际服务外包营造良好的法制环境。

(七) 建立与国际接轨又适合国情的统计标准体系

鉴于我国是服务外包大国,应根据国际统计标准建立有中国特色的服务外包统计体系,为行业发展提供数据平台。由于新兴行业的特点,存在统计不合理的问题。例如,一些西部城市反映,许多总部在北京、上海等城市的服务外包企业,将交付中心设立在西部,但统计数据却体现在总部,中西部地区服务外包发展的实际不能得到全面反映。又如,由于国家政策重点针对离岸业务,且离岸标准又很高,一些企业为了套取政策往往瞒报在岸业务。为此,要健全统计制度,探索创新统计方式,不断完善统计口径和核算方法,提高统计的科学性和准确性,及时发布统计数据,将在岸外包纳入统计体系,不断细化具体外包领域的统计。

第七章

一带一路、精准扶贫与服务外包的开放式发展

第一节 一带一路与服务外包的开放式发展

中国共产党第十八次全国代表大会以来，新一届领导人在外交上采取了更加积极进取的姿态，加大了周边外交的工作力度。尤其值得关注的是2013年习近平主席分别在哈萨克斯坦和印度尼西亚提出了"丝绸之路经济带"和"21世纪海上丝绸之路"（"一带一路"）倡议。这一倡议提出后，得到国内外各方积极响应，中央还为此专门设立了高规格的"一带一路"建设工作领导小组，并于2015年3月底的博鳌亚洲论坛上发布了《共建"一带一路"的愿景与行动》文件。

在推进这一倡议的过程中，周边国家对"一带一路"的支持与否就成为观察其对中国崛起的态度的重要指标。换言之，支持"一带一路"的国家普遍认为，中国崛起带来的是自身的发展机遇，而犹豫或拒绝的国家则更明显倾向于认为对其构成了战略挑战。"一带一路"辐射中国周边的西、南、北三个方向，这些地区中的大国是否支持是影响这一倡议推进的关键因素。"一带"提出之初，俄罗斯颇为谨慎，国内各方都表现得相当冷淡，甚至持质疑的消极态度。然而，乌克兰危机导致俄罗斯与西方关系整体下滑，使其

第七章 一带一路、精准扶贫与服务外包的开放式发展

对中国的战略需求得以提升,加上中国展开的增信释疑工作,很快就化解了俄罗斯的担忧。2014年5月普京访华时,俄罗斯就明确表示"中方提出的建设丝绸之路经济带倡议非常重要,高度评价中方愿在制定和实施过程中考虑俄方利益。双方将寻找丝绸之路经济带项目和将建立的欧亚经济联盟之间可行的契合点。双方将继续深化两国主管部门的合作,包括在地区发展交通和基础设施方面实施共同项目"。显然,俄罗斯的态度已经从消极质疑转变为积极参与。

印度的态度却显得颇为值得玩味。2014年9月14日至19日,习近平主席在出席上海合作组织成员国元首理事会第14次会议并对塔吉克斯坦进行国事访问后,展开了对马尔代夫、斯里兰卡、印度三国的国事访问。这是习近平担任国家主席后首次访问南亚,也是印度新总理纳伦德拉·莫迪(Narendra Modi)上台以来中国最高领导人的首次访问,对于勾画中印关系新局面、拓展中国西南周边外交新格局,都起到了积极的作用。在访问过程中,"一路"得到了马尔代夫、斯里兰卡的积极响应。马尔代夫称中国的21世纪海上丝绸之路倡议富有远见,完全支持并愿抓住机遇,积极参与。斯里兰卡也表示,中斯两国共同建设海上丝绸之路,对双方来讲都是重大的发展机遇,愿意积极支持21世纪海上丝绸之路的发展。然而印度对"一带一路"的态度却显得多有保留。

在此次访问中,印度总理莫迪认同将自身经济发展战略同中方的"一带一路"深入对接,将中国优势和印度的发展需求紧密结合,承诺将积极研究推进孟中印缅经济走廊。但是在双方的联合公报中,却并没有写入"一带一路"。在随后莫迪访美过程中,印美双方发表的联合声明却称,"双方强调需加快基础设施互联互通和地区经济走廊的建设,以促进南亚、东南亚以及中亚经济一体化发展。美方强调,通过其'新丝绸之路'计划和'印太经济走廊'计划,美将推进印度与其邻国以及更广阔地区实现互联互通,以实现商品和能源自由流动"。显然,在中国的"一带一路"和美国的"新丝绸之路"之间,印度偏爱了后者。

一、印度学者对"一带一路"的研究和看法

自 2013 年 9 月和 10 月习近平主席分别在哈萨克斯坦、印度尼西亚提出丝绸之路经济带和 21 世纪海上丝绸之路的倡议以来,印度智库、媒体和学术界就注意到了中国外交的这一新提法、新举措,逐步出现一些介绍和评论文章。直到 2014 年 2 月中印边界问题特别代表第 17 轮会谈在新德里举行时,当时任中国国务委员杨洁篪邀请印度共建"一路"后,印度媒体关于"一带一路"的讨论突然增加起来。其中,"一路"是印度媒体、智库学者讨论的重点。

对任何国家战略、政策的解读,必然会在一定意义上涉及对其战略意图的判定。习近平就任中国国家主席后,为什么会推出"一带一路"倡议?这是印度媒体和分析人士首先提出的问题,这就必然涉及对中国"一带一路"倡议意图的判定,也就是对"一带一路"所要达到的目的的判定。例如,尼赫鲁大学著名中国问题专家狄伯杰(B. R. Deepak)很早以前就提出了不少疑问:"一带一路"既引起人们的期待,也带来人们对中国的怀疑。即便古代确实有丝绸之路,那么它和现代这一倡议之间存在什么相关性?这些倡议与中国外交的目标如多极化、反对霸权主义、共同安全等之间是否存在一致性?是否这是中国对美国的亚太再平衡或跨太平洋伙伴关系协定(TPP)的对抗方案?或者是中国正在挑战美国的霸权地位,重塑地缘政治和全球经济架构的规则?

然而,即便在所谓"客观的"研究中,学者们也常常倾向于基于某种意识形态理念或者个人情感偏好,对国家意图做出判定。印度媒体、智库和学者对"一带一路"意图的研究显然受到不同研究偏好的影响。佐拉沃·道尔雷·辛格(Zorawar DauletSingh)在考察印度对"一路"的认知中,发现至少存在四个派别,分别为地缘政治派、新现实主义派、马汉主义派和新自由主义派。各个派别的认知存在明显的差异,表明它们分别从自己的理论预设出发,得出不太一致的结论。就"一带一路"的讨论而言,常常首先发问的

<<< 第七章 一带一路、精准扶贫与服务外包的开放式发展

是"一带一路"倡议的意图主要是经济性质的区域整合，还是政治性质的大战略。换言之，"一带一路"是中国版的地区经济合作的倡议，还是属于中国大战略的框架？归纳起来，印度智库、媒体和学者主要持以下几种看法。

第一，"一带一路"是中国进入经济发展新阶段的需要，中国需要重塑开放型的经济发展格局，特别是需要扩展地区经济上的互联互通。例如，新加坡国立大学南亚研究所的印裔研究员拉吉夫·拉詹·查特维迪（Rajeev Ranjan Chaturvedy）认为，就经济维度上说，"一路"倡议的目标是促进海上互联互通、港口合作和海上贸易。同时，这也为中国公司和资本进入国外投资提供了渠道，中国要么进行基础设施建设，要么制造业外迁。这样的对外基础设施投资对于基础设施领域的发展是极为重要的，可以化解产能过剩，并刺激国内经济增长。印度孟买智库梵门阁（Gateway House）的卡兰·普拉汉（Karan Pradhan）和德夫·利维斯（Dev Lewis）也认为，"一带一路"是中国的经济大战略。他们认为，中国一直是地区互联互通的动力所在。目前中国的地区互联互通战略主要依靠三种方式：一是通过丝绸之路经济带将中国经由中亚与西欧连接起来，海上丝绸之路从中国东部的福建省福州市出发经由印度洋连接威尼斯，将会连接南亚的斯里兰卡和巴基斯坦的港口。孟中印缅经济走廊从地理上将4个国家连接起来，而中巴经济走廊将使中国进入阿拉伯海。到未来10年后，将形成以中国为中心的庞大网络。二是向这些计划提供金融资金的支持。在亚太经济合作组织（APEC）会议上，中国国家主席习近平宣布中国将投入400亿美元作为丝路基金。在此之前，在中国的领导下，成立了亚洲基础设施投资银行，并与金砖国家建立了金砖国家开发银行。三是通过贸易协定扩大中国与沿线国家的贸易量。为此，中国积极推动亚太自由贸易区。印度国家海事基金会的曼汉兰（N. Manoharan）博士也同样认为，中国提出的"一路"是对"一带"的补充。"一路"倡议是将亚洲、非洲和欧洲联系起来，通过中国建设的港口将沿线的国家串接起来，连接了南海、马六甲海峡、印度洋、非洲之角、波斯湾、红海和地中海，最后和丝绸之路经济带汇合。

显然，这些学者都主张"一带一路"的背后动机主要源于经济逻辑。还有部分学者虽然主要也是从经济角度理解"一带一路"，但是赋予了"一带一路"在对外经济安全中发挥的作用。例如，印度著名的中国问题专家谢刚（Srikanth Kondapalli）认为，中国之所以提出"一带一路"，是因为中国经济已经发展到新的阶段，中国经济的外溢效应要求中国与国际社会有一个长期有效的合作平台和战略方案，而中国的贸易运输网络已经成为一种瓶颈。谢刚提出，"中国今天依赖于这些路线与各国贸易，并使其国内生产总值从1978 年的 2 000 亿美元增加到 2013 年的大约 10 万亿美元。中国的对外贸易已经从 2002 年的 6 200 亿美元增加至 2012 年的 3.8 万亿美元。值得注意的是，上述贸易数字的很大一部分基于海上运输，通过陆地边界的过境贸易很少。这种对海运压倒一切的依赖增加了对海运领域的需求。自从改革开放以来，中国的海上贸易运输迅猛发展，成为海上运输大国"。中国拥有的世界级商船队、集装箱的生产和港口吞吐能力的扩大，都越来越凸显了它继续对海上运输的依赖。在拥有商船队最多的 20 个国家和地区当中，中国排第九名。按设在这些国家和地区的母公司拥有的总吨位排名，中国位居第四。中国总共拥有超过 5 000 艘远洋商船，中国的集装箱产量也占世界的 90% 以上。鉴于浦东经济特区出口大量货物的能力，上海港在世界五十大集装箱港口中名列第一。

第二，"一带一路"具有更深层次的安全内涵。持这一观点的分析人士普遍认为，中国一方面需要解决自己的"马六甲困境"，确保海上运输通道的安全；另一方面，也要缓解其他国家对中国军事力量的崛起，特别是海上力量崛起的担忧，以借此顺利进入印度洋海域。例如，印度国家海事基金会的格普雷特·库拉纳（Gurpreet S. Khurana）就认为，"一带一路"是中国经济外交的杰作。中国提出"一路"概念的主要动因是经济上的需求所致，尤其是海上贸易互联互通的需要。2013 年中国已经超过美国、成为全球最大的贸易国，其中 40% 的对外贸易需要通过印度洋，而且这一比例目前还在日益上升。因此"一路"的提出显然是看到了这一发展趋势，意在确保中国商品的海上运输安全。另外一个动因源于保障中国海外原油的供应。2013年中国将近60%的石油进口（主要来自非洲和西亚）需要通过西印度洋的海上咽喉，这是中国在战略上的重大脆弱之处。印度和平与冲突研究所的特舒·辛格（Teshu Singh）也认为，"一路"是中国在印度洋的软实力战略，将有助于中国解决"马六甲困境"，有助于加强中国的"珍珠链战略"。中国不是南亚国家，但是它要寻求在这一地区的存在，因此中国开始利用海上丝绸之路作为工具来推进自己在南亚的存在，借此寻求与印度洋沿岸国家的合作，在这些国家进行基础设施投资，保障中国的海上通道安全。

第三，"一带一路"具有明显的战略内涵，是与中华民族伟大复兴的大战略不谋而合的。不少印度著名学者都倾向于认为"一带一路"是中国的大战略，或者是大战略的重要组成部分。地缘战略的研究者们认为，这一战略的核心源于中国想要通过经济、文化和政治影响来主导周边和地区，是中国意在构建周边影响力的战略举措，通过加强地区一体化，提高周边国家与中国的贸易和基础设施的互联互通，以此来进一步提升中国的政治、经济影响力。中国通过建设公路、铁路、港口和能源通道，能够加深与周边国家的贸易经济联系，以抵消美国的影响力，并且将印度洋沿岸国家纳入中国的影响力范围之内。

印度著名战略分析家拉嘉·莫汉（Raja Mohan）就明确表示，中国国家主席习近平正在试图提出一个更为宏大的战略框架，以使中国的海军崛起显得更加不具有"威胁性"。而在习近平主席的这一大战略中，"一带一路"是核心，其中"一带"面向中亚与南亚地区，而"一路"则面向海上国家。格普雷特·库拉纳同样也认为，"一路"可能是中国扩大其影响力的大战略的一部分，以缓和其他国家对其海上崛起的担忧，破解"珍珠链"理论。同时，"一路"有助于中国海上力量打破西太平洋的地理限制，破解美国"亚太再平衡"战略给中国带来的军事上的压力。特舒·辛格则将"一带一路"上升为中华民族伟大复兴大战略的组成部分，认为中国正在采用各种策略来构建稳定与和平的环境，服务于它的和平发展战略。而海上丝绸之路就是这一战略的一部分,本质上说,这是中国在印度洋的软实力战略。同时,这也是中国发展周边的广泛交通网络——公路、铁路、港口和能源通道——的更大战略的一部分。

查特维迪认为,今天的中国正在重塑海洋历史的进程,一些学者称之为"中国的海洋复兴"。中国在世界海洋方面的发展是显而易见的:日益增长的海上贸易、造船业的崛起、港口及港口设备的建设和管理以及建设一支现代化的"深蓝海军"。"一路"倡议事实上是中国试图创造一个有利的国际环境,以促进中国的持续发展,因此它具有中国大战略的重要特征。

第四,"一带一路"的出台,是中国为了应对来自美国的战略压力而产生的。"一带一路"的直接刺激因素来自美国,尤其是中国试图摆脱美国主导的联盟在第一和第二岛链内对中国的孤立,有效地拓展中国的海上空间,以应对美国的"亚太再平衡"战略。同时,这是中国力图重塑亚洲的地缘政治态势,为中国创造更广阔的战略空间,提升中国地缘战略地位并"瓦解美国同盟"的一种努力。

查特维迪认为,"一路"源于中国对美国"亚太再平衡"战略的担忧,并试图消除"珍珠链战略"带来的消极影响。中国与东南亚不少国家存在海上争议,通过"一路"还可以创造复杂环境并发展更加良好的邻国关系,并给中国周边外交政策注入新的活力,缓解与周边国家的紧张关系。正如中国自己所声称的那样,"一个强大的中国将给周边带来机遇,而不是威胁"。他认为,中国政府声称,要通过自己的"丝路外交",增强不同国家、地区、宗教之间的交流,探索交流和合作的潜力,巩固人民之间的友谊,积极促进亚洲的和平与发展。"一路"将有助于某些战略目标的实现。例如,支持中国的伙伴国、抵消其他海上强国的类似战略倡议或者展示中国海上力量的崛起。

以上四种看法可以说是印度社会的主流看法。单纯从其中一条来看的学者并不多,绝大多数观察家都认为中国的"一带一路"不仅是基于经济原因,也是基于战略、安全和美国的因素而产生的,只是每个人的偏重有所差

<<< 第七章 一带一路、精准扶贫与服务外包的开放式发展

异而已。印度政府的看法显然与智库、媒体、学者的看法存在一致性，而这种普遍的消极看法对官方也将会产生影响。

二、中国的战略选择

南亚地处"一带一路"辐射的范围之内，地缘战略位置尤为重要。其中，马尔代夫、斯里兰卡位于中东和东亚之间的印度洋通道，是中国海上贸易运输的必经之地，也是古代海上丝绸之路的重要一站。按照《推动共建丝绸之路经济带和 21 世纪海上丝绸之路的愿景与行动》的阐述，丝绸之路经济带重点连通中国经中亚、俄罗斯至欧洲（波罗的海），中国经中亚、西亚至波斯湾、地中海，中国至东南亚、南亚、印度洋。21 世纪海上丝绸之路重点方向是从中国沿海港口过南海到印度洋，延伸至欧洲；从中国沿海港口过南海到南太平洋。显然，南亚分别在"一带一路"建设的两条线路的区域范围之内。

在建设南亚"一带一路"过程中，印度的因素是至关重要的。尽管有学者认为，中国大可不必争取印度参加 21 世纪海上丝绸之路，因为如果其在印度洋站稳了脚跟，印度的参加是早晚的事情；而如果站不住脚，印度参不参加，就无所谓了。然而，持这种观点的学者自己也很矛盾，一方面是很希望印度参加的，另一方面又怕中国将争取印度参加 21 世纪海上丝绸之路作为政策。不论何种看法，没有人能否定印度对于中国在南亚地区建设"一带一路"的重要影响。南亚的地理结构使得印度成为整个次大陆的核心，而印度的整体经济实力占据了这一地区的 80% 以上，使得它在南亚所享有的影响力是没有任何国家可以匹敌的。但凡印度反对的事情，其他国家必须有所顾忌。"一带一路"作为中国构建的开放型的周边经济架构，如果缺少庞大的印度市场的加入，无疑是一大憾事。此外，更直接的原因是，当前南亚很多国家政府都是亲印派主导，如斯里兰卡、孟加拉国，而莫迪上台后印度采取的邻国优先（neighbour first）政策将提高其对这些国家政策走向的影响力。正是从这一意义上说，争取印度是有必要的。

当然，也存在争取印度参加的可能，毕竟印度在事实上已经一只脚踏进了"一带一路"的门槛。因为印度已经加入亚洲基础设施投资银行、金砖国家开发银行等"一带一路"的融资机制，已经与中国、孟加拉国、缅甸共同建设孟中印缅经济走廊。更重要的是，在《共建"一带一路"的愿景与行动》中，中国已经把中巴经济走廊、孟中印缅经济走廊与"一带一路"分开，印度之前无法公开接受"一带一路"是因为中巴经济走廊经过巴控克什米尔。所以，未来印度支持"一带一路"并不会自动构成它对中巴经济走廊的支持。而且，在印度南亚邻国纷纷加入"一带一路"的情况下，印度选择置身事外是有悖其长远利益的。正如曼汉兰所认为的，在南亚国家中，孟加拉国、斯里兰卡、马尔代夫和巴基斯坦已经同意加入"一路"。深入理解印度邻国如何看待"一路"，并且认真考察中国是如何在这些国家推进"一路"的，有助于印度更好地做出决策。印度如果长期"特立独行"，也与其采取的地区政策明显相悖。如此看来，当前最大的困难是化解印度在战略上的忧虑，同时保证印度在经济项目上有利可图，在基础设施建设上有钱可用。因此，笔者尝试提出以下几个政策选择。

首先，中国的"一带一路"要寻求进一步与相关国家政策的对接。可以就地区发展交通和基础设施与相关共同实施项目，找出彼此利益的契合点。"一带"提出之初，俄罗斯曾颇为谨慎，其国内各方都表现得相当冷淡，甚至持质疑和消极态度。可是到2014年5月普京访华时，俄罗斯的态度已经从消极转变为积极参与。部分原因是在中国和中亚国家的"一带"建设中，俄罗斯获得了一定意义上的知情权、发言权和决策权。而且双方明确承诺，"丝绸之路经济带"的项目要和"欧亚经济联盟"之间契合，在地区发展交通和基础设施方面中俄要实施共同项目。中国和其他国家之间已经采取也可以继续采取类似的合作方式。进行充分的沟通，找出彼此利益的契合点，进行共同项目的合作。

其次，建立较为松散的非正式磋商机制。印度对中国"一带一路"的担忧显然是以印度洋的战略安全方面的考虑为主。而这种担忧并不是近忧，更像是远虑。正如拉嘉·莫汉所言,鉴于中国到印度洋的漫长补给线,中国并不会对印度在印度洋上的地位造成直接威胁,但是中国的长期意图才是印度真正关心的问题。虽然中印之间存在一些双边对话机制,但却明显缺乏与南亚国家的多边对话机制。印度对中国与斯里兰卡、孟加拉国、马尔代夫建设"一带一路"并不放心。如果推动在南亚建立多边对话机制,显然给予了印度知情权、磋商权和一定意义上的决定权。实践也证明,在国际政治中,多边主义的非正式磋商机制常常能够起到一定的释疑效果,如东盟地区论坛。在中国目前尚未加入南亚区域合作联盟的情况下,尤其需要多边平台进行沟通。2014年12月外交部部长王毅访问尼泊尔时,就已经提出中方愿适时探讨中尼印三方合作的可能性,称三国之间是好朋友、好邻居,应该加强合作、共同发展,一起维护本地区的和平与稳定,共同为本地区的振兴做出努力。2015年3月26日,习近平主席会见斯里兰卡总统迈特里帕拉·西里塞纳(Maithripala Sirisena)时,曾提议中方与斯里兰卡、印度举行三方会谈。中国外交部发言人华春莹也曾说:"斯里兰卡和印度都是中国在南亚地区的重要和友好邻国。我们希望中斯关系、中印关系都能良好发展,也乐见斯印关系不断发展,三方关系良性互动、相互促进对三方有利,对地区和平稳定与共同繁荣也有利。我们愿与斯方和印方共同努力,推动彼此关系积极良性互动。"这是迈向多边对话的良好开端。

最后,应该注意中国外交行为上的"外溢效应",持续努力构建国家间的互信。虽然中国在南海问题上采取的是正当的维护自身主权利益的行为,但是却常常带来一些负面的"外溢"效果。如查特维迪认为,部分亚太国家对中国的行为备感忧虑,因为中国的实际行为明显背离了中国所声称的善意和和平发展。"981"事件引发了新的紧张,使得"中国威胁论"的话语在亚太国家更具影响。他认为,中国的"咄咄逼人"使亚太地区的小国对中国的善意持怀疑态度。如果中国的任何举动都被怀疑和恐惧,要建立友好周边是很困难的。中国似乎忘记了自己的超大规模,它的任何不经意的小举动对地区小国而言都具有重大影响。因此,中国在推进"一路"倡议时,需要解决自己与东盟部分邻国之间的信任赤字问题。"一路"倡议在加强合作、将海上伙伴提升至新的水平上具有积极的作用。但是,中国仍然迫切需要发展政治与战略互信。显然,发展与巩固战略互信将是"一带一路"建设中不可回避的任务。

三、一带一路促进服务外包产业大发展的原因分析

2013年9月和10月,习近平主席分别出访中亚和东盟时相继提出共建"丝绸之路经济带"和"21世纪海上丝绸之路";11月通过的十八届三中全会《中共中央关于全面深化改革若干重大问题的决定》,将"建立开发性金融机构,加快同周边国家和区域基础设施互联互通建设,推进丝绸之路经济带、海上丝绸之路建设,形成全方位开放新格局"正式写入文件,表明"一带一路"建设已上升为国家战略,成为实施新一轮全方位对外开放的重要内容之一,成功践行这一伟大理念和宏伟蓝图有助于逐步改变我国改革开放以来东西发展不同步海陆开放不平衡的局面,构建以我为中心的全方位开放新格局,同时也将为沿线国家带来源源不断的发展红利。

(一)"一带一路"为服务外包发展提供了长远战略

从长远看,作为一个极具务实意义的长期性全局性开放性倡议,"一带一路"建设有望成为我国对外资本输出的重要渠道之一,若能实现顺利持续深入推进,不仅为交通基建、贸易金融、信息通讯、能源生态合作带来发展契机,也为城市一体化、产业对接和服务经济合作提供新动力,横跨多部门多领域的服务外包产业将受益匪浅。

实际上,从最新数据看,其对服务外包产业的促进效应已有所展现。商务部数据显示,2016年,我国主动承接"一带一路"沿线国家和地区服务外包执行额121.29亿美元,占全国总规模的11.39%,其中,中东欧16国服务外包合同执行额增长26.30%,东南亚11国服务外包合同执行额为65.7亿美元,成为增长率最快和规模最大的两个区域。乌兹别克斯坦、东帝汶、阿富汗、波黑、罗马尼亚、巴林、也门共和国等国家的服务外包业务增速较

快。2016年一带一路沿线国家服务外包签约合同金额161.5亿美元，2017年一带一路沿线国家服务外包签约合同金额312.5亿美元，同比增加93.57%；2016年一带一路沿线国家服务外包合同执行金额121.2亿美元，2017年一带一路沿线国家服务外包签约合同金额152.7亿美元，同比增加25.98%。

（二）"一带一路"为沿线国家提供了服务外包产业发展合作的有利契机

一是许多沿线国家和地区在服务外包产业发展方面表现活跃，存在广阔合作空间。从全球层面看，金融危机以来，服务外包已从早期少数国家和地区从事的"俱乐部活动"扩散为大多数国家和地区竞相参与的常规性经济活动，"一带一路"沿线国家和地区不少已是全球服务外包版图中的活跃国家，如印度、中国、菲律宾、孟加拉国、斯里兰卡、越南在内的国家是承接全球第一大离岸业务集聚区；以波兰、保加利亚、捷克为中心的中东欧地区以承接国际服务外包业务的另一重要集聚地；俄罗斯凭借其高科技人才在从事高端研发设计服务方面占有独特优势；陆上丝绸之路的另一端爱尔兰是闻名全球的服务外包业务早期发源地之一。不少沿线国家都已进入IT外包离岸30强榜单。虽然中国与上述国家同为承接国，理论上具有竞争性，但各国所处的价值链分工水平不同以及语言文化等因素导致所提供业务存在明显差异性，互补效应更为显著。

部分"一带一路"沿线国家已成为我国服务外包企业走出去的重要目的地之一。如总部位于北京的博彦科技公司不仅在主要离岸市场美国和日本建立分支机构，也已在印度和新加坡等服务外包高端目的地设立交付中心，以便优化利用在岸、近岸、离岸等多种模式的综合优势，实现多级交付高质量服务的能力。与"一带一路"国家服务企业的合作也日益密切，如2016年3月，文思海辉与印度尼西亚Jatis集团合资建立文思海辉Jatis印度尼西亚公司，旨在共同提升亚太市场开拓和全球交付能力。另外，随着我国加快向服务经济转型和推动制造业升级步伐，作为服务外包需求方的角色日益凸显，越来越多的企业在海外建立研发中心、设计中心、人才中心、咨询中心、财务中心、共享中心等。以华为为例，截至2016年，华为已经在全球不同区域建立了40多个能力中心和30多个共享中心，包括设在英国伦敦的全球财务风险控制中心、印度的研发中心、匈牙利的物流中心等。加大对海外高水平专业服务的采购，显然有利于促进我国从投资驱动向创新驱动发展模式的转变。总之，通过"一带一路"建设，将有利于拓宽我国与沿线国家在服务外包产业方面的合作机会，进一步深化和密切合作关系。

二是与沿线国家的交通运输、能源工业、电子通信等领域的合作将带动相关后续运维服务和技术服务的出口，从而为推动服务外包产业发展提供持续动力。据德国轨道交通权威机构SCIVerkehr发布的《世界铁路技术装备市场》报告，目前全球轨道市场的容量为1 430亿欧元，其中维修服务市场就达700亿欧元，以高铁出口为例，不仅带动轨道交通设备及高速车辆出口，还带动施工、运营、管理、养护、维修、调度、安全监控等后期运维服务以及相关人才技能培训服务的出口。再以石油工业为例，一台设备出口将带动安装、测试、维护、检测、技术培训、零部件更换及升级等数倍至数十倍的后续服务出口，相对于有形设备贸易，后续服务需求链条更长。在通信网络建设方面，硬件基础设施建设将带动一系列后续通信技术和信息服务需求增长，以华为公司为例，2013年，以华为公司为例，2018年，消费者业务服务收入3489亿元，同比增长45.1%。当前我国与沿线国家的铁路、公路、港口等交通运输基础设施建设合作已全面展开，涉及能源工业及通讯产业方面的深度合作将陆续跟进，鉴于我国既拥有雄厚资本优势有拥有相关领域的技术优势、成本优势和实践经验，"一带一路"建设将成为我国对外投资的重要渠道，在带动相关设备出口增长的同时，必将为以生产性服务出口为依托的服务外包产业发展开辟广阔商业蓝海。

从更广泛的视角看，近年来，我国已经实现由吸收外资大国向吸收外资大国与对外投资大国并重的双重身份转变。无疑，"一带一路"沿线国家将成为对外投资重点，投资项目将由基础设施、能源工业等少数行业向包括制造业和服务业在内的全产业扩展。根据先行国家发展经验，企业对外投资有一个服务先行的问题。由于海外法律制度、社会政治、宗教文化、经济条件和商业环境各不相同，投资具有极大复杂性和不确定性，企业对于与东道国投资咨询、法律顾问、风险管理等外部高水平专业性服务产生巨大外包需求，需要大量先进生产性服务，从某种程度上讲，发达国家现代服务业的发展过程特别是全球化的过程就是为跨国企业全球化经营提供管理服务外包的过程。未来一段时间，伴随我国对"一带一路"沿线国家的对外投资规模扩张必然迎来服务外包国际化发展浪潮。2019年6月12日总部位于日内瓦的联合国贸易和发展会议（贸发会议）发布《2019年世界投资报告》（以下简称"报告"）。报告显示，2018年中国吸收外资创历史新高，达1390亿美元，占全球吸收外资总量的10%以上，全球排名仅次于美国。中国外资流入有望继续保持高水平。2018年对外投资方面，日本对外投资额全球居首，为1430亿美元；第二位是中国，1300亿美元；法国1020亿美元，位居第三；中国香港以850亿美元列第四。

三是贸易服务、信息服务、跨境电子商务等贸易型以及与之相关的专业服务外包业务将迎来发展机遇期。互联互通为沿线国家产业对接和贸易融合带来潜在机会，但由于"一带一路"国家民族众多、语种繁多、文化多元，无形中造成隐性投资贸易障碍，这为贸易服务和信息服务公司带来机遇。例如，俄罗斯因乌克兰事件受欧美贸易制裁的影响，果蔬、肉类、乳制品等食品需求供应不足，渝新欧铁路通行使川渝水果蔬菜进入俄罗斯市场成为可能。但是，俄罗斯食品进口检验检疫包装等执行欧美标准，这就需要精通俄语、熟悉俄罗斯市场和相关法律法规的专业人才所提供的贸易服务。随着沿线运输合作的启动，中国与沿线各国的经济交流日益密切，与贸易信息、商贸规则、市场调研等有关的信息服务以及与语言、法律等有关的专业服务外包缺口必将越来越大，与跨境电商密切相关的物流仓储服务、分拨中心等也将快速发展起来。

四是中西部服务外包基地和示范城市为加快与沿线国家的服务经济和服务外包合作奠定了潜在基础。城市作为经济活动的节点和资本、人才、技术等要素的集聚地，在跨境经济合作网络重构中日益担任重要角色。例如重庆在联络中亚和欧洲有关部门推动渝新欧铁路建设和通行方面发挥了重要作用。成都和西安等地既是闻名全球的古都名城，也是当代区域性中心城市和内陆开放高地，更是最早设立的服务外包基地城市和示范城市，有望在引领与"一带一路"沿线国家的跨国服务外包合作方面发挥重要作用。成都与孟印缅等南亚诸国的产业互补性强，近年经贸合作水平全面快速提升，不少印度服务巨头在此建立了服务基地，有潜力成为中国与南亚服务外包产业合作的范本。西安作为闻名全球的古都长安所在地，居于新亚欧大陆桥的中心，如今西安电子信息产业和软件园发展已成为带动经济增长和外贸转型的重要动力，未来可能在促进与中亚、中东欧乃至西欧跨国服务外包合作方面发挥积极作用。实际上，丝绸之路经济带建设规划的提出，已经引起相关方面的密切关注。在2014年10下旬举办的第八届中国国际软件服务外包大会上，美国Amidi集团等跨国公司与西安高新区签约，将在西安成立一家高科技孵化中心。该集团负责人为美籍伊朗人，其目的就是将西安作为基地和跳板提前进行区域布局，以便利用"一带一路"建设提供的市场机遇，加强与中亚地区的经济合作。

从实践层面看，当今已进入电子化、网络化和信息化时代，几乎所有产业链都离不开软件技术和信息系统服务的支持，"一带一路"建设带给服务外包产业的发展机会并不仅限于上述提及的几个方面。与印度不同，我国服务外包产业是与工业化发展进程相伴而生的，在能源、制造业、城市建设和信息化等方面已积累了丰富经验和独特优势，随着"一带一路"建设持续推进，以生产性服务特别是IT技术为依托的服务外包产业大有作为。展望未来，中国将与沿线国家全面对接发展战略，有望推进贸易、产业、投资、能源资源、金融、旅游、文化以及生态环保等全方位合作，涉及服务外包产业的合作领域必将不断扩大和深化，有望产生以我为中心的全球服务经济网络重构效应，从而开辟服务外包产业持续发展的新蓝海。

四、一带一路促进服务外包产业大发展的措施分析

如何推动服务外包产业大发展，如何利用"一带一路"建设契机，加快与沿线国家合作，共同推动服务外包产业大发展，建议从如下几个方面着手。

一是促进服务外包产业参与"一带一路"建设，要坚持"政府搭台，企业唱戏"的基本原则。即政府发挥引导作用，企业担任主导角色，"一带一路"倡议的核心内容虽是经济合作，但广泛涉及政治、安全、文化等领域，是一个庞大复杂的系统工程，需要有步骤、分层次，按阶段逐步推进，离不开政府在经济合作中所发挥的引导和协调作用。政府作为有形之手不仅在政策协调和安全服务等宏观环境方面发挥必不可少的作用，在依托驻外使馆等机构提供翔实的驻在国经济环境、投资政策、市场信息等具体事务方面也具有得天独厚的优势。另外，经济合作必须符合经济规律，让市场机制的无形之手在跨国经济合作中发挥决定性作用，企业在具体运营中担任核心和主导角色，成为贸易投资合作主体。此外，政府和行业组织必须引导企业诚信守法合规经营，强化企业责任意识和可持续发展意识，真正融入当地经济。特别是，政府自身要讲诚信，在招投标过程中，严格按照国际通行规则招标，为民营、外资企业乃至当地和第三国企业创造公平的竞争环境，在跨国合作中扮演积极角色，避免因国企一枝独大使驻在国产生过多顾虑。在这方面，国内已经在早期产业发展实践中积累了一些有价值的政企合作经验，如大连市政府与大连软件园在产业发展早期实践中共同开创探索出的"官助民办"模式已经积累了大量可复制经验，并有武汉软件新城等成功案例。

二是在有条件的地区，与驻在国合作探索建立服务经济和服务外包跨国合作试验区。从印度、爱尔兰以及我国等服务外包热点国家的发展实践看，开发区、科技园、基地建设等园区模式在推动服务外包产业初期发展和促进产业集聚方面行之有效。由于沿线国家与地区成员构成复杂，具有高度异质性，很难制定整齐划一的合作方式，如一些中亚国家以农牧业为主，发展水

平不高,交通通信基础设施不完善,人力资源不足,现实合作机会有限。但是,印度、巴基斯坦、斯里兰卡、孟加拉国、尼泊尔等南亚国家虽然总体发展水平也较为落后,但其服务外包产业有较好基础,印度更是首要的全球离岸服务外包高端业务承接地;保加利亚、波兰、捷克、立陶宛等中东欧国家经济基础较好、技能水平高,其服务外包产业已具备全球竞争力;爱尔兰和俄罗斯IT技术人才丰富,在高端服务外包产业发展方面具有丰富经验。可以尝试加强与上述国家的深度合作,如选择有合作前景的地区,共同探索建立服务外包跨国合作试验区,在基础设施、人员往来、金融支持、财税政策、城市建设等方面实施特殊优惠政策,鼓励试验区先行先试,为全面扩大服务经济合作和服务外包发展探索新路。

三是鼓励多层次、多元化、多主体合作模式协同创新,共同推动服务外包产业大发展。与沿线各国中心城市、当地企业、西方企业以及相关国际机构合作开发,通过构建多元利益主体,形成开放式多边协作平台,风险共担,利益共享,优势互补,提高合作成效和可持续性。例如,城市作为区域经济活动的主角和资本、人才、技术、文化等要素的集聚地,在产业发展中扮演核心角色,服务外包产业尤其如此,不管是印度还是我国,都是从少数具备人才、区位或政策优势的少数热点城市起步的。发挥中心城市的主动性,优先考虑促进具备产业基础的城市间合作有望成为"一带一路"国家服务合作的可行模式。再如,国际组织和第三方跨国公司在全球化运营方面具有丰富资源、实践经验和技术能力,能够在跨国合作中担任桥梁和纽带角色,渝新欧铁路的建成和实施就离不开惠普等跨国公司的支持和努力。某些印度服务外包企业具有高水平全球化运营能力,在开展与沿线国家服务产业合作中,应考虑与印度等服务外包强国服务企业的密切合作。在华跨国服务外包企业特别是西方跨国公司在我国服务外包产业发展中占据重要地位,为产业发展做出了重要贡献,应鼓励其继续在与沿线国家跨国合作业务中继续发挥重要甚至主导作用。此外,鉴于服务外包在拉动就业、推动增长和促进结构转型以及加强与当地工人的沟通交流方面效应显著,多项研究发现,服务外包产业每增加一个知识密集型高端就业岗位，就会同时带动 5~8 个餐饮、航空、物流等中低端岗位的就业，这些岗位只能雇用当地工人。这为总体教育水平不高的发展中国家带来潜在就业机会。与国际组织和当地企业合作，尽可能雇用当地员工对于企业熟悉当地情况、切实融入驻在国、促进其发展、增加共识和信任、实现可持续合作和包容性发展尤为关键。

总之，"一带一路"倡议是习近平主席统筹国际国内两个大局提出的重大国际合作倡议，是重要的理论创新、实践创新，目前已有 124 个国家和 29 个国际组织签署了"一带一路"合作文件。2019 年 4 月 26 日，举世瞩目的第二届"一带一路"高峰论坛开幕式在北京国家会议中心举行，多国领导人和联合国的秘书长古特雷斯高度评价"一带一路"建设 5 年多来取得的重大成果。实践证明，"一带一路"倡议顺应了时代潮流，契合各国合作共赢、共同发展的愿望，是名副其实的和平、合作、共赢之路。

第二节 精准扶贫战略思想与服务外包的开放式发展

所谓精准扶贫是相对于粗放扶贫而言的称呼，是指针对不同贫困区域环境、不同贫困农户状况，运用科学有效程序对扶贫对象实施精确识别、精确帮扶、精确管理的治贫方式。

一、精准扶贫战略思想的提出

2013 年 11 月，习近平到湖南湘西考察时首次做出了"实事求是、因地制宜、分类指导、精准扶贫"的重要指示。这是"精准扶贫"重要思想的最早提出。2014 年 1 月，中办详细规制了精准扶贫工作模式的顶层设计，推动了"精准扶贫"思想落地。2014 年 3 月，习近平参加两会代表团审议时强调，要实施精准扶贫，瞄准扶贫对象，进行重点施策。进一步阐释了精准扶贫理念。2015 年 1 月，习总书记新年首个调研地点选择了云南，总书记强调坚决打好扶贫开发攻坚战,加快民族地区经济社会发展。5个月后,总书记来到与云南毗邻的贵州省,强调要科学谋划好"十三五"时期扶贫开发工作,确保贫困人口到2020年如期脱贫,并提出扶贫开发"贵在精准,重在精准,成败之举在于精准","精准扶贫"成为各界热议的关键词。2015年10月16日,习总书记在"2015减贫与发展"高层论坛上强调,中国扶贫攻坚工作实施精准扶贫方略,增加扶贫投入,出台优惠政策措施,坚持中国制度优势,注重六个精准,坚持分类施策,因人因地施策,因贫困原因施策,因贫困类型施策,通过扶持生产和就业发展一批,通过易地搬迁安置一批,通过生态保护脱贫一批,通过教育扶贫脱贫一批,通过低保政策兜底一批,广泛动员全社会力量参与扶贫。

"2020年,我们将全面建成小康社会。全面建成小康社会,一个也不能少;共同富裕路上,一个也不能掉队。"在十九届中央政治局常委同中外记者见面时,习近平总书记话语铿锵有力,再一次向世界宣示了坚决打赢打好脱贫攻坚战的决心。

二、精准扶贫与在岸服务外包

服务外包是把企业内部人员提供的服务转移给外部组织。根据外包目的地是否在国内,又可分为在岸服务外包和离岸服务外包。在岸服务外包(onshore outsourcing),也称境内服务外包,其外包业务的转移方和服务承接方均处于同一个国家和地区,外包工作在境内完成。

在我国,精准扶贫思想的提出直接原因是我国东中西部地区自然和经济社会资源和经济发展水平的差异,而这种差异也符合发展服务外包产业的动因。开展服务外包的理论基础之一就是社会分工和成本理论。我国东中西部地区的条件差异、产业分布差异、经济发展水平差异、劳动力成本差异,也决定了我们可以发展在岸外包,提升中西部产业,开展精准扶贫,促进共同富裕。

三、贵州省遵义市正安县开展在岸服务外包,进行精准扶贫的尝试

把大数据服务外包及呼叫中心产业打造培育成推进扶贫攻坚、带动贫困群众就业增收、引领产业转型升级的重要支柱产业,走出一条贫困地区"无中生有""借鸡下蛋"的产业发展新路。在这方面,正安县在将精准扶贫战略思想与服务外包的开放式发展有效结合上有独到之处。

正安县是贵州省遵义市的一个下辖县,幅员面积为2595平方公里,下辖19个乡镇;户籍人口为639526人,有仡佬族、苗族、土家族等23个少数民族。位于贵州省北部、遵义市东北部,北接重庆市南川区,东北毗邻道真县、务川县,东南与凤冈县和湄潭县交界,南靠绥阳县,西北与桐梓县接壤,是贵州襟联重庆的前沿,是渝南、黔北经济文化的重要交汇区域,素有"黔北门户"之称。

自2014年12月底以来,遵义市以引进华唐集团为标志,发展大数据服务外包及呼叫中心产业,形成"两基地一园区"框架,即"遵义大数据服务外包及呼叫中心产业示范基地""遵义(务正道地区)县域大数据服务外包及呼叫中心产业示范基地""渝遵合作大数据服务外包产业示范园区"。其中,"遵义(务正道地区)县域大数据服务外包及呼叫中心产业示范基地"就设在正安县。

大数据服务外包及呼叫中心产业像一颗颗珍珠镶嵌在黔北美丽乡村的青山绿水间,正安人笃信政策给力、借助外力、自身发力,星星之火也可燎原。要走好这一条新路,还需勿骄勿躁,冷静对待发展过程中出现的新问题。大数据服务外包产业需要的准入门槛虽低,但发展趋势却要求服务队伍整体素质的稳步提升,网络基础设施实现全覆盖,实现规模化,集约化发展。正安县农村基础设施落后,农村网络村村通还存在盲区,农民整体素质参差不齐,中职客服专业师资力量薄弱,专业的师资培训亟待加强,这些都是正安县推动大数据产业健康发展亟须解决的困难。

一根网线,一台电脑,轻轻点开由华唐集团公司数据后台安装的UU-

CALL 呼叫中心平台，接听客户电话，销售电话赠险业务，订单确认后由公司月结给付服务费用，不用打卡上班，不在乎学历，只在意能力，正安县土坪镇明星村的几名妇女享受着在家里也能挣钱的乐趣。

这是记者在正安县探访黔北大数据服务外包产业的生动见闻。38 岁的郑丽琴，小学文化，曾在广东、深圳等地打工 8 年，夫妇二人不忍心孩子没人管教，就回到家乡，丈夫在市里做建筑工人，自己则在家中务农，照顾老人小孩，收入来源单一。2015 年 7 月，明星村包括她在内的 6 个妇女一同接受了华唐集团的呼叫服务系统培训，省、市、县三级配套资金为她们在家安装了一台联想电脑、无线路由器、耳麦等专业设备，村民自己不出一分钱。

每天早上 9 点到 11 点，下午 2 点到 4 点，这是郑丽琴工作的时间。一有空闲，她就用陪小女儿做作业的机会向女儿练习普通话，两个月的时间下来，郑丽琴成功完成了 120 单电话赠险呼叫业务，按照跟公司约定的每单 6.8 元计算，她拿到了 816 元的工资。

"没学历文凭，我都不敢想象可以在家赚钱。这 816 元钱相当于养一头年猪的收入，我有信心了！"2014 年以来，正安县通过引进北京华唐集团入驻黔北大数据服务外包产业示范基地，计划建成大数据服务外包及呼叫中心产业席位 1 500 席，其中基地集中模式 1 000 席，公司 + 农户分散模式 500 席。

"实现产值 2 亿元以上，解决就业 3 500 人以上，达到地方经济、公司、农户多方发展共赢。"一个偏居深山、外出务工人口多、产业基础薄弱的贫困县，何以赢得大数据产业的青睐？"正安为我们创造了公司'拎包入住'的一切便利。在这里，人才表面上看起来是劣势，但只要培养起来后，流动性比北上广低很多，这对公司就是人才红利。"遵义华唐公司常务副总邱晓秦道出了关键。

"华唐集团是全国唯一一家将业务培训和教育相结合的外包服务公司，借助公司产学研用一体化教学，可以为正安培养大批专业的外包服务人才，解决群众家门口就业的难题。"正安县委书记邓兆桃坦言，我们不但要有

"无中生有"的魄力，还要有"借鸡下蛋"的智慧。

合作双方，一拍即合。在正安县中等职业学校内，遵义华唐公司正安分公司共1 000席的办公楼、食堂、宿舍等基础设施已全部建成，涉及1 000席的电脑、桌椅、网线、房屋装修全部安装到位，总投入近2 000万元，正式投入营运200席；实训200席已在2015年6月投入营运。

探索出服务外包呼叫系统、组织系统远程教育网、职业教育加县、乡、村三级联动的3+3产业扶贫模式，结合实际把大数据服务外包及呼叫中心产业培育成推进扶贫攻坚、带动贫困群众就业增收、引领产业转型升级的重要支柱产业，这是正安在产业发展过程中创新举措。

对在家扶贫对象、留守妇女、待业青年等进行系统培训，使其成为服务外包产业工人。目前，正安县已在凤仪镇田生村，安场镇自强村、石井村，土坪镇明星村等4个村开展公司+农户示范点创建工作。

大数据服务外包产业的发展吸引了不少高校毕业生回来就业。邹毅家住正安县杨兴乡桐梓村，父母都是农民，2014年他从贵州大学计算机专业毕业后选择回到家乡工作，现在是遵义华唐大数据服务外包有限公司正安分公司的一名组长。"目前待遇2 800元左右，主要看中这个行业的发展前景，可以长期干下去。"

"校企紧密结合在一起，学生的实习、实训、就业都得到解决。"正安县中等职业学校校长张信强说，依托华唐集团的专业资源，学校2015年专门开设了客户信息服务专业，还积极动员贫困家庭子女前来就读。

"我们常年有近20万人在外打工，贫困人口9万多人，农村面临空巢老人和留守儿童等众多问题，发展大数据服务外包与呼叫中心产业是正安现实的需要，它可以让群众不受时间、地点限制，在家门口能就业，把农活做好，把家庭照顾好。"正安县县长吴起表示，目前发展大数据服务外包产业的最大困难是农村宽带的建设。由于投入不足，农村网络村村通还存在盲区，给精准扶贫项目实施带来难度，但我们有信心，也有能力逐步解决发展过程中出现的难题。

"到2020年建成大数据服务外包及呼叫中心产业席位3万席，实现产值50亿元以上，直接带动就业6万人以上。"这是正安大数据产业发展的远景目标。正安县将精准扶贫战略思想与服务外包的开放式发展有效结合的做法，值得全国服务外包行业在精准扶贫政策落实上效仿学习。

四、绿色黄金精准定位，服务外包"造血"扶贫

绿金在线作为中药材及其制品资源整合经营型B2B电子商务平台，致力于推动中医药文化传承与发展，通过布局产业要素资源与功能，结合绿金在线发起的"绿"公益项目，为保护、传承、推广中华文明中的瑰宝"中医药"，创出一条新路。

种植户增产不增收的例子比比皆是，例如，曾经有一家法国企业在我国的人参之乡吉林抚松万良人参市场采购了价值约200万美元的人参原材料，运回国内后经加工成人参制剂，销往全球，其销售额高达1.8亿欧元，增值120多倍。类似这样的价值未被发现、被隐藏的案例在中国中药材领域是不胜枚举的。

中国的中药材及其制品，尤其是原材料，占据全球中药原材料输出的70%，主要分布在三大区域，常被称为北药库、南药库及西域药材库。北药库分布在以东北三省为主的地区；南药库分布在以云贵川桂粤为主的地区；西域药材库主要分布在黄河几字湾以及中亚地区。这些地区从经济发展程度衡量，均是老、少、边、穷地区。这些地区，农民都把中药材作为经济作物，作为主要的经济产出来源。

然而由于"剪刀差"的存在，中药及其制品的高额利润中下游所摄取，而上游的种植户并未获得相应的回报，经常陷入增产不增收的怪圈。贫困，在这些地区依旧与种植户如影随形。

作为一家服务外包企业，绿金在线在配合国家"十三五"全面实施精准扶贫战略中，以产业"造血"扶贫模式实现"十三五"脱贫攻坚良好开局。

绿金在线通过其平台、增值服务功能的建设，把中药材的产地和销地衔接起来。解决种植户和合作社中药材卖得出去以及能卖好价钱的问题。实现这些老、少、边、穷地区的中药材种植户及合作社脱贫致富。

为了实现这一目标,绿金在线通过其创新的商业模式,借助互联网、物联网和信息技术手段,实现中药材产地拥抱互联网,从经济边缘向经济的前沿转变;从产地资源的分享向资源的集中转变;通过质量追踪和可溯,实现从消费隐患向消费安全的转变;由过去传统的中药材种植和加工行业,转变成高端、新兴的大健康产业,实现由传统产业向新兴产业的转变等几个根本性的转变,实现产业融入式持续脱贫与扶贫。

绿金在线致力于通过平台,帮助这些药材主产区的种植户及合作社实现这几大转变,同时让种出来的药材能以比较便捷的方式卖到消费市场,并有一定的增值,帮助种植户提高收入,促进政府税收增长和地方农业经济可持续性发展。

据绿金在线有关负责人介绍,通过5年来的发展,绿金在线平台上已经有超过10万个合作社和种植户在平台上销售他们所种植的中药材。通过数据分析,合作社与种植户销售价格和过去相比得到10%~30%的提升。

绿金在线的这种模式,是对道地产区的药农与种植户的一种产业融入式的扶贫方式。通过对中药材的价值发现,绿金在线立意持续创新与变革中药材及其制品行业,为中药材在国际上逐步掌握了定价权、话语权等,种植户及合作社利用绿金平台所整合的功能和资质等,能实现种得好、卖得好,实现了中药材产业链上中下游的利益分配机制均衡化、协同持续发展。(案例来源:搜狐网)

五、甘肃省定西市陇西县培养电子商务服务外包行业人才助推经济发展、精准扶贫

甘肃省定西市陇西县以加快电子商务服务外包行业人才培养为抓手,积极探索精准扶贫模式,全方位打造电商产业链,切实发挥电子商务服务外包行业人才在带动传统经济转型升级、推进精准扶贫方面的引领作用,加快了农民脱贫致富步伐。

该县大力实施电子商务服务外包行业人才培养工程，加大对各乡镇筛选贫困户"两后生"、大学生村官、农村青年致富带头人多层次培训，采取"党组织+党员青年创业者+电商""党员+电商+专业合作社""电商+党员青年创业者+快递"等方式，把电商工作融入农村经济发展中，开展了"互联网+农村经济"新通道。目前，该县先后举办电子商务培训班8期，累计培训电子商务服务外包行业人才800多名；同时为进一步加强电子商务人才建设，在定西工贸中专开设了电子商务专业，建立了培训基地，逐步培养和造就一支能够熟练掌握运用网络技术促销农特产品的电子商务服务外包行业人才队伍。扶持乡村创办网店。该县全面落实扶持个体网店发展的优惠政策，大力支持特色产业发展好的乡镇村创办实体网店，示范引导农民群众开展网上交易。同时，引导大学生村官依托当地特色资源和优势产业，带头开办网店推销农特产品，开展线上线下一体化经营。安排乡镇驻村干部、村干部主动为群众做好网络宣传、咨询、购物等服务工作，定人定点帮助农民群众网上创业，推动电子商务进村入户。目前，该县共有邮政、韵达、申通、圆通、顺丰等快递企业17家，村邮站覆盖率达75%；乡镇宽带网络覆盖率达100%、村级覆盖率达67.5%。搭建人才孵化平台。该县注册成立了陇西县电子商务协会，依托普尔康药业建成建筑面积均为1 500平方米的县级电子商务运营中心和电商创业场所，为电子商务人才培训交流提供了机构和场所。结合阿里巴巴"千县万村"计划，实施特色陇中美丽乡村"触网"行动，采取"电商+专业合作社+快递""电商+产业大户+快递""电商+青年创业者（未就业大学生、返乡青年、大学生村官）+快递"等方式，率先在巩昌、文峰、首阳等乡镇开展电商扶贫试点工作，初步建成了集电子商务、电子政务、电子村务为一体的乡镇、村级电商中心。截止2018年底，该县已培育发展各类专业信息服务网站13家，网络交易平台7家，电子商务应用企业26家，各类个体网店251家，销售额达2050万元。（案例来源：中国服务外包网）

六、贵州 HPE 数据和呼叫中心助推地方经济发展

毛渝南，Hewlett Packard Enterprise 中国区董事长，统一负责 Hewlett Packard Enterprise 公司在中国区的战略发展。毛渝南拥有美国康奈尔大学材料科学学士学位及冶金工程学硕士学位，以及麻省理工学院工商管理硕士学位，是全球电信行业公认的领军人物。20 世纪 80 年代，毛渝南参与了上海贝尔公司的建立，从而开启了中国电信产业技术蓬勃发展的新纪元。此后，他曾担任过阿尔卡特朗讯公司大中华区总裁、北电网络公司大中华区首席执行官、3Com 公司全球首席执行官。此外，他还在 2000 年至 2006 年担任美中贸易全国委员会（USCBC）董事会成员，2003 年至 2005 年担任太平洋理事会（PTC）董事会副主席。

"近年来，贵阳在发展大数据方面取得了有目共睹的成绩。"在接受记者专访时，毛渝南说，贵阳最重要的经验就是在大数据发展中注重顶层设计的完整性，制订了长远而实在的发展规划，确保后期项目的高效执行，"发展大数据这个新兴产业，就像是在建造一座新城，其中最重要的就是要做好前期规划，注重顶层设计的完整性。如果大数据发展中顶层设计没有做好，发展的项目过于分散，尽管表面上有立竿见影的效果，但最终还是难以实现数据的统筹管理。"

对于贵阳提出的"块数据"概念，毛渝南印象深刻。"有一本书叫作《块数据》，里面阐述了一个观点，即无论医疗还是农业，都是垂直的体系数据，而如果垂直体系里的数据能在横向领域发挥作用，组成块数据，意义更大。"毛渝南说，比如要实现精准扶贫，很多人认为扶贫是农委应考虑的事，但其实穷和病常常是有关联的，因病致贫、因病返贫的情况时有发生。这时，如果能把农业和医疗数据合并一起看，就对推进精准扶贫更有意义。

"贵阳市一直在积极地、并且以强有力的执行力推动大数据项目的落地。到现在为止，贵阳是唯一一个以全市为单位来整体规划建设医疗云这样的大数据项目的城市，非常具有独特性。"毛渝南认为，作为一个西部省会城市，

贵阳能吸引 HPE 中国落户的优势在于贵阳市有实在而长远的大数据发展计划。通过与贵州省、贵阳市政府部门的多次接触，他深刻地感受到这块土地对于发展大数据的强烈意愿。HPE 中国作为一家提供转型创新、大数据、云计算等服务的企业，同样希望迈向新领域和实现突破，开发、挖掘大数据的价值。贵阳和 HPE 中国在探索大数据方面有着强烈的共鸣。

毛渝南说，在与贵阳合作之前，HPE 中国和不同城市、不同厂家也谈了智慧城市建设相关事宜，但因种种原因，往往没有达成长远而实在的计划。但在和贵阳的接触中，他感受到贵阳目标清晰、需求明确，有非常完整的发展规划。正因为如此，双方之后合作的执行效率和配合度均很高，在短时间内就做出了诸多成绩。

2014 年 7 月 30 日，贵阳市政府与 HPE 中国签订战略合作备忘录，就国际金贸云基地、医疗云、国际农业云、新一代 IT 教育培训等达成合作共识，开启了双方的全面合作。

此后，HPE 中国与贵阳在大数据产业领域开展了一系列合作，其中，与民生关联最为密切的就是贵阳人口健康信息云和农业云。2015 年 10 月 28 日，这"两朵云"均已在贵阳综保区数据中心上线运行。

贵阳人口健康信息云平台是国内唯一一个以全市为单位把健康档案和电子病历整合在一起的云平台，包括 6 个平台、10 套体系、31 个应用系统，服务于 470 万人口，1 000 多家公立医疗机构，未来医疗健康大数据会集成近 10PB 级的医疗健康大数据。"医疗支出主要包含医生、护士、病床、救护车及 IT 系统等。从全国乃至全世界来看，目前，医疗支出中用于 IT 系统的仅占 2%。利用云平台，要达到的目标不仅是提升 IT 系统 2% 的投资效率，真正的重点是通过这 2% 的投入提升另外 98% 的投入效率。"毛渝南说，糖尿病、高血压是两大慢性病，平均 15% 的人每年会住院 1~5 天，通过云平台的精准管理，即使是为其中 1% 的人减少住院，加起来节约的医疗费用都是可观的。

在贵阳农业云方面，毛渝南说，农业云一期将逐步实现服务贵阳 1 500

个行政村、900多个农民产业合作组织,将连接全国70多家一级农产品批发市场等数据。农业云的建成,将对食物从"种下去"到"吃下去"的过程进行全程监控。这不但能够解决市民关注的食品安全问题,也能帮助贵阳打造健康农业产品品牌,提升附加值。同时,还能形成企业诚信交易信息数据,帮助农业管理部门进行数据收集及管理分析,提升管理效率。

此外,HPE中国还在贵阳大力发展呼叫中心产业,其承建的贵阳3 200席呼叫中心示范基地于2015年6月30日全面上线运行。对于在贵阳发展呼叫中心产业,毛渝南用"怀着阿Q精神"这句有意思的语来形容,"HPE中国是第一个在贵阳成立呼叫中心的国际知名公司。我们在贵阳开设培训班培养人才,不可避免会有部分人才被挖走,但转念一想,即使人才被挖走也是为贵阳发展做了贡献。"

在HPE中国的战略布局中,贵阳是HPE中国发展大数据的重要前沿阵地。"HPE中国去年已和贵州省政府签署合作备忘录,我们将以贵阳为中心,把与贵阳合作的经验推广到贵州其他市州,进一步开展合作。"毛渝南说,HPE中国将充分发挥在大数据、云计算、服务外包、人才培养等方面的先进经验和技术,并把HPE在国外的发展经验和成功案例在贵州省进行推广运用,为贵州的民生改善提供服务和帮助,推动地方经济社会跨越发展。

"十三五"时期,贵州将突出抓好大数据、大扶贫两大战略行动。围绕这两大行动战略,毛渝南表示,HPE中国将以医疗云、农业云为基础,用大数据推进精准扶贫。比如,通过"医疗云"可帮助精准识别因病致贫、因病返贫等贫困人群,从而为政府在医疗福利、医疗保险、医疗改革等方面的精准决策提供参考。(案例来源:搜狐网)

七、山东省菏泽市鄄城县建设"扶贫车间",为闲置劳动力接包因势利导

山东省菏泽市鄄城县地处黄河滩区,全县有贫困村129个,村里的年轻人大多外出务工,剩下大量留守儿童、妇女和老人。当地群众一直有从事纺线等手工业加工的传统。前些年，有些厂家为降低生产成本，将一些对技能要求不高的劳动密集型工序发包到村里，搭起"小窝棚"招揽群众务工。2015年起，菏泽市因势利导，对这种"小窝棚"进行改造提升，将其建成"扶贫车间"。截至2015年12月，全市共建成"扶贫车间"1803个，有383家企业入驻，直接安置和带动191 341名群众在家门口就业，使57 685名群众脱贫，其中妇女49 724人、残疾人519人、60岁以上老人8 653人（含80岁以上的69人）。

鄄城县"扶贫车间"的主要做法如下：一是领导力推，多方援建。鄄城县通过县财政扶持、第一书记和县直部门援建、重点企业捐建等方式，利用闲置民房、小学旧址、村级活动场所旧址等，在每个行政村都新建或改建了一个300平方米左右的"扶贫车间"。二是明确四项要求："扶贫车间"内贫困人口用工占比不低于30%；车间离村公路不超过200米；靠近村幼儿园、小学、卫生室等公共场所；实行弹性工作制，务工贫困群众送完孩子、伺候完老人、干完农活后，再去车间打工挣钱。三是对经营"扶贫车间"吸纳安置贫困人口较多的企业，给予用电、租金等方面的优惠，给予一定的岗位补贴和培训补贴，并由金融机构对其量身定做贷款支持方案。

鄄城发展"扶贫车间"，群众在村里接单搞加工，既能挣钱，又能照顾老小，还缓解了企业"招工难、用工贵"的困难，探索出一条贫困群众在家门口就业脱贫的新路子。一是消除了贫困群众"等靠要"依赖心理，增强了靠勤劳双手创造美好生活的信心和志气。二是留守妇女有了工作，专心生产、增加收入的多了，串门聊天、玩扑克打麻将的少了。三是"扶贫车间"成为村民交流重要场所，拓宽了社情民意了解渠道。四是为一些劳动密集型企业节约了建设成本，降低了用工成本，实现了群众就业增收和企业持续发展的双赢。（案例来源：http：//www.scfpym.gov.cn/show.aspx? id＝55975）

八、苏州工业园区服务外包职业学院培养服务外包人才，助推地方精准扶贫

酷暑难熬，24岁的葛荣英穿着一件白衬衫，每天穿梭在生态养鸡场里。4年前，他从苏州工业园区服务外包职业学院营销与会展外包专业方向毕业，回到老家江苏省沭阳县龙庙镇庄塘村，开办土特产电商扶贫网店，专门帮村民脱贫致富。现在，他的另一个身份是村委会挂职副主任。

葛荣英曾是校园里的贫困生，为了脱贫，他选择了创业。大一暑假，受电影《中国合伙人》影响，葛荣英和舍友"瞄准"了校园里的桶装水店。地板砖的购买、3吨多黄沙水泥的搬运、墙壁的粉刷……都是他们亲自动手。学校对创业政策的扶持，以及学校领导老师的关心，让他们的创业项目顺利进入轨道。

很快，葛荣英不但不用向家里要零花钱，甚至会给家里寄钱。毕业后，他选择回到家乡。他觉得农村是更广阔的创业天地，希望带领老乡脱贫致富。从三进三帮大走访到低保户、贫困户的鉴定确认，葛荣英走遍村子，挨家挨户了解实情。

村里老人都会散养鸡、鸭、鹅，把蛋攒到一定数量后拿到集市上卖。"他们自己卖，首先不新鲜，毕竟攒了一阵子，二是价格低。"葛荣英把这些蛋统一收集起来，然后包装销售。他多了一些优质供货渠道，而乡亲们也多了一份稳定的收入来源。

他把土鸡散养在树林花地间，捕食虫草、蚯蚓。绿色生态的养殖方式吸引了很多回头客。让葛荣英惊喜的是，许多客户在第一次购买后就直接订了一年的鸡蛋。他的客户群体主要为产妇，在客户群里，她们互相交流育儿经验，成为亲密的网友。

27岁的赵文翰是葛荣英同专业的学长。5岁时，他因车祸导致右腿高位截肢。现在他是校园里风光的创业英雄。大二时，赵文翰开始在学校的创业广场上折腾水果电子商务。"他只有一条腿，走路都是跳着走，有时候台阶很多，他都是跳着上下，还要搬水果。"该校一位负责创业的老师回忆说。

"我每天夜里1点左右睡，6点就起床，睁开眼第一件事就是看新增了多少客户和订单。"前5个月他们经验不足，营销做不好，赔了30万元。后来，他们尝试先让顾客免费品尝果盘以获得口碑，生意逐渐变好。"坚持时令、健康的理念，好多客户慢慢选择我们，一个月的创收也达到了10万元。短短3个月，就收获了3万多名会员"。

毕业后，赵文翰回到家乡"白蒜之乡"邳州。他在老家成立合作社，带着60多户村民做起大蒜生意，早起习惯没有改变，"现在每天依然早晨五六点起床，自己去把关产品质量。"

如今，在苏州工业园区服务外包职业学院，越来越多像葛荣英、赵文翰这样的学生通过自己的努力，改变了家庭的困境，毕业之后通过自己的努力，带动更多人致富。这两年，该校对创业大学生进行梳理发现，很多人是学校建档的贫困生。对苏州工业园区服务外包职业学院党委书记、校长严世清教授来说，创新创业给了贫困生尊严以及自力更生的平台，授人以鱼不如授人以渔，这些学生不但实现了家庭脱贫，还帮助家乡更多老百姓脱贫，"教育应该成为精准扶贫的重要手段，创新创业教育也可以精准扶贫"。（案例来源：中国青年报中青在线）

九、辽宁联睿科技公司致力打造"辽北声谷"

服务外包是现代高端服务业的重要组成部分，具有信息技术承载度高、附加值大、资源消耗低、环境污染少、吸纳就业能力强等特点，辽宁联睿科技有限公司的服务外包企业已在铁岭调兵山市上线运营，大数据时代的新兴产业如一股春风在辽北大地上悄然兴起。

辽宁联睿科技有限公司执行总裁刘增光介绍，辽宁联睿科技有限公司是大唐融合通信股份有限公司铁岭（调兵山）服务外包产业基地项目的运营公司。公司依托大唐融合良好的研发基础和优良市场资源，整合铁岭调兵山市产业政策和人力资源，在铁岭市政府和铁岭调兵山市政府的大力支持下，于2016年8月成立，并在市发改委立项，5月8日正式上线运营。

第七章 一带一路、精准扶贫与服务外包的开放式发展

到底什么是服务外包呢？刘增光解释，服务外包就是在互联网时代经济发展的带动下，企业为了更好地发展，将其非核心的业务外包出去，利用外部最优秀的专业化团队来承接，从而使其专注于核心业务，达到降低成本、提高效率、增强核心竞争力的目的。目前的服务外包类型有三种：信息技术外包、知识流程外包、业务流程外包。联睿科技主要经营业务流程外包。

刘增光表示，目前大唐融合在辽宁7个城市开始运作服务外包产业，而联睿科技是大唐融合在辽宁首个落地的呼叫中心服务外包产业示范项目的运营公司，填补了铁岭市乃至辽北地区服务外包产业空白，在辽宁具有引领和示范作用。

记者走进企业的工作间看到，这里有上百台电脑，每个电脑前坐着一名工作人员，戴着耳机正在进行通话，"您好，我是移动公司的客户经理，跟您说一个好消息……"记者发现，近200人的工作间里，工作人员都在耐心、细致地与电脑提供的客户通话，话语声此起彼伏。见此情景，记者心中产生疑问，这里不是移动公司，为什么他们称自己是移动公司的客户经理？

刘增光告诉记者，公司现在承接的是移动公司的呼叫外包业务，主要是向中国移动的客户推荐众包和咪咕音乐业务。这里的每一台电脑叫"一个座席"，千万不要小看每一个座席，这里面装有大唐融合研发的系统，工作人员拨通电话都靠这个系统完成，与普通的电脑不一样。如果移动公司设置一个座席平均成本需要三四万，他们平均则只需要1.5万元。"向客户推荐这种工作算不上移动公司的核心业务，但也必须要做。他们自己做成本高，所以就找我们帮他们做。这样一来，移动公司不仅成本降低了，还可以把精力、财力投入到核心业务上。"刘增光表示，他们的企业会对员工进行专业的呼叫培训，之后员工与客户每达成一单，企业都可以得到移动公司提供的服务费，这个服务费就是公司的盈利点。

公司现有200个座席，员工300人，平均年龄27岁。董敏在公司上班快6个月了，成单率逐渐提高，成了公司的"单王"。她现在平均每天要接通三四百人的电话，工资由最初的1 700多元变成了现在的5 000多元。"我学

历不高,生完孩子后有六七年都不工作了,非常感谢公司给我提供的岗位。"她表示,这里工作时间比较弹性,非常适合自己。"我们用人不太强调学历,高中毕业就可以,主要看心态、技能及对产业的理解度,员工业务熟练后,月薪过万不是梦。"刘增光说。

服务外包产业能够带来许多社会效益。刘增光介绍,年底公司将建成500个座席,能够解决500~1 000人的就业问题,也能帮助政府解决中高职毕业生、残疾人、军转人员、农村闲置人员就业及精准扶贫的实际问题。企业给地方带来了可观的财税收入,500个座席就可以实现产值7 000万元到1亿元,利税近千万元。企业属于环境友好型,零污染。员工的收入上来了,还能带动当地消费市场,拉动配套传统产业。此外,企业的运营也为铁煤集团等传统产业的转型提供了借鉴。

企业经过前3个月的摸索,第四个月开始进入盈利状态,当月产值60多万元,纯利润10多万元。"盈利标志着企业各方面趋于成熟,今后我们只需要扩大规模,多建座席、多招员工就可以赚钱,订单都由大唐融合下派,根本不愁市场,供不应求。"刘增光说。

公司已经陆续与铁岭调兵山市职教中心、铁煤集团辽北技师学院签署校企合作协议,共建辽北服务外包产业人才培养基地和实训基地。未来联睿科技将实现三个孵化目标:一是服务外包人才孵化,二是服务外包产业孵化,三是服务外包创业孵化。联睿科技还将与国内外知名企业在服务外包产业、电子商务、大数据产业及智能制造产业进行深度合作。

刘增光介绍,公司计划2018年至2020年,建成3 000至5 000个座席,搭建解决万人就业岗位的服务外包产业园区,投资将达到15亿元,产值达10亿元,利税过亿元,努力打造辐射东北地区的服务外包产业大数据中心——辽北声谷。

接下来,公司将派出30名员工参加"去哪儿网"的外包业务培训,今后你想在"去哪儿网"订票,打客户电话后就可能是联睿的员工接待的。"这样一来,我们的呼出和呼入业务都有了,距离'辽北声谷'的目标更近了一步。"刘增光说。（案例来源：http://www.tielingcn.com/2017/1211/215377.shtml）

十、甘肃省外包建设精准扶贫地图大数据平台

合作伙伴：甘肃万维信息技术有限责任公司（以下简称甘肃万维公司），公司成立于1998年10月，注册资金5 000万元，是中国电信全资子公司，从事ICT（信息通信技术）的高新技术企业。公司位于兰州高新技术产业开发园区，办公占地13 000多平方米，拥有高新技术人才1 000多名。主要从事应用软件开发、系统集成、IT服务外包、互联网运营四大业务领域，是甘肃省首家通过CMMI（软件能力成熟度模型）3级评估、ISO 20000质量体系认证、ISO 9000质量体系认证三项国际标准的企业，同时拥有国家计算机信息系统集成一级、涉及国家秘密的计算机信息系统集成乙级等众多资质证书，是甘肃省企业技术中心、高新技术企业、中国软件产业基地骨干企业。深刻贯彻"追求企业价值与客户价值共同成长"的市场经营理念，凭借良好的社会信誉、过硬的技术能力、优质高效的服务保障，在省内外主导实施了众多具有代表性和影响力的综合信息化建设项目，得到了社会各界的广泛认可和高度赞誉，目前公司业务已涉足国内20余个省份，实现了良好的市场开拓局面。从企业创建伊始，公司便注重人才梯队建设和技术团队培养，积极学习并引入国内外高新技术，学习国际标准和规范，不断完善和优化自身技术管理体系的建设，目前已自主研发了一大批拥有自主知识产权的信息化应用软件产品及行业解决方案，其中有多项软件产品列入国家火炬计划和国家重点新产品计划，并在国内多个省份得到广泛应用。

应用领域：大数据人力资源和社会保障规划社管民政（点击应用领域名称查看更多相关GIS成功案例）

甘肃省精准扶贫地图大数据平台，通过利用GIS平台的地图资料信息，实现对多种甘肃省扶贫基础信息叠加展示的功能。并可以对显示信息的当前情况、历史情况进行对比。同时系统还实现展示图形的拖拽、放大、缩小、定位和测距等功能。提供基于甘肃省各级行政区划地图内的各类扶贫对象（贫困人口、贫困户、贫困村等）数据服务，以热点图、单值图、专题图、趋势图等多种展现方式，直观地在地图上反映当前情况、历史情况等，实现当前和历史的比对分析。主要功能包含贫困户分布、贫困村分布、贫困县分布、贫困村人口分布、贫困县人口分布、主要致贫原因分析等。

基础信息查询基于甘肃省各级行政地图以及贫困人口分布图等扶贫专题地图，根据多维度检索条件与指标，如行政区划、贫困类型、贫困户状态、贫困户属性、主要致贫原因等，进行各种扶贫信息查询。

地图平台同时可以展示甘肃省地理基础数据，包括行政区划、水系、铁路、公路、居民地等其他辅助要素等信息，扶贫相关信息包括贫困对象分布、扶贫措施、扶贫成效等信息。通过特定的图标、颜色来区分各个信息要素，从而以直观的方式来了解各个行政区域的扶贫对象分布情况以及其他扶贫信息。（案例来源：https：//www.supermap.com/cn/2017/partner_case_show.asp?id=35）

十一、新中天为青岛市残疾人联合会业务软件开发项目提供维保服务

（一）背景介绍

山东省残疾人综合服务中心隶属于山东省残疾人联合会，是根据《中国残疾人事业"八五"计划纲要》及《山东省残疾人事业"八五"计划》要求成立的全额预算管理正处级事业单位，是在党和政府的亲切关怀下建立的全省唯一一所为残疾人提供服务的省级综合性中心。对外加挂"省残疾人辅助器具中心""省盲人按摩指导中心""省残疾人就业指导中心"牌子。

青岛市残疾人就业服务中心成立于1992年，为市残联直属事业单位，在市残联教育就业部指导下开展工作，同时接受上级残疾人就业服务机构和市人力资源社会保障部门的业务指导，全面开展残疾人就业服务与管理工作。

多年来，中心切实推进残疾人就业优先战略，全面推动残疾人就业工作，切实保障残疾人享有平等就业的权利，在促进残疾人就业、精准扶贫方

面取得了重大突破，为青岛市残疾人就业工作打开了崭新格局。青岛市残疾人就业服务中心多次荣获全国、全省按比例安排残疾人就业工作先进单位、全省残联系统先进集体、山东省优秀残疾人之家、青岛市精神文明单位、青岛市残疾人就业工作先进集体等荣誉称号。

山东新中天信息技术股份有限公司是一家专注于电子政务的 IT 解决方案与服务的接包商，是中国电子政务百强 IT 企业。公司主要业务是提供电子政务信息化整体解决方案、云服务解决方案、运维服务及技术咨询服务，致力于政府及大中型企业信息化相关的基础平台与应用产品的研发和销售。

山东新中天信息技术股份有限公司凝聚了一批软件研发、系统集成及项目管理方面的专家，依靠自主创新的核心技术研发以及对各行业单位业务的理解，在智慧残联、智慧民生、智慧社区、智慧体育、精准扶贫、知识产权云服务等方面形成了企业的核心竞争力。公司现有员工 150 余人，其中专业技术人员 120 余人，本科学历以上占 86%。具备专业网络咨询、设计与实施网络认证工程师 20 余名，具备主流厂商数据库和主机技术认证的高级工程师 10 余名，软件开发人员 60 余人，具备了软件开发、信息基础平台集成以及网管、安全、智能建筑在内的多项专业技术能力。凭借多年的技术积累，秉承踏实稳健，开拓创新的作风，形成一支电子政务领域内成熟、高效、专业的技术团队，具有完善而规范的软件开发和管理体系，其软件开发模式、管理模式与国际接轨，使山东新中天信息技术股份有限公司迅速成为全国卓越的 IT 解决方案提供商。

2007 年 9 月，山东省残疾人联合会通过公开招标的方式确定由山东新中天信息技术股份有限公司接包软件建设与维护工作。山东新中天以残疾人管理机关信息化建设为契机，专注残疾人信息化建设，立足于残疾人事业，不断深入研究，从以残疾人人口库为基础的残联数据中心到为残联机关工作人员服务的业务管理系统再到为残疾人提供社会服务的互联网络平台，编制形成了一个中心三环六纵残联事业规划，先后实施了省、市、区（县）、社区四级残联机关的信息化项目，获取了大量的需求，研发了近 30 个核心业务系统。通过多年努力，在与国家残联、各省残联以及各地市残联的残联事业规划中，实践和印证了这些规划的科学性、领先性和完整性。

青岛市残疾人联合会2015年业务软件开发系统运行维护项目分为通用软件运行维护、专用软件运行维护和通用数据维护、专用数据维护。

（二）解决方案

1. 新中天驻场维护服务方式

派驻一名工程师在客户定义的服务范围内为客户提供全日制（7×24）的服务支持工作。常驻工程师严格遵守客户的工作时间、工作流程及管理等客户企业制度。

2. 业务软件开发系统维护方案

客户现运行的业务通用软件、专用软件和通用数据、专用数据，新中天派驻工程师对系统及时移植，及时发现并修补漏洞和不安全因素，扩充相应的功能，保持数据的实时性，增强系统的稳定性，修正功能的不足，定期的软件功能测试、安全测试，等等，对于数据做到及时更新，定时备份、整理，必要的恢复，保持数据的完整性和实时性。

（三）客户收益

客户应用的业务软件系统正常有序地运行，系统能及时移植，能及时发现并修补漏洞和不安全因素，扩充相应的功能，保持数据的实时性，增强系统的稳定性，修正功能的不足，定期的软件功能测试、安全测试等，对于数据做到及时更新，定时备份、整理，必要的恢复，保持数据的完整性和实时性。保障客户业务软件的安全稳定运行。 （案例来源：http://www.newheyd.com/zjxzt/gsjj/2014/01/7959.shtml）

十二、理念接入 财富露出——云锡控股公司精准扶贫纪实

云南锡业集团（控股）有限责任公司（以下简称云锡）是世界著名的锡生产、加工基地，是世界锡生产企业中产业链最长、最完整的企业，在世界锡行业中排名第一。云锡具有悠久的历史，成立至今已有130年的历史，是中国锡工业的发源地,中国锡工业的"领头羊",中国锡工业的龙头骨干企业,是云南工业文明的摇篮,国家520户重点企业之一、云南省重点培育的十大企业集团之一,代表着中国锡工业的领先水平,具有较强的国际竞争力。党的十八大以来,云南锡业集团(控股)有限责任公司主动投身到脱贫攻坚战中,认真贯彻中央和省委关于脱贫攻坚的重大决策部署,把发展产业作为实现脱贫的根本之策,把培育产业作为推动脱贫攻坚的根本出路,探索"嫁接工业理念"、依据产业分工、实践众包思维、发展产业合作扶贫之路,着力推进"挂包帮""转走访",发挥优势、砥砺前行,为绿春县大兴镇脱贫攻坚注入了强劲的动力。

2016年,云锡控股公司确立了"因地制宜、因势利导、立足当前、着眼未来、长短结合"的产业发展思路,选定了"养好一只鸡、种好一丘田、采好一片叶、管好一棵树、培育一个合作社"的"五个一"特色产业发展方向。

一是把握实情精准滴灌。紧扣"精准扶贫,精准脱贫"基本方略,锁定"两不愁,三保障"目标,先后编制了《马宗村委会黄连鸡产业培植实施方案》和《马宗村委会精准扶贫"红软米+稻田养鱼"产业整村推进示范实施方案》等精准扶贫措施,着力推进产业结构优化升级。聚焦"扶持对象精准、项目安排精准、资金使用精准、措施到户精准、因村派人精准、脱贫成效精准"六个精准,围绕"4类重点对象",察实情、出实招、办实事,改造C级危房11户,重建D级危房32户,公共场所基础设施建设攻坚战深入展开。突出"控辍保学",促进"直过民族"脱贫工作精准有效推进;大兴调查研究之风,推动广大群众崇尚实干,打好产业扶贫、农村危房改造、健康扶贫、教育扶贫、生态扶贫"组合拳",推动"五个一批"落地落实生效,惠及贫困群众。

二是打造利益连接共同体。在"培育新型经营主体、紧密连接群众利益、实现共同发展致富"的思想指引下,坚持"一村一品",突出本村特色,于2016年9月成立了"绿兴种养专业合作社",采取"村级党组织+挂联单位+合作社+贫困户"的运营方式,实施"五个统一"(统一种源、统一培训、统一规程、统一产品质量、统一销售)靶向"滴灌",短期抓好1 000亩(1亩≈666.67平方米)梯田红软米种植和4.5万只黄连鸡养殖,长期抓牢八角管护提质增收和户均一亩茶叶特色产业发展,通过先试点、后推广,在马宗村委会所属12个村小组全面推行茶叶、八角提质增效试点,每户帮扶1~2亩,每亩茶叶产量在原来每年400千克基础上提升至700千克,收益从每亩500元提升至1 500元左右,为村民增收近30万余元。

三是培育稳定增收综合体。云锡人秉承"工匠精神",按照组织化、规模化、标准化的产业发展规划,探索出"山林+黄连鸡""红软米+稻鱼鸭""挂联单位+合作社+三补一培"等增收模式,坚持邀请大专院校专家、种植养殖大户到村内进行技术培训,引导和支持每个有劳动能力的群众,依靠双手开创幸福生活。4年来,培训黄连鸡养殖技术10次667户,其中建档立卡户364户。培训茶叶、八角等知识12次3 000余人。着眼于产业转型和升级,紧扣贫困户脱贫6条标准确定到户项目库,对照贫困村退出10标准形成村级项目库,让致富产业覆盖3 124名贫困人口。截至目前,马宗村新增养殖生态黄连鸡4.5万只,发展养殖户254户,全村实现总产值324万元,户均增收1.2万元;发展红软米500户800亩,实现总产值156余万元,户均增收0.3万元,梯田红软米、稻田鸭、黄连鸡成为群众看得见、摸得着、能致富的实体产业。

一条条蜿蜒曲折的水泥路盘旋而上,一幢幢小洋房坐落在山间,一片片茶园和水稻初具规模。截至2018年6月,云锡控股公司累计投入帮扶资金1895.2万元,目前马宗村委会346户1515名建档立卡贫困人口脱贫摘帽,12个自然村在绿春县大兴镇率先脱贫,贫困发生率降至2.16%……这些含量厚重的数字表明,越来越有力度和"温度"正能量在马宗落地生根、开花结果。(案例来源:中国有色金属报)

第八章

中国服务外包开放发展的风险控制

在服务外包合同签订后，发包商和接包商之间进入合作的实施阶段。在实际的外包运作过程中，接发包企业之间要频繁地进行信息交流、沟通和资源协调，服务外包过程中所面临的各种不确定性可能给企业带来风险，具体表现为弱化的服务外包管理、业务的不确定性、缺乏健全的监督与激励等。为了避免服务外包运作风险而引发的服务外包业务失败或延期，外包各方会借助组织设计、适度信任、及时沟通、监督与激励、利益分配与协调等机制来确保合作的成功。

第一节 组织设计

一、服务外包的组织结构

恰当的服务外包组织设计是合作成功的关键，其内容包括组织结构设计、运作模式选择、管理模式确定等。服务外包组织结构通常可以分为市场型外包关系和伙伴型外包关系。由于内制型的组织形式属于单个企业的科层组织范畴，因此本节不将内制形式纳入服务外包的范围。

（一）市场型外包

市场型外包项目具有商品的特质，任务可以在相当短的时间内完成，需求的不确定性低,即环境变化搅乱需求的概率很小,此时接包商的行为易于监控,外包服务的结果易于测评,转换接包商的成本很低。由于没有什么真正的资产专用性,因此可提供外包服务的接包商数量很多。由于市场型外包项目具有公共产品的性质,因而发包商从外部购买的服务并不能因为它的吸收而形成企业自身的核心能力,至多只为企业核心能力的培养起一个基础作用。

(二) 伙伴型外包

伙伴型外包关系通常不具有商品的特质,一般是发包商通过与接包商建立伙伴关系来获取和创造所需的新技术与新能力,通常完成任务持续的时间较长,因此,相关需求会随着不可预见的环境变化而变化,这样接包商的行为难以通过合同加以控制,外包服务的结果难以测评;由于资产专用性很高,可提供外包服务的接包商数量较少,转换接包商的成本较高。基于资源的联盟观认为,服务外包的中心目标就是知识转移和组织学习,特别强调通过外包从其他组织学习和吸收内隐知识,或者同其他组织合作创造隐性知识。伙伴型外包关系的建立主要是基于组织资源、知识和能力的互补性,即一方具有另一方不具备的资源、知识和能力,以实现伙伴双方共同受益。因此,伙伴型外包关系密切了其成员组织之间的关系,有助于组织之间相互学习彼此的知识和能力,也有助于组织之间的知识结合,从而创造出新的交叉知识。此外,伙伴型关系还能促使一个组织帮助另一个组织建立新的知识和能力,而这种知识和能力将有益于彼此今后的发展。伙伴型外包关系可以有效地实现伙伴之间的隐性知识的转移。如果伙伴之间只简单地传递显性知识,那就不需要联盟,而只需买本书或一套公式或参观了解就可以了,所以,伙伴型外包关系的重点是学习和吸收对方的隐性知识。

二、不同外包关系的风险及防范

(一) 市场型外包关系面临的风险及防范

在市场型外包关系中,服务交易双方产权独立,在缺乏信任机制的情况下，一般难以有关键性资源进入交易。由于产权和交易权的相对独立，对接包商资本专用性投资激励不足可能导致交易效率较低。市场不仅是一种协调经济活动、组织资源配置的制度形式，而且市场的本质也是一种契约形式，因为市场中的交易关系本质上就是一组契约关系。对于市场型外包关系，为降低服务外包双方的交易风险，可以通过订立一份规定了所有偶发事件的契约，明确规定完全契约的条款并加以实施。如果选择的接包商不理想，接包商的竞争者随时可以将其取代。通常，这样的外包项目存在着大量的接包商，一个接包商很容易被另一个外包接包商所取代，市场的供求力量决定了接包商的选择，因此，价格控制较为有效。

（二）伙伴型外包关系面临的风险及防范

在伙伴型外包关系中，服务交易双方产权独立，发包商向接包商开放一定程度的关键资源进入权。在这种治理模式下，通过发包商进入权授予，可有效激励接包商进行资本专用性投资，同时可在市场范围整合互补性资源，可望获得较高交易效率。由于伙伴型外包关系主要是进行知识学习，因此，伙伴型外包关系面临的主要风险是自身的核心知识外溢，从而降低核心能力的价值，也造成伙伴关系的管理成本和关系风险、绩效风险都很高，伙伴关系带来的收益必须足以抵消这些成本和风险才会使双方的伙伴关系不断延续和发展。

1. 发包商投入产权资源，面临关系风险时

外包的关系风险是由于伙伴没有进行满意的合作而妨碍服务外包战略的实现，是由伙伴的机会主义行为所致。当发包商投入产权资源、面临关系风险时，发包商会关心自己的产权资源有可能被滥用而使对方获得不当利益，因此应采取有效的控制手段。尽管产权资源受到法律保护，没有所有者的同意不会被转移，但是仍有可能在自己不注意的时候被不当使用，如资源被配置到企业潜在的竞争对手身上。例如，1993年，美国西部公司投资25亿美元购买了时代华纳娱乐公司25.5%的股份，当华纳娱乐公司提出同AT&T做通信生意时，西部公司认为这一项目将对自己以后在通信领域的发展构成潜

在威胁，因此断然拒绝了华纳公司的提议。西部公司通过行使股权使可能出现的风险得到控制。当发包商投入大量的产权资源时，为保证这些资源按企业自己的利益和计划去使用，发包商的定位应当是紧密地控制。

有许多控制方式可供借鉴，如契约控制、股权控制、管理控制等。契约控制是通过详尽的契约对各方资源在何时何地及如何使用等做出明确的限定。股权控制是通过行使股权对联盟的行为和结果进行监督。契约控制适用于所有外包关系，而股权控制只适用于有股权参与的外包关系。管理控制是对外包的运作进行监督，如伙伴企业定期会晤，将自己的人安排在重要岗位等。

2. 发包商投入知识资源，面临关系风险时

发包商会关心的是自己的技术和诀窍被对方秘密窃取，因此更关注自己知识的安全。这是因为知识已经成为企业竞争优势的主要组成部分，通过联盟学习对方知识已经成为获取知识的重要途径。如果双方都以获取对方知识为主要目标，这时联盟将变成一场学习竞赛。在这种联盟中能够更快学习到对方知识的合作者将获得较高的发言权并主导联盟关系的发展。另外，由于知识资源的所有权又不明晰，其保护方式主要通过知识障碍，而对于知识基础较好的企业通过联盟就很容易获得对方的知识，这样知识的安全性便成为联盟的主要问题。为保护知识资源的安全，企业应尽量避免将自己的知识和诀窍暴露于对方面前。由于合资企业中员工接触密切，知识易被窃取，因此当企业主要投入缄默知识和诀窍时，尽量不要选择合资模式。企业可以选择双方接触较少的模式，如双边契约型联盟，它可以有效地防止知识的转移。另外，企业还应教育自己的员工尽量减少与对方员工的接触，更不要将自己的知识和诀窍暴露于对方面前，这样可有效减少知识资源的流失。如惠普公司在1995年以前都是依靠佳能公司生产激光打印机中的发动机。当两者达成合作协议时，惠普公司仔细地排除了佳能公司接触软件的机会，而软件正是惠普区别于其他竞争对手的核心。由于没有接触软件的机会，佳能公司始终不能模仿惠普的激光打印机，直到现在它在激光打印机的市场上也只占有较

小的份额。公司之间绩效上的差异来自它们之间在资源和能力方面的差异,如果这种差异能持续一定的时间,那么这种差异就会转化为公司的可持续的竞争优势。

3. 发包商投入产权资源,面临绩效风险时

外包的绩效风险主要由经济原因、市场原因等外部环境所致,发包商应该采取柔性战略以适应不断变化的经营环境,防止自己的产权资源变为沉默成本。柔性战略使得企业克服了长期计划的刚性,提高了对环境变化的适应能力,灵活性的契约能随时间的推移而不致出现与环境不相适应的情况。为应对环境的变化,外包契约应兼具愿景式契约和条款式契约两种功能,即要求联盟契约具有一定柔性。短期可续签契约便具备这两种契约的优点,它可以随着联盟的发展不断加以完善,能更好地适应环境变化和联盟各方的需求。另外,资源要分批投入,待联盟取得预期的结果后再投入下一批资源。无论采用何种战略,详尽的退出条款对于联盟安排来说都必不可少。通过详尽的成本机制和价格机制可以有效减少未来不确定性的影响,避免联盟终止时陷入产权之争。

4. 发包商投入知识资源,面临绩效风险时

发包商此时关心的是自己的知识和其他资源结合后不会产生预期的绩效,因此,企业应定位于提高知识的效力。提高知识效力,即对知识的使用做出限定,使知识在提高联盟绩效方面发挥更大作用。现实中,联盟一方虽然投入高级技术和诀窍,但却不能带来满意的绩效,其原因是联盟成员原有的组织和文化的不相容使其不能高效地合作。当两个或两个以上具有不同文化背景的企业进行联盟时,便会产生一定程度的文化交汇。如果彼此之间文化差异较大,便容易在日常沟通过程中产生文化摩擦现象,这种文化摩擦常常表现为企业组织和员工行为相互之间的冲突。当这种文化冲突无法协调时,一些企业很有可能将退出联盟,使得联盟分裂并导致联盟企业蒙受损失。所以联盟各方必须充分意识到这种文化差异,忽视这种文化差异或错误地评价这种文化差异都会引起无休止的纠纷,甚至导致联盟的解体。例如,

大企业具有刚性的组织文化,小企业具有柔性的组织文化,它们之间合作往往会引发文化冲突。

另一个影响联盟绩效的原因是知识的黏性,它提高了战略变化的锁定成本,使得企业难以接受合作伙伴的技术和诀窍,成为组织学习的障碍。知识的黏性还使得企业间知识不能进行有效整合,从而合作绩效较低。联盟绩效不满意还可能是由于知识的使用超出其范围。知识和诀窍只有同实际情况相匹配才会变成生产力。

任何一种外包方式都无法十全十美,必然有其自身的优点和缺点。在现实生活中,企业究竟选择哪一类接包商,需要根据企业自身的情形、外界的环境、接包商的竞争力等诸多方面综合衡量。若企业制定的是长期战略外包,则接包商应具备较高的竞争力和价值增值率,选择伙伴型接包商较为妥当;若企业制定的是短期外包需求,则可以从市场上根据企业实际需求,灵活、低成本获得普通接包商服务;若企业制定的是中期外包,可根据竞争力和增值率对价值链的重要程度的不同,选择有影响力的或竞争性/技术性的接包商。

三、服务外包的运作模式及其风险规避

(一) 服务外包的运作模式

服务外包的运作是有规律可循的,这种规律性表现为不同的服务外包运作模式。服务外包的组织结构通常表现为网络型组织,而服务外包网络结构形式在实际运作过程中采取的运作模式不仅要受到外部环境的影响,更重要的是取决于服务外包的初衷,即企业服务外包的动机决定了服务外包的运作模式。

尹建华在研究资源外包网络的构建、进化与治理时,将资源外包网络运作模式分为中心型资源外包网络和嵌套型资源外包网络,其中中心型又分为单中心型和多中心型两种。郑伟雄在研究国际外包时将服务外包运作模式分为中心依附型外包网络和嵌套型外包网络,其中嵌套型外包网络又分为寡头

联合型与树冠网络型。他们对外包网络的分类本质是一致的，区别在于把多中心型外包网络（寡头联合型）分别归为中心型外包网络和嵌套型外包网络。本研究借鉴尹建华的分类方法，把服务外包运作模式区分为中心依附型外包模式和嵌套型外包模式。

1. 中心依附型外包模式。

中心依附型外包模式是以一家拥有核心技术的企业或组织为中心，其他企业作为一个单元围绕在这个虚拟中心的周围，与之构筑服务外包网络。这一网络的主要特点在于各接包商依附于这个中心来安排自身的生产和其他活动，这个虚拟整体的总体决策和整体调控都是由中心企业负责，中心企业与各个单元之间都建立了高效的信息传递路径，能够实时了解各企业单元的工作进展情况，并在此基础上决定下一步的行动方向。

中心依附性型外包网络又分为多中心型和单中心型两种。

（1）多中心型外包网络是由两个或多个拥有核心技术、实力强大、进行独立决策的企业或组织形成的战略性协作联盟，它们各自的核心不能单独发挥效益，只有通过密切的合作才能创造出最大的竞争力。任何一方不能干涉另一方在协作联盟以外的其他活动，只能对其他活动提供建设性的意见。

（2）单中心依附型外包网络中，多个接包商共同为某一个发包商服务，接包商之间缺乏联系，因而企业间合作的目的比较单纯，一般是出于降低成本和分散风险之目的。

2. 嵌套型外包网络模式

嵌套型外包网络是一个由多个相对独立的企业单元组成的松散的、动态的网络型虚拟整体，每个企业单元对整个虚拟整体的运作做出贡献，并从中获得企业需要但自身并不具备的资源和能力。该种模式不会轻易地受到单个企业单元的影响，不会因为增加一个单元而效益大增，也不会因为减少一个单元而无法生存。这种外包运作模式是由多个相对独立的企业单元形成的相对松散的、动态化的网络型虚拟整体。每个企业单元都对这个虚拟整体的运行做贡献，并从中获得企业需要但自身并不具备的资源和能力。这个外包虚拟整体不会轻易地受单个企业单元的影响，不会因为增加了一个单元而效益大增，也不会因为减少了一个单元而变得无法生存。

单中心依附型外包网络是最为典型、最基本的外包网络形式，它过于依赖于核心企业，对核心企业具有高度专一性；多中心依附型外包网络过于松散，很难形成清晰的主体产业链条；而嵌套型外包网络是一种介乎单中心依附型和多中心依附型外包网络之间的一种组织结构。

（二）基于风险控制的服务外包运作模式选择

服务外包的组织结构形式不仅受到外部环境的影响，更重要的是取决于外包网络构建的初衷。尹建华研究认为，如果发包商服务外包的初衷是出于降低研发成本、分散创新风险以便集中更多的精力于核心能力，那么它构建的服务外包网络多表现为一种中心依附型外包网络，即多个服务接包商共同为某一发包商服务。由于接包商之间缺乏联系，企业间合作目的比较单纯，外包关系稳定性较差，一般可通过价格机制进行控制。如果发包商服务外包的初衷是通过服务外包利用和学习接包商的先进技术、降低研发成本、分散创新风险，那么它构建的服务外包网络多为嵌套型服务外包网络。现实中，单个企业的创新潜力总是有限的，技术快速发展变化的现实迫使企业不得不寻求与其他企业的合作，以实现企业知识和技术上的突破，获取更强的竞争优势。

郑伟雄的研究成果，从发包商能力和接包商能力方面对服务外包模式进行选择，当发包商在完成自身能力和所需外部能力的综合评价之后，就可以通过内、外能力取值的比较确定与接包商的相互关系。

（1）如果发包商自身能力的综合评价取值和所需外部能力的综合评价取值都较高，发包商应选择多中心依附型的外包模式。因为发包商能力和接包商能力都是各自核心能力，而核心能力稀缺性和难以模仿等特性使其必然只为少数的企业所拥有和掌握，并且这种优势是能较长久保持的。其原因，一方面，可供选择的掌握该项核心能力的外部企业屈指可数；另一方面，企业很难通过自身的努力在内部培养这种能力，即使能培养，其费用或时间成本也太高,远不如从外部获得这种能力更有效率。因此,企业要获得该类型的外部能力的支持,只有与某个拥有这种核心能力的外部企业开展多核心型的服务外包活动。

(2) 当发包商自身能力的综合评价取值较高,而所需外部能力的综合评价取值较低时,发包商应选择单中心依附型的服务外包模式,并且发包商能够占据外包网络的中心地位。发包商自身能力的综合评价取值为高分,则意味着该能力是企业核心的、关键的能力,而企业所需外部能力的综合取值较低,则说明该能力是发包商需要的非核心和非关键的能力。由于具备该能力的接包商数量众多,因此发包商可以比较经济地获得管理和控制这种外部能力,使得发包商理所当然地成为服务外包网络的中心。

(3) 当发包商自身能力的综合评价取值较低和所需外部能力的综合评价取值较高时,企业应选择中心依附型的外包模式,并且外包网络的中心存在于企业外部。企业外部能力的综合评价取值为高分,则意味着该能力对企业外部而言是核心的、关键的能力,具有稀缺性、难以模仿性和竞争优越性等特点。发包商较难在内部重新培养这种需要的能力,并且缺少讨价还价的砝码,发包商只能通过中心依附型的外包运作模式获得所需要的外部能力,并且在外包网络中只能是处于依附单元的位置。

(4) 当发包商自身能力的综合评价取值和所需外部能力的综合评价取值都较低时,意味着发包商和接包商都缺乏核心竞争力,因此也就不能形成能够影响全局的服务外包网络中心。在这种情况下,发包商应选择嵌套型的外包模式。

第二节 信息沟通

一、信息不畅的成因

信息不对称是指在市场经济活动中,各类经济行为者对于信息的掌握和了解程度有差异，掌握信息比较充分的一方往往处于比较有利的地位，而信息匮乏的一方则处于相对不利的地位。信息经济学理论认为，市场中的卖方比买方更了解有关商品的各种信息；掌握更多信息的一方可以通过向信息匮乏的一方传递可靠信息而在市场中获益；买卖双方中拥有信息较少的一方会努力从另一方获取信息；市场信号在一定程度上可以弥补信息不对称的问题。不对称信息不仅是指人们常常限于认识能力不可能知道在任何时候、任何地方发生的或将要发生的任何情况，而且更重要的是指行为主体为了充分了解信息所花费的成本过大，不允许他们去掌握完全的信息。

不对称信息在经济活动中是非常常见且普遍的现象，拥有信息优势的一方与处于信息劣势的一方进行交易时，他们之间的关系可以用委托—代理关系来解释。服务外包发包商和接包商从契约角度其实质是一种"委托—代理"关系。在这种契约下，发包商授权接包商从事某项具体的活动，并相应授予接包商一定的决策权，接包商通过代理行为获取一定的报酬。发包商与接包商都是比较独立和理性的经济实体，为了实现自身利益最大化，它们会互相合作。但是，接包商为了争取更多的权力和利益，有时会通过道德风险和机会主义来节省成本，或者通过其他方式获取更多的报酬，从而引发风险。例如，在获得外包合同之前，接包商可能向发包商隐瞒或提供虚假的信息，或承诺根本无法实现的低成本。而在外包过程中，接包商则有可能通过降低服务质量等方法来降低管理成本。或者因为信息不全，发包商很可能错误地选择接包商，进而致使发包商难以通过服务外包获得优势。

服务外包过程中，发包商与接包商之间不愿意信息共享，信息渠道沟通不畅、信息沟通不及时导致信息反馈滞后或失真，造成彼此之间的信息不对称。或者，双方在信息共享过程中出现信息泄露，都会形成信息风险。例如，在IT服务外包中，由于发包商不能完全掌握IT接包商的所有情况，而IT接包商也不能完全了解发包商的IT需求，因此，在进行IT外包合作谈判时，形成了信息不对称的局面。在接包商不了解发包商的费用结构情况下，IT接包商提供的IT服务价格不能与发包商的费用结构匹配，如果报价过低，自己要承担亏损；如果报价过高，就可能失去合作的机会而引发 IT 外包风险。对任何一个企业，都不可能完全掌握接包商的信息，因此，选择与监控接包商决策就变得很困难。其次，IT 业务外包，发包商的很多信息要与服务方共享，同时，大量的信息是 IT 接包商提供的，由此可能引发信息安全问题。发包商信息传递范围越大，导致发包商信息资源损失、核心技术及商业机密泄露的风险也越大。如果发包商与 IT 接包商共享产品结构信息，由于种种原因，IT 接包商一旦泄露了这些信息，并流失到发包商的竞争对手手中，将使发包商在激烈的竞争中陷入被动局面，发包商将因此蒙受损失。在所有的风险中，信息风险由于其发生概率大、影响范围广、造成损失严重，因此被视为重要的风险之一。

二、信息不畅导致的服务外包风险

（一）接发包双方信息失灵引起的绩效风险

在发包商与接包商的信息交流没有整合到企业信息系统的情况下，企业内部的信息在外包业务处中断，使得接发包双方的信息交流游离于企业内部信息系统之外，导致信息交流的准确性和快速性受到影响，影响企业管理信息系统的使用效率。例如，在外包的实施过程中，接包商的技术上出现了麻烦、发包商的需求又有了新变化、一些环节需要进行改进和变更等，这些问题的出现需要发包商和接包商进行及时有效的沟通才能得以顺利解决。如果发包商和接包商之间缺乏良好的沟通，接包商会单方面按照合同和计划书去实施，发包商不仅变得被动，而且不能使自己的需求得到满足。由于发包商和接包商的行业领域存在差异，尽管接包商在技术上比较专业，但在对发包商的业务不是十分熟悉的情况下，如果接包商没有和发包商进行充分有效的沟通交流，甚至对发包商的业务需求和技术变更没有及时进行确认，那么，双方配合也会越来越生疏，不默契的配合容易产生矛盾，不仅影响到合作关系，更会使外包活动问题不断，从而影响外包的进程和效果。

(二)接包商信息泄露引起的经营安全风险

信息安全已经成为服务外包中发包商选择接包商一个必要的选择标准,发包商非常关注其信息在企业的整个流程中的机密性。信息安全包括机密性、完整性、可用性三个属性,只有这三个属性都能满足业务的要求,信息安全才算是有所保障。尽管发包商外包的内容是有选择性的,但外包时发包商与接包商在合作过程中有关发包商的信息透露是必然的。一旦接包商和发包商之间的关系以合同形式加以固定,发包商内部的信息或资源交由接包商管理之后,发包商无法对外包的内容进行直接控制,也得不到来自接包商服务人员的直接报告,加之合同中双方权利义务的界定不清,失控的风险显而易见。

例如,财务信息向来都被认为是企业内部的高层机密,一旦企业的某些财务流程外包出去交给接包商进行处理,这些曾经被誉为企业高度商业机密的数字和文字,如果被服务第三方攫取,则有可能为发包商带来巨额损失的风险。当财务外包接包商为了达到继续赚取合约金的目的,不仅不对已经泄露的财务信息负责,反而威胁要把发包商的财务信息乃至个人资料发布在网站上,那么发包商的合法权益就会受到损害。如果牵涉到跨国外包,因为缺乏对相关法律制度的了解,或者其制度在知识财产方面无法提供足够程度的安全保护等,那么财务信息泄露风险就会更高。

三、信息不畅的应对机制

(一)沟通机制

服务外包过程中常见的风险因素是由信息不对称所导致的,信息不对称以及双方信息沟通不畅容易引发双方冲突并且导致外包关系的破裂,信息沟通机制对于维系双方合作关系发挥着重要作用。通过建立双方的信息沟通机制,发包商可以了解外包动态并根据环境变化做出适当调整,以防服务接包商的机会主义行为,而服务接包商可以及时了解发包商的需求变化以实现预期目标。信息沟通在一定程度上化解了双方之间由于信息不对称而导致的矛盾，并使双方的关系更加密切，有利于外包的合作。

在关注发包商与服务接包商的信息沟通的同时，企业内部与员工的沟通也不可忽视。由于员工的知识水平、技术水平等方面的差异，双方对于合同条款的理解可能存在分歧。在进行外包之前应做好必要的沟通，使员工认识到外包会给企业、给自身带来什么样的影响，并要得到员工的认可与支持。如果沟通不到位，员工会产生抵触情绪并且出现怠工、积极性下降等情况，这样会对外包工作产生阻碍。有效的沟通促使员工尽快地进入外包的角色转换中，可以保障外包合作的有效进行。因此，缔约阶段双方沟通越有效，发生契约风险的可能性就越小。

知识和信息共享机制降低了因信息不对称而引发的接包商机会主义风险。由于个体的有限理性、信息的不对称，交易双方地位往往是不平等的，信息优势方很容易发生机会主义行为。知识和信息共享有助于各个参与方掌握更多的决策信息并且能够有效缓解个人的有限理性引发的契约风险，因为知识和信息共享可以减少双方的地位差异，使得双方基于平等的地位做出理性的决策。而且，外包双方知识与信息的共享营造了自由开放的合作氛围，有助于建立基于互惠的合作关系。因此，外包双方知识和信息的共享度越高，则发生契约风险的可能性就越小。

沟通机制的建立可以通过以下两方面来进行。

1. 建立信息反馈和激励机制

有反馈的沟通才是完整的沟通，无论在冲突前还是冲突后，对沟通进行反馈都是化解误会和解决利益冲突的良好途径。

（1）为保证外包双方信息沟通流畅，发包商与接包商可以经过协商，建立一种双方都认可的定期报告制度，明确各自的职责与权限，及时进行信息反馈与有效沟通。在员工中间实施有效沟通，就是要让所有参与或不能与的员工都认清服务外包各个阶段的特点，然后根据员工的信息反馈采取相应的措施。企业应采取宣传、教育等手段让员工清楚地认识到外包是多赢的，通过沟通，使员工将厌恶风险、抗拒外包的消极态度转变为积极的支持态度。

对于大多数发包商而言，服务外包是一个中长期的发展过程，也是一个与接包商长期合作共赢的过程，积极处理好外部员工与内部员工的关系，需要双方经常进行信息交流，以沟通的方式化解矛盾、解决问题。

（2）通过采取各种激励措施，对企业间积极的沟通行为进行强化，而对产生利益冲突时不进行沟通的企业进行必要的惩罚，最终形成沟通文化。

2. 建立平等的信息沟通平台

服务外包风险中最大的风险是信息风险。企业要进行沟通，需要一个平等的沟通平台作为基础，可以将现代信息技术与传统沟通方式相结合，建立多样化的沟通渠道和完善的制度，确保沟通顺利进行。如在物流外包中，由于很多物流外包是跨组织的，涉及供应链中多个企业。外包过程中，信息沟通不畅、不及时，信息反馈失真或滞后、信息泄露都会产生信息风险。在当今时代，仅仅依靠供需双方人员间的沟通与传播已经无法适应物流外包范围的扩大和外包层次提高的发展现状。物流外包，无论从运作过程、运作方式，还是运作模式上远远比企业内部的业务管理复杂得多，依靠企业内部管理的信息系统已经不能满足它的要求。在物流服务供需方建立基于计算机和网络技术的共享信息支持系统，在信息共享的基础上，对信息进行有效的存储、处理、传递，是保证物流外包双方信息有效沟通、减少信息不对称发生的有效手段。同时，通过相关技术支持，可以减少信息泄露。完善强大的信息化系统，对于提高物流运作效率、管理质量和水平具有重要意义。建设共享的信息系统已成为物流服务供需双方的共识，以加强信息和知识的交流，促进知识转移和知识创新任务的完成，减少外包的各种不确定性和利益冲突。

（二）信任机制

1. 外包中的信任

签订合同可以用来保护企业应对依赖和溢出风险，然而这类契约谈判耗费时间且费用高，而且实施中可能面临不确定因素且成本高；相反，作为最基础的关系规范，信任在促进双方关系、提高外包绩效方面发挥着重要作用。外包交易双方之间的信任可以进一步区分为基于知识的信任和基于威慑的信任。其中，基于知识的信任是随着企业之间彼此交互和彼此了解而产生的围绕公正规范的信任，企业通过合作中的交互，彼此了解并且产生了基于公正规范的信任或者基于知识的信任；而基于威慑的信任产生于功利主义的考虑，交易伙伴之间的前期联系可以促进基于威慑的信任，因为前期联系可以看成一种抵押（而不是把资产作为抵押），它阻止了伙伴不可信的行为，各方关注于潜在的惩罚（包括前期联系的解体和声誉的损失），这导致企业相信伙伴将不会从事机会主义行为，一旦出现机会主义行为则很可能会招致代价高昂的制裁。因此，有前期联系比没有前期联系的伙伴之间更加彼此信任。尽管前期经历可能是消极的，那些有糟糕前期经历的企业将不再可能形成后期的联盟。实际上，加入重复联盟可能是减轻逆向选择问题的途径，因为企业拥有彼此前期交互的第一手信息，企业之间重复交互可以认为是彼此之间相互信任的合理指标。Parkhe 认为信任的产生有三种方式：第一种是以制度为基础的信任。如合作伙伴在外包中进行专用资产投资以及设立有预见性的事后惩罚措施，如保险条款、法律条款等，减少采取机会主义的潜在收益。第二种是以过程为基础的信任。合作伙伴与其他企业间良好的合作声誉有助于企业产生信任。第三种是基于有自身特色的社会文化的信任。例如，离岸外包的企业在开始阶段倾向于寻求有相同文化和制度背景的合作伙伴，这样会带来适应感并减少学习时间和成本。第一种途径产生的信任主要来自对对方财物清晰的计算和对方行为的风险分析，我们称之为基于计算的信任，亦称为理性信任。这种信任是基于理性的行动者会按照自身利益最大化的原则行事。这意味着组织中的其他行动者可以预期他的行为，这个行动者知道自己的行为后果，这样，这个行动者就会按照其他行动者所预期的那样去做，否则成本会太高，所以，这种形式的信任会对合作者的违约行为或不诚实行为产生某种形式的制止和威慑效应。后两种途径产生的信任主要来自双方间的感情投资，我们称之为感性信任，它主要存在于人际关系和社会结构之中，并为结构内部的个人行动提供便利。企业在其所在的产业和社团中的声誉和与其他企业、机构之间的信任关系构成了企业的社会资本。和物质资本、人力资本一样，社会资本已成为有利于社会发展的资本形式。企业较高的社会资本，意味着企业具有良好的声誉和社会关系，有利于吸引外部合作伙伴，增加企业战略合作的可能性。

2. 服务外包中信任的作用

发包商与接包商之间建立起彼此的相互信任是双方互惠互利的基础，更是顺利进行外包合作的必经之路。信任的产生对于防范机会主义风险具有很好的作用。

首先，外包成员间基于以往交易建立的信任可以减少双方交易的成本，包括搜寻信息的成本、事前合同谈判成本以及事后的跟踪监督、再谈判等成本。无论如何完全详细，没有契约可以界定所有问题以及每一种可能发生的情况，正式的合同永远无法预测和确定整个合作寿命周期内可能发生的所有事件和变化。同样，合作公司在每一次发生一个新的问题或情况时重新修订协议也是不可能的。即使有可能这样做，所导致的高额成本，尤其是时间成本，往往导致结果得不偿失。因此，外包成员间往往求助于发展非正式的关系，即发展成员间的信任和承诺，通过信任来弥补正式协议所无法解决的缺口，并保证合作的顺利运作。

其次，高度的信任造就了双方融洽的合作氛围，从而使服务接包商发生机会主义行为的可能性越小。特别是在契约不完备、环境不确定的情况下，服务接包商若对基于信任的合作产生了积极的预期，就会投入优质的资源提高项目质量和外包绩效。

最后，信任充当简化外包交易的机制。信任不仅是一种可以减少监督与检查成本的社会资本，更是一种简化的交易治理机制，它有助于降低社会生活或社会交往的复杂性，信任能够协助社会秩序的建立。当合作者相互不信任，他们将会隐藏或阻止有关的信息，只要有机会就会不公平地利用对方，在这种情况下，合作很难实现可能从外包中得到的所有的共同利益。合作者的不可靠、不公平和机会主义行为都会将外包推上一条非最优化的道路，并可能导致外包的解散。此外,信任可以使双方的价值观、企业文化、战略思想等达成一致,进而使简单的契约承诺逐渐转变成长期的战略伙伴关系。如果合作者相互不信任,新技术发展所必需的信息和科学知识的交换就不可能发生,技术转移就很难实现。因此,双方之间信任度越高,发生契约风险的可能性就越小。

3. 服务外包中建立接发包商之间的信任的要素

服务外包中建立接发包商之间的信任需要关注以下关键要素:接发包商建立共同的愿景和目标、合作关系具有持久性和持续性、各方具有一致的目标和利益、互相尊重和理解、频繁的交流与沟通、风险共担和收益共享。需要指出的是,信任体系的建立与声誉体系一样有其特定的前提条件,而且不同的社会文化背景下信任体系得以支持的逻辑基础各异。中国文化背景下的企业更多的是依赖于关系网络而建立彼此的信任,这种关系的建立具有很强的非理性特色;相反,西方国家的企业更多的是建立在理性分析基础上的信任。例如,西方企业基于成本—收益核算而不是基于情感和道德来建立信任,注重用契约和法律来保障信任关系的形成。

信任是外包活动开展的基础,通过建立信任机制可以减少外包活动中的不确定性和风险,抑制个别企业的机会主义行为,提高企业间协同的有效性。但信任并非不控制,没有约束或监控的信任是无效的,将给服务外包带来灾难。企业间信任的建立需要消耗大量时间和成本,而信任的脆弱性则使它可在短时间内消失且重建的成本巨大。因此,必须对信任进行维护,必要时甚至要进行修复。

外包活动中信任的建立需通过以下两方面进行:首先,建立信任评估审核体系。在选择接包商、开展外包以及在以后的运作过程中,必须通过一套稳定的、持续的内部评估审核体系对接包商进行充分的了解和认识,从而确切地了解接包商的真正目的和意图,发现可能存在的信任隐患。对各接包商进行信任评价,可以为企业选择合适的接包商提供依据。其次,建立信任的产生机制。要建立企业间的信任,首先要建立促成相互信任的产生机制。例如，建立基于过程的信任产生机制，在一系列行为中产生和逐步巩固信任；通过提高欺骗成本，如提高退出壁垒和相互间不可撤回投资等实现"锁定"，达到一荣俱荣、一损俱损，有效抑制不信任行为的产生。

第三节　监督与协调

一、监督与激励机制

服务外包的接发包商既是合作者同时又是竞争者，利益竞争导致各方为追求自身利益的最大化而采取投机行为，如果没有第三方监理机制就难免会出现无法解决的矛盾。一旦双方出现利益冲突，采取一定的法律措施是必要的，但如果相关的法律法规不是很完善，而且又没有相应的第三方进行监管，外包项目就会瘫痪，外包双方都会受到损失。为了体现公平原则以更好地实现"双赢"，需要有一个双方都信任的第三方来对合同进行监管，并跟踪监管以后的外包实施过程。

发挥监督机制作用的一个可行措施是选择第三方监理公司。由于外包的相关法律政策还不是很完善，双方应选择相互信任的第三方监理公司，处理遇到的问题和解决矛盾，而且监理人员具有专业上的优势，对外包进行全面的监督和管理，可以减少信息不对称给外包带来的风险。完善的监控机制有助于对工作进度、预算成本、服务质量等方面及时跟踪和掌控，而且服务外包的监督越完善，则企业面临的服务外包风险越小。

（一）建立监督机制的原则

监督机制的建立应当遵循以下原则。

1. 监督体系科学合理

服务外包涉及发包商与接包商两个独立的经济主体，管理难度大，层次和内容复杂，既要对古典契约进行监督，又要对关系契约进行监督；既要保证质量，又要考虑技术、成本、进度等限制。因此，在监督体系的建立中必须最大限度地实现科学性与合理性的统一，才能满足服务外包双方的需要。监督体系主要分为内部监督和外部监督。内部监督是指服务外包双方在外包过程中的自我监督，包括计划监督、财务监督、质量监督、内部审计。外部监督一般是第三方监督，包括外部审计、司法监督和社会监督等。

2. 监督机构权威独立

审计是监督机制的关键环节，在监督机制的运作中起着核心的保障作用。只有保证监督部门的权威性和独立性，才能充分发挥其监督功能。在权威性上，审计机构的组织权威必须高于被审计监督对象的组织权威，才具备有效实施监督行为的能力。独立性是审计监督不可替代的特性，只有保持独立性，才能最大限度地避免外界的干扰，使得结果客观、公正。

（二）监督机制的主要内容

监督机构应对接包商从技术、成本、进度、质量等方面进行全过程监督和控制。全过程监督是指在服务外包的各个阶段都要开展监督工作，不但要做到事中监督、事后监督，还要做到事前监督。监督机制的主要内容包括以下两方面。

1. 绩效监督

绩效监督所采取的方法主要有收益值管理法（eared value management）和定期报告制度。

（1）收益值管理法。收益值管理法是使用收益值分析理论，把服务项目的成本、进度和技术性能管理及风险管理综合一体的管理方法。它以收益值作为考核基础，对完成工作的实际成本和计划值进行比较，计算出成本差异和进度差异，再在此基础上对项目的成本、进度等指标的完成情况进行评价，从而随时掌握项目的成本、进度、所面临的技术风险等情况。例如，发包商在项目执行之前，应当将每一阶段的费用按照比例进行划分，接包商应严格按照规定执行。不仅如此，发包商还要随时随地对预算费用和实际的费用进行比较，一旦出现成本超支的现象，要及时与接包商进行沟通，询问费用超支的具体原因和情况，并尽快找出合理有效的措施来控制成本的增加，这就是成本监督。又如，在保证质量的前提下按时完成服务外包项目是对接包商一项基本的要求，因为一旦项目的进度不能得到保障，将会对以后的各项工作产生负面的影响，因此，发包商应当对外包项目的进度进行严格的监控，做到对每个阶段、每个细节的进程状态了如指掌，如果发现接包商的某段工期超出预期时间，则应尽快提醒接包商采取有效措施，督促其尽快完成任务，这就是项目进度监督。

（2）定期报告制度。定期报告制度是为外包决策部门提供服务质量监督和决策所需信息的管理制度。服务外包项目的实施可以划分为多个阶段。在完成每个阶段的任务后，接包商应向发包商递交该阶段的项目进展报告，只有当发包商在对进展报告进行审核之后，接包商才可以开始下一阶段的工作。如果某一阶段的工作出现问题，接包商应当立即予以修改。定期报告制度已被证明是行之有效的一项重要的管理制度。

2. 合同审计

外包合同是一项管理风险的重要工具，是一份具有法律效力的文件，是参与外包的双方经过一段时间协商后订立的一份双方共同认同和遵守的协议，是双方权利和义务关系的体现。因此，必须对外包合同履行的全过程进行审计，从而为外包决策和合同管理提供依据，监督合同当事双方的行为，确保采办合同和计划的顺利实施。按合同履行的阶段划分，服务外包合同审计可分为事前审计、事中审计和事后审计三个部分。事前审计是为鉴定接包商的履约能力时提供审计服务、提供定价支援和确定履约计划等。事中审计主要包括审计缺陷成本、参与合同争议与诉讼、处理合同调整申请、合同价格的自愿修改、合同终止审查等。以审计缺陷成本为例，如果在签订合同后，发包商发现或怀疑接包商提供的数据不准确、不全面和非当期有效，发包商可提出对接包商进行审计，以审查成本或价格数据的准确性、全面性和当期有效性。事后审计是在完成合同后接包商的记录将保存到规定的期限，以备审查、审核或复制。合同完成后的审计可发现外包和审计过程中存在的问题，积累外包和审计经验，有利于不断改进审计工作。

(三) 激励机制的内容

在服务外包的过程中，监督机制可以防范风险，但是只有设计出一个接包商能够接受的契约，使得接包商在追求自身效用最大化的同时，实现发包商效用的最大化，即激励约束机制，才能调动接包商主观能动性和工作潜能，实现服务外包的持续健康发展。

激励机制包括绩效激励、期权激励、竞争激励、声誉激励。

1. 绩效激励

发包商将自身利润增长的一定比例分配给接包商来激励接包商更好地为企业目标服务。它能够保证接包商的行为与发包商目标的高度一致性，它强调的是双方之间利益的共同性，而不单单是接包商完成的质量，它更要求接包商能不断地与发包商进行沟通，增进对于目标的理解等。

2. 期权激励

发包商在与接包商签订服务外包合同时，保留一个或几个具有吸引力的业务，以使接包商为得到这份潜在合同而努力提高服务水平，以获得用户的高满意度以及长期合作的愿望。与此相似，发包商避免和接包商一次性签订长期合同的办法也能收到相同的效果。

3. 竞争激励

即引入竞争压力，把一项业务分给两个接包商，或事先拟定后备方案及后备接包商。这样可以给接包商带来一定的压力，促使接包商能够更好地完成外包项目。

4. 声誉激励

接包商良好的信誉，一方面可以提高发包商对自己的信任程度，使得发包商更愿意积极地与其合作，对发包商在与接包商以后的合作或与其他企业合作时起着特别重要的作用；另一方面，接包商优良的信誉也会在很大程度上消除发包商对服务质量的担心，是接包商赢得顾客的重要保证。因此，信誉是外包双方产生合作行为、减少机会主义行为的前提。

在实际的接包商关系管理中,以上激励方式往往是交错运用的,企业根据自身的需求、市场情况、接包商的特性以及外包业务的性质等诸多因素综合考虑,最终往往是采用一种组合的激励方式。随着服务业务外包范围的进一步扩展以及外包模式的不断发展与创新,将会有更多形式的激励方案衍生出来,以促进企业与接包商合力创造新的价值。

二、利益协调机制

由于服务外包超越了企业的组织边界,外包中各方的利益分配和冲突不能用传统的管理方法加以解决,必须通过磋商协调彼此的利益来达成有约束力的合作协议,促使企业或组织间建立友好合作、相互支持的关系,实现资源与核心能力的共享与互补。因此,利益分配是服务外包的重要问题,它直接影响着合作的长期性和稳定性,利益分配合理与否对于提高外包的稳定性至关重要。

伙伴之间的利益协调机制是解决服务外包过程中可能产生各种利益冲突的过程和方式,旨在保障各方在服务外包活动中能够合理、公平地履行其义务并获得其利益,促进服务外包的稳定、持续开展。伙伴间利益协调机制贯穿于整个外包活动,它包括冲突前的控制、冲突发生后的调解和冲突调解后的处理。在发生冲突前,可通过对相关企业的协调加强彼此之间的沟通,建立信任关系,促进伙伴间积极参与协同知识创新;在利益冲突出现时,可选择恰当的协调方式进行及时、有效的调解,保障创新活动不因个别企业间的利益冲突而停滞不前;在利益冲突解决后,为避免类似冲突的发生,有必要对冲突产生的原因进行分析和总结。通过各种途径修复利益冲突导致的破坏,恢复伙伴间的沟通与信任,避免出现关系冲突。

正是由于利益冲突存在于外包的各个阶段,所以才有必要在外包管理机构之下成立冲突协调机构对各种可预测或已发生的人员冲突、目标冲突、过程冲突和关系冲突等进行调查、监督、调解和管理,执行利益冲突的各项协调措施,促进企业沟通和信任,不断完善创新协议以防止个别企业的利益冲突对整个外包活动产生不良影响。此外，接、发包商地位上的不平等导致接包商处于弱势，因此，冲突协调机构的集中协调将有利于利益冲突的平等处理。

为了防止参与方的机会主义行为并确保外包合作的成功，服务外包双方需要建立一种利益分配与风险补偿机制。这个机制包括以下内容：制定合作各方在合作关系中应遵守的规则，在违反区域合作条款后应承担的责任、对违反区域合作规则所造成的经济和其他方面损失应做的经济赔偿。利益分配与风险补偿机制通常可以明文规定于服务外包协议中，具体可通过如下措施来解决利益冲突问题。

一是建立公平、合理的利益分配机制。建立公平、合理的利益分配环境，确保成员企业的收益与所承担的风险成正相关，同时与所付出的投资成本正相关，具体的分配方式应在协商一致后写入协议。

二是建立必要的利益补偿制度。由于环境在不断发生变化，外包过程中各企业的资源投入也会随之发生变化，因此，必须建立必要的利益补偿机制，如提供优惠待遇等，以保障利益分配的动态公平。同时，要加强对利益补偿的监管，杜绝利益补偿过程中再次出现利益分配不合理。

三是建立有效的奖罚制度。在建立公平、合理的利益分配机制前提下，实施有效的奖罚机制可以调动企业的积极性，避免产生利益冲突，同时还可以严厉打击"搭便车"行为，减少企业的不合作行为。建立有效的惩罚制，一个有效的措施是提高欺骗成本，具体可以从以下四方面入手：①提高合作伙伴退出联盟的壁垒来限制其机会主义行为，即如果某成员放弃联盟关系，那它的某些资产将受到很大的损失；②可通过成员企业相互间不可撤回的专用性投资来"锁住"对方，使得各成员企业必须像关心自己的利益一样来关心整个联盟的兴衰；③通过制定交易过程中的限制性条款或保护性合同来阻止欺骗行为，从法律上根除投机心理；④增加合作收益实际上是利用联盟拥有的无形资产（如信誉、商标等），使参与联盟的企业由于联盟本身的声誉和影响力在消费者心中树立起良好的商誉和品牌形象，从而获得较高的经济效益。

第四节　文化整合

一、文化差异对服务外包的影响

企业文化涵盖企业和员工的一切思想和行为,是企业和员工信奉并付诸实践的价值理念,是所有团队成员共享并传承给新成员的一套价值观、共同愿景、使命及思维方式,它代表了组织中被广泛接受的思维方式、道德观念和行为准则。企业文化包含表层文化、内层文化、制度文化三个方面,其核心主要是企业价值观、经营理念。每个企业都有自己独特的企业文化,都有自己企业所认可提倡的价值观,而价值观可分为三个层次:物质层、制度层和精神层。其中,物质层和制度层面很容易为外包企业所理解,而企业只有身在其中才能对精神层(价值观)有深刻的体会和理解。

由于接发包商属于不同的经济实体,它们拥有不同的内外部环境、不同的财务制度、不同的商业导向等,这些都可以归结为企业文化差异。接包商只有对发包商文化有较深的了解,才能使其所做的工作与发包商的价值观相匹配。文化、风格的冲突带来的风险在短期内可能并不会在外包业务的绩效或者成本中体现出来,但是随着外包分工的进一步深入,这种冲突可能会逐渐转化为难以调和的矛盾,工作质量达不到要求、管理成本不断增加等。最后,冲突风险必然会在绩效和成本上体现出来,甚至导致外包根本无法继续下去。

基于合作协议联系在一起的服务外包各方存在着文化冲突上的问题。例如,企业的理念不同、员工的价值观差异等方面,接包商所设计的方案是否真能为企业量身打造并能够与发包商的其他部分整合为一体。因此,服务外包各方面临着文化差异带来的不兼容风险。企业文化的兼容性,主要表现在双方企业的工作作风是严谨抑或是开放的,管理方式是集权式或是分权式,财务管理方式是集权管理还是分权管理，企业的发展是以流程导向、创意导向、人治导向还是行动导向，企业的战略是长期布局还是短线操作，以及对合理性与风险的看法等。因此，我们在决定进行外包后，应该率先将重点放在企业文化的相容性上面，向可供选择的接包商提出下列一系列问题：例如，对于自己的员工，你是以什么方式来对待和培养的，如何回馈公司的员工福利、保险，如何与合作伙伴的工会、政府等进行合作。如果说，自企业做出外包决策时开始，发包商与接包商就自上而下、由内向外地进行交流与沟通，即使无法改变服务接包商的文化价值取向，但是仍然能够为外包提供一个指导作用，从而利于其朝着正确的方向行进。相反，如果发包商任凭这种不兼容风险的出现和蔓延，不采取积极有效的沟通交流方式，那不仅仅会带来双方在合作过程中的相互不信任，更可能带来发包商员工的疑虑与不安，从而带来员工大量离职的风险，影响整个外包的稳定性。

由于服务外包涉及不同企业，乃至不同国家的企业之间的资源整合，因此企业在这种经由外包而形成的竞合关系中，不可避免地会面临由于文化差异而造成的冲突与摩擦。文化差异在跨国服务外包中表现得尤为明显。跨国服务外包文化冲突的根源在于境内企业对国外的文化、社会、法律、制度、经济、政治等环境的不了解、不认同或者不适应。在境外的运营中，境内企业活动必然遵循东道国的文化规则和经济惯例，对于国际运营经验不丰富的大多数境外企业，这是一个巨大的挑战。文化差异和语言障碍导致跨国外包交流困难、沟通低效，从而使得境内企业难以获得国外发包商的外包订单。而且，即便获得了海外订单，交流技能的缺乏也会增加人事管理难度，延长项目时间，进而产生较高费用。例如，尽管中国的技术人员可能有较强的项目开发技能，但交流技能不足和文化意识缺乏甚至可能会使这些中国企业难以进入合同竞标过程。根据对外直接投资理论，企业需要经历对外贸易、生产合作等阶段，在其中走过漫长的学习过程，最终才能走向对外直接投资。而我国对外开放才经历了 30 多年历程，真正大规模地"走出去"还不到 20 年。因此，巨大的学习成本成为中国企业必须面对的现实。

与全球服务业的快速发展相比，尤其是与发达国家的服务业相比，我国服务业的发展还相对滞后，其中一个很重要的原因就是中国长期以来形成的价值观差异。一直以来，中国重视制造业，被誉为"世界工厂"，却忽视了服务业所带来的附加值，受此影响，中国的服务业一直不发达，这在一定程度上使得我国的发展步伐显得相对落后。所有的工业化国家，包括美国和欧盟以及亚洲的日本和韩国，其服务业都在工业化后期迅速超过了工业的发展速度，并成为国民经济中的主导产业。甚至一些发展中国家，像土耳其、印度的服务业也都在近年来快速发展，其比重超过50%，而我国服务业目前在我国国民经济中的比重仍在40%左右徘徊，服务业中的高端服务的发展更不理想，这里都有价值观方面的问题。

二、文化差异风险识别

发包商和接包商由于所处的行业属性不同、管理制度不同，各自的企业文化也会有所不同。文化差异的不同，有可能使管理沟通出现障碍，导致文化冲突，即由不同的价值观、世界观、思维方式使交际双方产生心理对抗而形成的一种现象。文化差异风险主要包括因价值取向不同导致的目标差异、因沟通困难导致的认知差异、因管理理念不同导致的管理手段与管理风格差异等。

（一）企业目标差异风险

由于服务外包中发包商与接包商是独立的民事主体，在法律地位上相互平等、相互独立，彼此所属行业不同，面对的市场竞争格局不同，二者的经营目标、发展战略、企业愿景、企业精神及核心价值观也有所不同。在跨国服务外包中，由于缺乏共同的价值观，员工对企业目标和管理者决策理解和认同的差异，使得企业很难协调员工的行动。这种价值观的差异对跨国服务外包的影响是全方位、全系统和全过程的，如果采取单一的管理方式，往往会造成管理上的风险。

(二) 认知差异风险

不同文化背景的企业因语言、非语言的编译码过程中所依据的社会规范差异对同一行为、同一现象会做出不同的解释或理解，从而导致不同的、有时对立的观念及行为。在跨国经营企业中，交换信息、交流思想、决策、谈判、激励和领导等活动是以不同文化背景的管理人员和员工之间进行有效沟通为基础的，这就要求跨文化沟通应建立起双方都可接受、感知和理解的传递渠道和传递技能。沟通处理不好，会加大双方的距离感，沟通难度扩大，长期下去甚至造成沟通中断，不能建立起协调的关系。

(三) 管理手段与管理风格差异风险

一个组织的管理，最主要的管理目标是要提高组织人员的协调，或者说组织的一致性，使得整个组织内全体人员按照同一目标和相互协同的方式去做，那么，整个组织的工作效率和工作质量就会提高，从而保证企业目标的实现。在不同的企业、不同的发展阶段，企业所运用的管理手段呈现不同的表现方式。对于规模较小或是刚开始创业的企业，往往不需要太多的协调和沟通，不需要花太多时间在员工的思想协调上，甚至不需要流程和制度。但是大中型企业中，管理者面对的管理问题逐渐增多，既要解决事情，又要解决人的协同性，此时就需要制定和优化流程来保证，更多地强调运用科学的管理流程和系统工具等手段。

在跨国服务外包中，接发包商特有的语言、价值观念、思维形式等文化因素差异使得双方管理手段和管理风格迥异，并进一步影响到跨国服务外包战略的实施。西方文化是契约文化，他们非常重视契约的精确性，也非常尊重契约的权威，契约一旦生效就会严格执行，西方企业一般会用法律条文作为自己言行举止的依据，企业强调正规化、规范化的管理，从决策到运营的各个方面都依据制度程序化管理。而发展中国家企业往往以经常变动的条文、指令、文件作为企业成员的办事章程和决策依据。由于双方行为的标准和依据不同，管理基础带来的冲突在所难免。

三、文化差异风险

应对不同文化背景的人彼此相处，必须建立跨文化沟通的机制。实施服务外包的企业必须增强文化协同管理意识，加强文化协同管理。具体而言，应注意以下几个方面。

（一）树立共同的经营目标

按照迈克尔·波特的价值链理论，每个企业都处在产业链中的某一环节，构成产业价值链的各个组成部分是一个有机的整体，相互联动、相互制约、相互依存，上游产业环节和下游产业环节之间存在着大量的信息、物质、资金方面的交换关系，是一个价值递增过程，且具有循环性的特点。在服务外包项目实施过程中，尽管发包商和接包商处于产业链的不同环节，但是接发包双方都应当认识到如果双方能够维持长期的合作关系，那么企业长期化价值的最大实现比起短期价值的实现更有意义，因此，二者可以通过整合产业价值链，建立长期、互信的战略合作伙伴关系，建立相近或相似的企业精神和价值观，从而达成企业目标的高度趋同性，降低因企业目标不同所带来的风险。

（二）搭建共享的交流平台

充分利用科技进步所提供的各种信息沟通工具搭建信息共享平台，如双方共同创建外包活动信息交换专网；定期开展不同层次的技术交流会议；委派专人定期实地走访等。通过信息交流不仅可了解对方的生活习性和行为方式，还可以及时获取对方对外包活动的意见和建议，了解外包活动中存在的问题和解决方案。进一步，通过文化、经济、法律等知识的相互学习可以化解因管理风格和管理方法的不同而产生的文化冲突。相互间的坦诚与信用有利于信息的有效沟通，增进相互间的理解与支持，从而有利于相互间的有效协作，达到最有效地实现内外部资源的整合。

（三）创造和谐的共赢文化

外包双方具有不同思想文化、不同管理理论和管理思想，彼此之间在文化对接中相互借鉴和吸收、去劣存优、融合创新,实现双方文化的对接与超越。文化整合是一个长期的循序渐进的动态过程,需要抱有长期合作的信心。服务外包项目实施过程中,若发包商和接包商是强强合作,双方的企业文化都很优秀而且优势均等,且双方都很欣赏对方的优点,希望调整或改变自己企业原有文化的一些不良因素,则可以通过加强日常管理沟通让两种优秀文化双向渗透,彼此吸收对方的优点。若发包商和接包商的文化强弱差距明显,则可以让强方向弱方多输出先进管理方法和文化理念,使其原有的文化功能更加完善,减少管理水平上的差距,以适风双方合作和促进企业发展。

参考文献

[1] 黄烨菁. 中国承接国际外包与产业创新能力发展 [M]. 上海：上海人民出版社，2016.

[2] 姜丽花，邵金菊. 浙江省服务业国际化与服务外包转型发展研究 [M]. 北京：经济管理出版社，2017.

[3] 宁佳英，迟云平. 服务外包产教融合系列教材 [M]. 广州：华南理工大学出版社，2017.

[4] 陈宪. 国际服务贸易 [M]. 北京：机械工业出版社，2017.

[5] 马丽仪. 服务外包概论 [M]. 北京：经济管理出版社，2017.

[6] 郑若谷. 国际外包承接与中国产业结构升级 [M]. 上海：上海人民出版社，2016.

[7] 陈国海，马海刚. 人才服务学 [M]. 北京：清华大学出版社，2016.

[8] 李雯，樊宏霞. 服务企业运营管理 [M]. 重庆：重庆大学出版社，2016.

[9] 王素芹. 国际服务贸易 [M]. 北京：机械工业出版社，2016.

[10] 郭利华，李海霞. 上海金融服务外包发展竞争力分析 [J]. 国际金融研究，2013（7）：68 – 73.

[11] 秦洪军，冯雷鸣. 我国金融服务外包业发展的研究动态 [J]. 经济纵横，2013（3）：117 – 120.

[12] 高书丽，郭彦丽. 我国承接离岸服务外包产业发展环境影响因素研究 [J]. 国际经贸探索，2012.

[13] 王江, 王丹. 新形势下北京服务外包的竞争力评价及发展前景 [J]. 国际商务 (对外经济贸易大学学报), 2012.

[14] 宁靓. 英国地方政府公共服务外包发展的评析与启示 [J]. 中国海洋大学学报 (社会科学版), 2012.

[15] 徐枫. 基于京沪对比的金融服务外包发展潜力与借鉴 [J]. 企业经济, 2012.

[16] 易志高, 潘镇. 全球服务外包发展新趋势及特征——兼论江苏服务外包战略选择 [J]. 现代经济探讨, 2011.

[17] 覃正, 季成, 徐兴锋, 等. 云计算、物联网背景下服务外包产业的发展政策研究 [J]. 国际贸易, 2011.

[18] 汪浩, 兰振东, 葛洪磊. 长三角区域港口物流服务外包业务模式与发展途径研究 [J]. 经济地理, 2011.

[19] 宫冠英. 我国金融服务外包发展分析：基于人力资源的视角 [J]. 财贸经济, 2011.

[20] 王婧. 基于 SWOT 分析的浙江金融服务外包发展策略研究 [J]. 浙江金融, 2011.

[21] 杨国川. 全球服务外包发展的新趋势及我国的发展路径 [J]. 国际经贸探索, 2010.

[22] 周正柱. 上海服务外包发展现状及路径研究 [J]. 国际商务 (对外经济贸易大学学报), 2010.

[23] 许正中. 中国软件服务外包产业的发展现状与战略选择 [J]. 宏观经济研究, 2009.

[24] 朱胜勇, 李文秀. 服务外包发展的影响因素及启示——基于部分 OECD 国家服务外包的分析 [J]. 软科学, 2009.

[25] 吴勤学, 王晓芳. 中国服务外包的发展现状与对策思路 [J]. 商业研究, 2009.

[26] 杨波, 殷国鹏. 中国服务外包：发展现状与提升对策 [J]. 国际

经济合作, 2009.

[27] 刘文刚, 刘小林. 天津发展服务外包的比较优势及路径选择 [J]. 黑龙江对外经贸, 2008.

[28] 何骏. 中国发展服务外包的模式研究 [J]. 求索, 2008.

[29] 朱胜勇. 印度服务外包发展现状及我国的比较与借鉴 [J]. 国际经贸探索, 2008.

[30] 何骏. 中国发展服务外包的动因、优势与重点 [J]. 财经科学, 2008.

[31] 李岳云, 席庆高. 国际服务外包趋势与我国服务外包的发展 [J]. 南京农业大学学报 (社会科学版), 2007.

[32] 国际服务外包发展趋势与中国服务外包业竞争力 [J]. 国际贸易, 2007.

[33] 王铁山, 郭根龙, 冯宗宪. 金融服务外包的发展趋势与承接策略 [J]. 国际经济合作, 2007.

[34] 聂平香. 我国发展服务外包的路径选择和战略取向 [J]. 国际经济合作, 2007.

[35] 赵楠, 李静. 中国发展服务外包的路径选择 [J]. 经济学家, 2007.

[36] 吴洁. 国际服务外包的发展趋势及对策 [J]. 国际经济合作, 2007.

[37] 赵楠. 印度发展服务外包模式探析 [J]. 当代亚太, 2007.

[38] 陈菲. 服务外包动因机制分析及发展趋势预测——美国服务外包的验证 [J]. 中国工业经济, 2005.

[39] 詹晓宁, 邢厚媛. 服务外包: 发展趋势与承接战略 [J]. 国际经济合作, 2005.

[40] 李志强, 李子慧. 当前全球服务外包的发展趋势与对策 [J]. 国际经济合作, 2004.